주님의 은총이 여러분 모두에게 늘 함께하길 기도합니다.

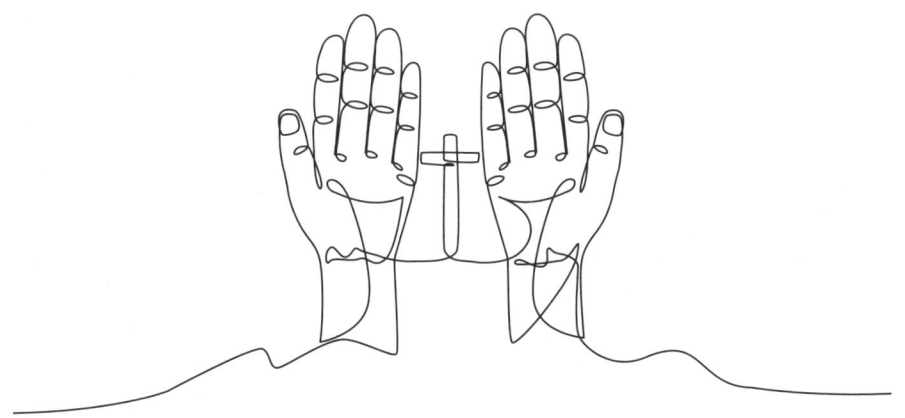

2025년 여름. 서재에서.

옹달샘 37

요한계시록 강해
THE REVELATION COMMENTARY
(한 · 영합본)
(KOREAN-ENGLISH COMBINED VERSION)

김 윤 식 목사 著
(Rev. Immanuel Peter Kim Ph.D.)

월드미션센터(세계선교회)
World Mission Center

목 차

머리말 -- 12
서 론 --- 16
제 1 장 예수 그리스도의 계시 ------------------------- 30
제 2 장 일곱 교회의 칭찬과 책망 1 -------------------- 43
제 3 장 일곱 교회의 칭찬과 책망 2 -------------------- 47
제 4 장 하나님의 보좌와 영광 ------------------------- 50
제 5 장 하나님의 전권대사를 위임받는 왕 -------------- 56
제 6 장 일곱 인을 떼심 ------------------------------- 62
제 7 장 최후의 승리 ---------------------------------- 69
제 8 장 일곱 나팔의 재앙 ----------------------------- 74
제 9 장 다섯째와 여섯째 나팔의 재앙 ------------------ 79
제 10 장 요한이 먹은 작은 책 ------------------------- 86
제 11 장 두 증인의 활동 ------------------------------ 89
제 12 장 여자와 용의 대결 ---------------------------- 96
제 13 장 두 짐승의 활동 ------------------------------ 102
제 14 장 천사가 낫으로 곡식과 포도송이를 거둠 -------- 109
제 15 장 일곱 재앙의 천사 ---------------------------- 116
제 16 장 일곱 대접의 재앙 ---------------------------- 119
제 17 장 큰 음녀와 짐승의 활동 ----------------------- 126
제 18 장 큰 성 바벨론의 멸망 ------------------------- 131
제 19 장 어린 양의 혼인 잔치와 짐승의 심판 ----------- 136
제 20 장 대 심판과 천년왕국 -------------------------- 141
제 21 장 새 하늘과 새 땅의 세계 ---------------------- 145
제 22 장 영원한 승리 --------------------------------- 151

영문(English) 목　차

Preface -- 160
Introduction --- 162
Chapter 1 The revelation of Jesus Christ ------------------------ 177
Chapter 2 Praise and admonition 1 ------------------------------ 192
Chapter 3 Praise and admonition 2 ------------------------------ 197
Chapter 4 God's throne and his glory --------------------------- 201
Chapter 5 King, as the ambassador to God ---------------------- 208
Chapter 6 Opening of the seven seals -------------------------- 215
Chapter 7 Final victory --- 223
Chapter 8 Seven trumpet disaster ------------------------------ 229
Chapter 9 The fifth and the sixth trumpet disaster ------------ 235
Chapter 10 A little scroll eaten by John ----------------------- 243
Chapter 11 Activity of two witnesses -------------------------- 246
Chapter 12 Fight of the woman with the dragon ---------------- 255
Chapter 13 Activities of two beasts --------------------------- 262
Chapter 14 The angel gathers grapes and crops by sickle ------ 270
Chapter 15 Angles with seven plagues -------------------------- 278
Chapter 16 Seven bowls of plague ------------------------------ 282
Chapter 17 Activities of the great prostitute and the beast --- 290
Chapter 18 falling of the great city Babylon ------------------ 296
Chapter 19 The wedding of the Lamb and the judgement of the beast -- 302
Chapter 20 The great judgement and the thousand year kingdom ---- 307
Chapter 21 A New heaven and a new earth ----------------------- 312
Chapter 22 The eternal victory -------------------------------- 319

요한계시록 강해 제9판을 내면서

　지금(2025년) 국제정세나 국내정세를 볼 때 전쟁과 경제적 불안과 사회적 불안이 만연하며 기독교는 급속이 쇠퇴하며 한치 앞을 내다볼 수 없는 상황이다. 그러나 하나님의 계획과 인도하심은 어떠한 경우도 우리와 함께하시며 지금도 함께하신다.
　이 시대의 상황을 비유로 표현해 본다.
　높은 빌딩 호텔에서 한 소경이 잠을 자다가 화재경보에 놀라 비상용 밧줄을 타고 창밖으로 내려오는 데 줄이 짧아 발은 땅에 닿지 않고 허공에서 흔들리며 다시 올라갈 수도 없고, 밧줄을 놓을 수도 없어서 밤새도록 매달려 죽을 지경이었다.
　새벽이 되어 인기척이 있어서 소리를 질렀으나 지나가는 사람들이 외면하고 비웃고 웬 멀쩡한 사람이 장난을 하고 있는 것으로 보여 졌다.
　실상은 소경의 발과 땅 바닥과 사이는 몇 센티에 불과해서 눈을 뜬 분들이 보면 땅에 서서 장난하는 것으로 보이고 소경 본인은 놓으면 천길 만길 떨어져 죽을 것으로 생각했다.
　결국 눈 뜬 사람이 옆에서 안내하여 타인의 도움 없이 밧줄을 놓고 땅에 섰다. 화재는 간단히 진화되어 모든 투숙객들이 밤새 편히 잠을 잤는데 소경만 밤새도록 죽을 고생을 한 것이다.
　오늘의 전쟁과 경제상황은 누구에게는 소경과 같고 어떤 이에게는 일반 투숙객과 같다.

하나님의 말씀을 통해서 눈을 뜨고 시대를 바로 알고 불안과 염려에서 벗어나 감사와 기쁨으로 충만하기를 바란다.
　하나님의 말씀은 마스터키와 같다. 열쇠는 문을 여는 역할을 하나 맞지 않는 열쇠는 별스런 재주를 부려도 열리지 않는다. 하나님의 말씀을 깨닫지 못하면 이 시대를 살아가는데 힘들고 어렵고 고통 중에 살 수 밖에 없다.
　이 책이 나올 수 있도록 기도와 후원과 영어와 디자인과 편집과 인쇄로 도움을 주신 분들에게 감사를 드리며 이 계시록 강해가 어떠한 경우에도 감사와 기쁨과 소망이 넘치는 마스터키가 되기를 바란다.

김 윤 식 목사

Preface to the 9th Edition of the Revelation Commentary

As I publish the ninth edition of the Revelation Commentary in 2025, we are faced with a world where war, economic instability, and social unrest are rampant—both globally and domestically. Christianity is in rapid decline, and it seems impossible to see even an inch ahead. Yet, God's plan and guidance remain with us in all circumstances. He is with us even now.

To describe the condition of our time, allow me to offer a parable.

In a high-rise hotel, a blind man was asleep when a fire alarm startled him awake. In panic, he escaped through the window using an emergency rope. However, the rope was too short—his feet dangled in the air just above the ground. He couldn't climb back up, nor could he let go. He spent the entire night suspended in the air, fearing death.

At dawn, he heard people nearby and cried out for help, but the passersby ignored him, laughed at him, and assumed a normal man was playing a silly prank. In reality, the blind man was only a few centimeters above the ground. Those who could see assumed he was simply
standing and playing around, but the blind man believed that letting go would lead to a fatal fall.

Eventually, someone with sight came near and guided him. Without further help, the blind man let go and stood safely on the ground. The fire had already been extinguished with ease, and all the other hotel guests had slept peacefully through the night. Only the blind man had suffered terribly, alone.

Today's wars and economic crises are like that. To some, it's as if they are blind and hanging in fear; to others, it is like a peaceful night of sleep.

May we open our eyes through the Word of God, discern the times correctly, and be freed from anxiety and fear—filled instead with thanksgiving and joy.

The Word of God is like a master key. A key is meant to open a door, but even with skill, a wrong key will never unlock it. Without understanding the Word of God, we are bound to live in hardship, confusion, and pain.

I would like to express my gratitude to all those who have prayed, supported, helped with English, design, editing, and printing to make this book possible. I hope that this Revelation commentary will be a master key to gratitude, joy, and hope in all circumstances.

머 리 말

 "내가 이 책의 예언의 말씀을 듣는 각인에게 증거하노니 만일 누구든지 이것들 외에 더하면 하나님이 이 책에 기록된 재앙들을 그에게 더하실 터이요 만일 누구든지 이 책의 예언의 말씀에서 제하여 버리면 하나님이 이 책에 기록된 생명나무와 및 거룩한 성에 참여함을 제하여 버리시리라"(계 22:18-19)는 말씀을 대할 때 두려움이 먼저 앞섭니다.
 그러나 하나님께서 주신 말씀은 구원을 위한 사랑의 말씀임을 믿고 접근할 때 두려움보다는 기쁨과 감사가 넘치게 됩니다. 본 계시록 강해를 통해서 더 뜨거운 주님의 사랑과 능력을 발견하게 됩니다.
 우리 속담에 업은 애기 삼 년 찾는다는 말이 있습니다. 계시록에 대한 선입감부터 멀리 있는 것으로만 알았으나 바로 등에 업혀 있는 것을 발견하게 됩니다. 밀가루 포대 봉한 곳을 풀 때 바로 찾은 실오라기 하나를 당기면 주르르 풀려지게 되지만 반대 방향에서 당기면 당길수록 더 홀맺어지고 결국은 뜯어내야만 합니다.
 계시록의 해석은 성경 전체의 흐름에 맞춰서 생각할 때 저절로 풀려지는 실오라기 같습니다. 창세기의 실오라기를 당겨 가게 되면 계시록은 저절로 당겨지게 되며 문이 열려지게 됩니다. 그러나 문자 하나를 잘못 해석하면 광야와 같은 허궁에서 헤매야 하는 경우도 있습니다.
 열쇠는 크거나 색깔이 좋거나 재질이 좋다고 좋은 열쇠가 아닙니다. 비록 볼품은 없어도 자물통에 꼭 맞아서 열려지는 열쇠이어야 합니다. 대개는 성경 해석을 거창하고 화려하게 하려고 합니다. 그러다가 성경의 본질을 벗어나는 일이 허다합니다. 학문과 지식과 재능을 총동원하여 이것저것을 붙여서 열쇠를 만들고 그 열쇠로 열어보려고 들 합니다.

성경은 하나님의 성령의 감동을 받아 기록한 말씀 인고로 성령의 감동으로 깨달을 때 바른 이해가 될 것입니다. 전하는 자나 듣는 자가 모두 성령의 감동으로만 피차 은혜를 나눌 수 있습니다. 이 글을 읽는 분들에게 요한에게 임하였던 성령의 감동이 임하시기를 바랍니다.

소종이 오랫동안 신학교 강단에서 성서신학을 강의하는 중 계시록 강의를 수차에 걸쳐 반복하면서 다듬고 손질하여 책으로 내 놓게 되었습니다. 강해의 기준은 언제나 성경 65권의 흐름에 맞췄고 모든 해석의 근거를 65권 안에서 찾았습니다. 그리고 목표는 언제나 예수 그리스도의 구원을 향하였습니다.

읽기 쉽도록 편집에 노력을 하였고 별도 성경을 찾아보지 않고도 읽을 수 있도록 참고 성경구절의 본문을 전부 수록하였습니다. 이 책이 많은 분들에게 계시록을 이해하고 주님의 위로와 소망과 감사와 기쁨이 넘치는 매체가 되기를 바랍니다.

"이 예언의 말씀을 읽는 자와 듣는 자들과 그 가운데 기록한 것을 지키는 자들이 복이 있나니 때가 가까움이라"(계 1:3)

(1993년 11월 5일 초판발행)
2025년 7월 25일
9판을 내면서

Preface

"I warn everyone who hears the words of the prophecy of this book: If anyone adds anything to them, God will add to him the plagues described in this book. And if anyone takes words away from this book of prophecy, God will take away from him his share in the tree of life and in the holy city, which are described in this book. (Rev.22:18~19) Fear comes first when we face these words.

But, if we approach with faith that God's words are based on his love for salvation, joy and gratefulness overtakes the fear. Through this exposition of the Revelation, we will discover the power and fervent love of the Lord.

In Korean proverb, there is a saying 'looking for the child for three years not noticing carrying it on one's back' We have prejudice that the Revelation is rather remote but will discover we had it on our back all the time. To untie a flour sack, one have to pull out the exact thread to open easily not massing up the whole knot by pulling from the opposite direction which will end up to tear up the whole seal.

Exposition of the Revelation is like a such thread which will untie by itself when taken within the context of the whole Bible. By pulling the tread of the Genesis, the book of the Revelation will be follow automatically and so the door to it as well. But, there are cases by just misinterpreting one word can mislead to a void wondering in wilderness.

A good key has nothing to do with size, color and quality of the material made from. Even with poor looking, it should fit exactly to the lock to open it. There are tendencies to interpret the Bible more extensively and splendid way. But, by doing so, often one loses the essence. They mobilize all kinds of learning, knowledge and talents to make a fascinating key.

Since the Bible has been written with the inspiration of the Holy Spirit, one can get right understanding with the prompting of the God's Spirit. Both speaker and hearer can experience common grace by the inspiration of the Holy Spirit. I hope the inspiration of the Holy Spirit that came upon John will come to everyone who reads this book.

Having taught biblical theology for many years at a seminary, I lectured the book of the Revelation several times, which enabled me refine the materials, now came to be this writing. The criteria of the exposition and all the bases of interpretation has been found within or always in line with the flow of the rest of the 65 books of the Bible. And the goal is always forwarded to the salvation of Jesus Christ.

I edited for easier reading and inserted all quoted Bible verses so that one could read without searching the Bible. I hope and trust that this book will enable readers to understand the Revelation, so to become a mediator who has the comfort, hope, gratitude, and joy of the Lord.

"Blessed is the one who reads the words of this prophecy, and blessed are those who hear it and take to heart what is written in it, because the time is near".(Rev. 1:3)

(First published on November 5, 1993)
With the 9th edition on July 25, 2025
Rev. Immanuel Peter Kim Ph.D.

서 론

요한 계시록은 성경 66권의 일부이지 결코 별개의 책이 아닙니다. 성경은 모두가 예수 그리스도를 계시하고 있으며 그리스도가 고난을 받고 영광에 들어가야 하리라는 주님의 말씀대로 십자가와 부활이 계시되어 있으며 이 예수 그리스도를 믿음으로 구원을 받게 된다는 하나님의 말씀입니다.

"가라사대 미련하고 선지자들의 말한 모든 것을 마음에 더디 믿는 자들이여 그리스도가 이런 고난을 받고 자기의 영광에 들어가야 할 것이 아니냐 하시고 이에 모세와 및 모든 선지자의 글로 시작하여 모든 성경에 쓴바 자기에 관한 것을 자세히 설명하시니라"(눅 24 : 25-27)

"모세를 믿었더면 또 나를 믿었으리니 이는 그가 내게 대하여 기록하였음이라"(요 5 : 46)

요한 계시록을 잘못 이해함으로 많은 혼란을 초래하고 있습니다. 대체적으로 많은 분들이 계시록에 대한 선입감부터 신비스럽고 무시무시한 공포감을 가지며 현실과는 거리가 먼 환상의 세계처럼 생각하고 있습니다.

그러나 계시록 역시 성경의 일부이므로 앞에 있는 65권의 성경과 그 본질이 다를 수 없으며 일맥상통하는 진리를 담고 있는 하나님의 말씀이며 별개의 책이 아닙니다.

계시라는 말은 예언이라는 말과 같습니다. 예언이나 계시라는 말을 단어적으로만 생각을 하고 신비적으로 또는 미래적으로만 생각하는 경향이 있습니다. 계시라고 하면 어젯밤 꿈에 된 일이나 환상이나 음성을 들은 것으로 착각을 하며, 예언이라 하면 내일 모레 무엇이 어떻게 될 것이라는 미래의 일을 미리 말하는 것으로 알고 있지만 계시의 성경적인 의미는 하나님의 말씀이라는 것입니다.

영생이라는 말이 문자적으로는 영원히 죽지 않고 산다는 뜻이지만 본뜻은 하나님과 함께 산다는 의미입니다. 만약 하나님께서 하루만 살 수 있다면 하루만 사는 것이 영생입니다. 영생은 오래 산다는 것이 아니라 하나님과 함께 산다는 것입니다 마찬가지로 예언이나 계시도 미래의 말씀이라는 것이 아니라 하나님의 말씀이라는 것입니다.

이 계시나 예언의 말씀은 곧 예수 그리스도를 계시하는 말씀이며 예수 그리스도께서 십자가에 죽으시고 부활하셔서 우리를 죄악에서 구원하시는 구주이며 우리는 그를 믿음으로만 구원을 얻는다는 말씀입니다. 그러므로 신구약 성경의 모든 말씀을 예언의 말씀 또는 계시의 말씀이라고 합니다.

구약은 오실 예수님에 대한 계시요 신약은 오신 예수님에 대한 계시입니다. 그러나 구체적으로 기록되어진 내용을 보면 예수 그리스도라는 단어나 그에 대한 직접적인 설명은 없습니다. 특히 구약에는 전혀 예수 그리스도에 대한 직접적인 언급이 없습니다. 그렇지만 구약에서 한 마디도 그리스도에 대하여 계시하지 않은 말씀이 없습니다.

구약을 간단히 분류해 보면 율법과 역사와 시와 예언서라고 할 수 있습니다. 한 예를 들어 말씀을 드리겠습니다. 이사야서 7장 14절에 "처녀가 잉태하여 아들을 낳으리니 그 이름을 임마누엘이라 하리라"는 말씀이 물론 예수 그리스도의 탄생에 관한 예언이며 마태복음에 그대로 실현되었습니다. 그러나 그 말씀이 주어진 실황을 한번 생각해 보고자 합니다.

유다왕 아하스 때에 되어진 역사적 상황을 잘 이해하여야 하겠습니다. 아하스가 교만하고 하나님께 불의함으로 이사야 선지자가 아하스에게 권고하기를 하나님께 징조를 구하라는 말은 하나님께서 능력을 베풀어 구원해 주시기를 기도하라는 말씀이었습니다. 그러나 아하스는 듣지 아니하며 하나님께서는 일방적으로 하나님 편에서 징조를 보이게 됩니다. 그 징조가 바로 처녀가 아들을 낳는다는 표현입니다. 당시 이 사건이 일어난 것은 아닙니다. 즉 어느 처녀가 아들을 낳은 것은 아니지만 하나님께서 바벨론과 앗수르를 들어서 이스라엘을 치시고 심판하시며 후에 그들이 포로에서 돌아오게 하시는 회복을 곧 처녀가 잉태하여 아들을 낳는 것으로 표현하시고 임마누엘이라 하였습니다. 처녀가 아들을 낳는다는 일은 있을 수 없는 일입니다. 즉 과학의 힘으로나 우연으로나 있을 수 없는 일입니다. 그러나 오직 하나님께서만 하실 수 있는 일이며 구원은 오직 하나님께서만 하실 수 있는 절대적인 것입니다. 이 사건이 예수 그리스도에게서 성취되며 예수님의 처녀 탄생은 오직 하나님의 절대적인 능력으로만 된 일이요 이는 구원은 오직 하나님 편에서만 하실 수 있는 사건입니다.

이사야서 32장 1절에 "보라 장차 한 왕이 의로 통치할 것이요"라는 말씀도 예수님에 대한 예언의 말씀이지만 당시 실제는 히스기야왕에 대한 말씀입니다. 그렇지만 이 말씀이 예수 그리스도에 대하여 계시하고 있는 말씀입니다. 같은 예를 말씀 드린다면 아브라함의 생애가 창세기에 기록되어 있지만 이는 아브라함의 생애를 소개하기 위한 것이 아니라 그의 생애의 기록을 통해서 예수님을 계시하는 것과 같습니다. 홍해가 갈라진 사건도 이스라엘 백성들이 출애굽 할 때 신비스런 기적이 일어났다는 것을 소개하려는 것이 아니라 그 때에 있었던 하나님의 역사를 통해서 오늘 우리들에게 예수 그리스도를 통해서 구원하신다는 하나님의 말씀이요 그리스도의 계시입니다. 뒤에서는 애굽의 군대가 쫓아오고 앞에는 홍해가 가로 놓여 있기 때문에 백성들은 꼼짝없이 죽을 수밖에 없었는데 하나님께서 홍해를 갈라지게 하셔서 그 길로 건너가게 하므로 이스라엘 백성을 죽음에서 구원하신 것이며 이는 곧 "내가 곧 길이요 진리요 생명이니 나로 말미암지 않고는 아버지께로 올 자가 없느니라."고 말씀하신 예수 그리스도를 계시하는 것입니다.

그러므로 성경에서 계시한 예언은 예수 그리스도를 통해서 우리 죄인들을 구원하신다는 말씀이지 미래에 될 일을 알려준다는 의미가 아닙니다. 물론 예수 그리스도를 계시함에 있어서 미래적으로 되어 질 것을 나타내지만 그것은 미래에 국한된 것이 아니라 현재 미래 모두 해당하는 것입니다.

위와 같이 구약을 해석할 수 있는 결정적인 키는 예수님께서 직접 하신 말씀이 됩니다.

"가라사대 미련하고 선지자들의 말한 모든 것을 마음에 더디 믿는 자들이여 그리스도가 이런 고난을 받고 자기의 영광에 들어가야 할 것이 아니냐 하시고 이에 모세와 및 모든 선지자의 글로 시작하여 모든 성경에 쓴바 자기에 관한 것을 자세히 설명하시니라"(눅 24 : 25-27)

"모세를 믿었더면 또 나를 믿었으리니 이는 그가 내게 대하여 기록하였음이라"(요 5 : 46)

이 말씀의 내용은 예수님께서 십자가에 죽으시고 사흘 만에 부활하셨는데 이 사실을 믿지 못하고 있는 제자들에게 나타나셔서 하신 말씀입니다. 그들에게 자세히 풀어 가르치신 말씀의 결론은 그리스도가 고난을 받고 자기의 영광에 들어가야 하리라는 것입니다. 이것은 십자가에 죽으시고 부활하신 것을 말합니다. 이 계시가 모세의 글과 선지자의 글과 그 외의 모든 성경에 기록되어 있다는 것입니다. 그러나 실제로는 직선적인 기록을 찾아볼 수 없습니다. 성령의 영감으로 보지 않으면 알 수 없는 말씀입니다.

이상의 말씀을 드린 것은 계시록을 이해함에 있어서도 예수 그리스도를 계시하고 있는 말씀을 발견하여야 한다는 것이며 그 방법 역시 65권의 성경을 이해하는 것과 동일하여야 합니다. 신구약 성경은 하나님의 말씀이며 예수 그리스도를 증거 하는 말씀입니다.

계시록 1장 2절에도 "요한은 하나님의 말씀과 예수 그리스도의 증거 곧 자기의 본 것을 다 증거 하였느니라"고 하였는데 이 말씀이 계시록의 특성을 잘 나타내 주고 있습니다. 즉 요한이 보고 기록한 것은 "하나님의 말씀과 예수 그리스도의 증거" 라는 것입니다.

성경 65권의 말씀 중심은 하나님의 말씀이 육신이 되어 우리 가운데 오신 분이 예수 그리스도이시며, 십자가에서 죽으신 후 부활하시므로 사망과 죽음과 마귀의 권세를 물리치고 우리를 구원하신 구주 예수를 계시하며 이 계시록의 말씀도 어린 양 예수님이 사단과의 전쟁에서 승리하셔서 마지막 우리들을 어린 양 혼인 잔치에 인도하시는 승리자 예수를 계시하고 있습니다.

성경의 가장 모체가 되는 부분은 모세오경입니다. 이 모세오경에 의해서 선지자들이 가르치고 전한 것이 구약의 역사서나 시가서 또는 예언서들입니다. 예수님께서 가르치신 말씀 중에 한 마디라도 구약에 없는 말씀은 없습니다. 즉 새로운 말씀을 하신 것이 아니고 구약에 있는 모든 하나님의 말씀을 새롭게 알도록 가르치신 것입니다. 다만 그것이 문자적으로 똑 같다는 것이 아니고 본질적으로 같다는 것입니다.

"내가 율법이나 선지자나 폐하러 온 줄로 생각지 말라 폐하러 온 것이 아니요 완전케 하려 함이로다 진실로 너희에게 이르노니 천지가 없어지기 전에는 율법의 일점일획이라도 반드시 없어지지 아니하고 다 이루리라" (마 5:17-18)

만약 이 모체가 되는 모세오경의 계시성이 불확실하다면 이는 대단히 중대한 문제가 됩니다. 기준이 흔들리면 다음은 모두가 흔들리고 말기 때문입니다. 그러므로 이 오경의 기록에 대해서는 성경이 분명하게 증거하고 있습니다.

"이르시되 내 말을 들으라 너희 중에 선지자가 있으면 나 여호와가 이상으로 나를 그에게 알리기도 하고 꿈으로 그와 말하기도 하거니와 내 종 모세와는 그렇지 아니하니 그는 나의 온 집에 충성됨이라 그와는 내가 대면하여 명백히 말하고 은밀한 말로 아니하며 그는 또 여호와의 형상을 보겠거늘 너희가 어찌하여 내 종 모세 비방하기를 두려워 아니하느냐" (민 12:6-8)

그리고 오경 중에서도 가장 중심이 되는 것은 십계명인데 이 십계명도 하나님께서 직접 기록하신 말씀이며 변할 수 없는 말씀입니다.

"모세가 돌이켜 산에서 내려오는데 증거의 두 판이 그 손에 있고 그 판의 양면 이편저편에 글자가 있으니 그 판은 하나님이 만드신 것이요 글자는 하나님이 쓰셔서 판에 새기신 것이더라" (출 32:15-16)

"모세가 여호와와 함께 사십일 사십 야를 거기 있으면서 떡도 먹지 아니하였고 물도 마시지 아니하였으며 여호와께서는 언약의 말씀 곧 십계를 그 판들에 기록하셨더라" (출 34:28)

이와 같이 성경의 가장 근본이 되는 말씀을 하나님께서 직접 기록해 주셨거나 모세에게 직접 대면하여 말씀하시고 분명하게 즉 오류가 없이 기록하게 하셨습니다. 이렇게 기록된 말씀이 곧 예수 그리스도에 대한 계시의 말씀이라는 것입니다.

"모세를 믿었더면 또 나를 믿었으리니 이는 그가 내게 대하여 기록하였음이라"(요 5:46)

모세오경이 단순히 십계명과 규례와 법도만 기록되었다고 하면 그것은 가치가 없는 말씀입니다. 성경 말씀은 역사를 주관하시는 하나님께서 그 역사 속에서 말씀하셨기 때문에 가치가 있고 소중한 말씀이 되는 것입니다. 즉 하나님의 말씀이 역사성이 없다면 그것은 진리가 아닙니다.

예수께서 아무리 많은 말씀으로 사랑하라고 하셨을지라도 예수님께서 십자가에 죽으시는 역사적 사랑을 실천하지 않으셨다면 예수님의 말씀은 어느 한 철학자의 말이나 다름이 없을 것입니다. 구약의 말씀들이 아무리 좋은 말씀들이라고 하여도 예수님이 이 땅에 오시지 않으셨다면 그 말씀들이 아무런 가치가 없는 말씀이요 하무라비 법전이나 이방 종교의 경전보다 나을 바가 없습니다. 그러나 역사적으로 말씀이 육신이 되어 이 땅에 오셔서 구약에 약속된 모든 말씀을 성취하였기 때문에 진리요 하나님의 말씀입니다.

하나님의 말씀은 역사적 사실들을 매체로 해서 주어지며 그 말씀이 예수 그리스도에게서 성취된 것입니다. 그러므로 계시록도 역사와 무관한 막연한 환상이라면 이는 진리가 아닙니다. 그러기에 계시록을 바로 이해하기 위해서는 계시록이 기록된 역사적 배경을 잘 알고 하나님께서 역사 속에서 어떻게 섭리하셨는가를 발견하여야 할 것입니다. 계시록 본문 강해에 앞서서 역사적 배경을 살펴보고자 합니다.

요한계시록은 학자에 따라서 주후 96년 혹은 95년에 기록되었다고 합니다. 이 시대는 로마가 유럽의 일부와 소아시아 일대를 점령하고 통치하던 시대이며 피 점령지역의 모든 국가들이 기회만 있으면 로마로부터 벗어나려고 반란을 일으키게 되었습니다.

로마의 입장에서는 어떻게 해서든지 놓치지 않고 장악하려는 것이 생리이며 그렇게 하기 위해서는 여러 가지 정치적인 방법을 동원할 수밖에 없었던 것입니다. 그래서 언어, 문화, 종교를 통일하고 통신과 교통이 발달할 수밖에 없었습니다. 특히 종교 정책이 이색적이었습니다.

같은 종교를 갖고 같은 신앙의 공동체를 이룬 사람들은 한 형제 의식을 가지며 서로 연합하기 마련입니다. 이러한 심리를 이용하여 한 종교를 만들어 황제가 하나님이며 그를 숭배하고 그에게 예배를 드려야 한다는 것입니다. 그렇게 되면 자연히 로마의 통치자인 황제를 숭배하게 되며 황제의 통치에 반기를 들 리가 없을 것이기 때문입니다.

당시는 미개한 사회였기 때문에 종교도 자연을 섬기거나 혹은 족장(추장)을 신격화하여 섬기기도 하였습니다. 동물이나 식물이나 천체를 섬기던 자들이 황제를 신으로 섬기는 데는 별 문제가 없었습니다. 또한 추장을 신으로 섬기던 자들도 황제를 신으로 섬기는 것은 같은 사람을 섬기는 것이기 때문에 별 문제가 되지 않았습니다.

그러나 기독교만은 이 정책이 적용되지 못하였습니다. 천지만물을 지으신 하나님과 그의 독생자 예수 그리스도를 구주로 믿는 믿음 외에 어떤 인물도 신격화할 수 없는 것이 기독교의 진리이기 때문에 기독교인들만은 로마의 종교 정책에 순응할 수 없었습니다. 그렇게 되면 자연히 기독교인들은 박해를 받을 수밖에 없습니다. 그래서 로마는 기독교를 말살시키기 위하여 신자를 잡기만 하면 잔인하게 죽였습니다. 맹수의 밥이 되게 하거나 높은 꼭대기에서 짐승의 가죽을 입혀서 낭떠러지에 던져 죽게 하거나 서로 격투를 시켜 죽게 하거나 사지를 묶어서 사방에서 말이 그 줄을 끌고 달리게 하여 찢어 죽이기도 하였습니다. 이러한 박해를 피해서 지하 무덤인 카타콤에서 은둔하여 살다가 그곳에서 죽고 그곳에 매장 되기도 하였습니다. 이 카타콤에서 발굴된 유골만 해도 약 백만 구가 된다고 합니다.

이러한 박해가 황제에 따라서 조금씩 차이가 있었으나 가장 심하였던 때는 도미시안 황제가 통치하던 때입니다. 이때가 바로 사도 요한이 이 박해로 인하여 밧모섬으로 유배당하던 때입니다. 이러한 박해를 받고 있는 교회와 성도들은 이런 저런 생각을 하지 않을 수 없었을 것입니다. 즉 하나님은 전능하시고 우리를 사랑하시고 공의로우셔서 불의를 심판하시는 분이신데 성도가 이렇게 고난을 당하도록 내버려두고 불의를 행하는 로마는 저렇게 번성하고 있으니 어떻게 된 것일까? 하는 의구심을 가질 수밖에 없습니다. 주님께서 이러한 교회와 성도들에게 요한을 통하여 권면과 위로와 소망의 말씀을 주십니다. 그 기록의 방법에 있어서는 묵시문학적인 방법으로 기록되고 있습니다.

계시록에 나타난 사건들 즉 어린 양과 짐승들과 싸움은 로마와 교회와의 관계를 나타내고 오늘날 우리들에게는 사단과 성령의 관계를 나타내는 것입니다.

예수님은 짐승 중에서 가장 연약하고 순진한 어린 양으로 나타나고 로마의 세력은 맹수로 나타나게 됩니다. 연약한 어린양과 맹수와의 싸움은 맹수가 이기는 것이 당연한 것입니다. 그래서 맹수가 득세를 하고 천하를 다 장악하고 어린 양을 삼켜 버리려는 것 같으나 결국은 어린 양이 승리하고 성도들을 어린 양의 혼인 잔치에 초대하게 됩니다. 이것은 비록 사단의 세력이 일시적으로는 승리하는 것 같으나 결국은 주님이 성도를 인도하신다는 진리요 박해를 당하고 있던 성도들에게 위로와 소망이 되는 말씀입니다.

이 악마라고 하는 맹수 같은 세력은 꼭 어느 국가라는 정치적 세력만을 말하는 것은 아닙니다. 지금도 우리 개개인의 심령에 들어와서 유혹하고 시험하여 죄를 범케 만드는 사단의 역사를 말합니다.

"육체의 일은 현저하니 곧 음행과 더러운 것과 호색과 우상숭배와 술수와 원수를 맺는 것과 분쟁과 시기와 분냄과 당짓는 것과 분리함과 이단과 투기와 술취함과 방탕함과 또 그와 같은 것들이라 전에 너희에게 경계한 것 같이 경계하노니 이런 일을 하는 자들은 하나님의 나라를 유업으로 받지 못할 것이요" (갈 5:19-21)

"또한 저희가 마음에 하나님 두기를 싫어하매 하나님께서 저희를 그 상실한 마음대로 내어 버려두사 합당치 못한 일을 하게 하셨으니 곧 모든 불의, 추악, 탐욕, 악의가 가득한 자요 시기, 살인, 분쟁, 사기, 악독이 가득한 자요 수군수군 하는 자요 비방하는 자요 하나님의 미워하시는 자요 능욕하는 자요 교만한 자요 자랑하는 자요 악을 도모하는 자요 부모를 거역하는 자요 우매한 자요 배약하는 자요 무정한 자요 무자비한 자라"(롬 1:28-31)

사단은 이렇게 오늘도 우리를 넘어지게 하려고 합니다. 그러나 우리가 타락하고 범죄 할지라도 성령께서는 회개하고 돌아오게 하시며 승리하게 하시고 구원을 얻게 하십니다.

"사람이 감당할 시험 밖에는 너희에게 당한 것이 없나니 오직 하나님은 미쁘사 너희가 감당치 못할 시험 당함을 허락지 아니하시고 시험 당할 즈음에 또한 피할 길을 내사 너희로 능히 감당하게 하시느니라" (고전 10:13)

계시록은 예수 그리스도로 구원을 얻게 된다는 말씀이지 세계 3차 대전이 언제 일어나게 된다거나, 주님이 몇 년 몇 월 며칠 몇 시에 오신다는 것을 예언하는 말씀이 아닙니다. 계시록을 아무리 신령하게 해석을 하였다고 할지라도 그 해석이 3차 대전이나 예수님 재림의 시간을 알아맞히면 그것은 잘못된 해석입니다. 왜냐하면 65권의 진리와 계시록의 진리가 서로 상반되면 그것은 무조건 잘못된 것입니다. 65권의 성경에서 예수님의 재림 시간이나 3차 대전 같은 것을 예언하지 않고 있기 때문입니다.

성경에는 역사와 과학과 문학 등 다양한 면이 기록되어 있습니다. 그러나 그러한 것들은 예수 그리스도를 계시하기 위한 매체이지 역사와 과학과 문학의 원리를 설명하거나 그러한 학문의 교과서가 아닙니다.

기독교의 계시는 예수 그리스도 자신이지 다른 것이 아닙니다. 그래서 내게 계시가 임했다는 것은 그 일로 인하여 그리스도의 임재가 이루어져 나 자신이 그리스도의 인격화가 되는 것이 곧 계시입니다. 혹은 계시를 점쟁이들이 무엇을 알아맞히는 것과 같은 것으로 착각을 하게 됩니다. 이것은 대단히 잘못된 것입니다. 그러나 사단 마귀는 그러한 일을 잘 합니다. 신비적인 기적을 일으켜 우리의 상식으로는 이해가 안가는 획기적인 기적으로 우리를 미혹하기도 합니다. 그러므로 진리의 기준은 예수 그리스도의 임재 즉 인격화에 있는 것이지 신비적인 기적에 있는 것이 아닙니다.

"거짓 그리스도들과 거짓 선지자들이 일어나 큰 표적과 기사를 보이어 할 수만 있으면 택하신 자들도 미혹하게 하리라" (마 24:24)

"그 날에 많은 사람이 나더러 이르되 주여 주여 우리가 주의 이름으로 선지자 노릇하며 주의 이름으로 귀신을 쫓아내며 주의 이름으로 많은 권능을 행치 아니하였나이까 하리니 그 때에 내가 저희에게 밝히 말하되 내가 너희를 도무지 알지 못하니 불법을 행하는 자들아 내게서 떠나가라 하리라" (마 7:22-23)

이단들은 병 나은 것이나 귀신을 쫓아낸 것이나 기적이 일어난 것을 그리스도보다 더 강조하고 그리스도의 이름을 빙자해서 많은 사람들을 모으고 많은 물질을 수탈하기도 합니다. 결코 기적이 진리가 아니라 진리 안에서 기적도 일어나는 것입니다.

계시록 본문 강해에 앞서서 계시에 대한 신학적 상식을 갖는 것이 좋을 것 같아서 간략하게 살펴보고자 합니다.

1. Revelation(계시)

계시는 하나님을 알게 하는 것입니다. 그러나 하나님을 볼 수 없고 알 수 없으므로 보고 알 수 있도록 육신의 몸을 입고 우리 가운데 오신 예수 그리스도가 계시의 본질입니다.

"말씀이 육신이 되어 우리 가운데 거하시매 우리가 그 영광을 보니 아버지의 독생자의 영광이요 은혜와 진리가 충만하더라" (요 1:14)

"빌립이 가로되 주여 아버지를 우리에게 보여 주옵소서 그리하면 족하겠나이다 예수께서 가라사대 빌립아 내가 이렇게 오래 너희와 함께 있으되 네가 나를 알지 못하느냐 나를 본 자는 아버지를 보았거늘 어찌 하여 아버지를 보이라 하느냐 나는 아버지 안에 있고 아버지는 내 안에 계신 것을 네가 믿지 아니하느냐 내가 너희에게 이르는 말이 스스로 하는 것이 아니라 아버지께서 내 안에 계셔 그의 일을 하시는 것이라" (요 14:8-10)

이 계시는 이미 완성되었습니다. 즉 여자의 몸에서 태어난 자가 스스로 메시아라고 한다면 그것은 가서 보고 확인할 것 없이 잘못된 것입니다.

요즘에 자기가 재림 예수 또는 예수의 형이라는 등 해괴한 사람들이 더러 있습니다.

2. Inspiration(영감)

하나님의 아들 예수님을 알고 그를 믿도록 하나님께서는 역사를 주관하시며 그 역사 속에 그리스도를 계시하셨습니다. 이 역사를 보고 하나님의 감동을 받은 선지자들이 말씀을 전하고 기록한 것이 곧 성경입니다. 이 성경은 오직 예수 그리스도를 계시하고 있습니다. 이 계시(영감)는 성경을 기록하게 하신 종들에게 주어진 계시이며, 이제는 혹 계시를 받아 기록한 말씀이라도 이제는 성경이 될 수 없습니다. 성경 외에 다른 것을 성경보다 높은 권위를 두고 가르친다면 이는 이단입니다. 몰몬경이나 원리강론이나 그 어느 것도 성경이 될 수 없습니다.

이미 주어진 말씀은 일점일획도 바꿀 수 없으며 없어질 수 없는 완전한 계시의 말씀이며 다른 계시의 말씀을 필요로 하지 않는 것입니다. 이 계시 속에 알려지지 않은 것은 모르는 것이 하나님의 뜻이요 진리입니다.

"예언은 언제든지 사람의 뜻으로 낸 것이 아니요 오직 성령의 감동하심을 입은 사람들이 하나님께 받아 말한 것임이니라" (벧후 1:21)

"모든 성경은 하나님의 감동으로 된 것으로 교훈과 책망과 바르게 함과 의로 교육하기에 유익하니 이는 하나님의 사람으로 온전케 하며 모든 선한 일을 행하기에 온전케 하려 함이니라" (딤후 3:16-17)

3. Illumination(조명)

이미 성경을 통해서 예수 그리스도를 계시하여 주셨으므로 우리는 성경을 읽고 깨닫는 과정이 필요합니다. 어떤 음성이나 환상이나 꿈을 통해서 예수 그리스도를 알게 되는 것이 아니라 이미 주신 말씀을 통해서 주님을 발견하게 되고 그를 믿고 구원을 얻게 하십니다. 그러나 많은 사람들이 성경은 읽어도 예수는 믿지 못합니다. 예수를 발견하지 못하기 때문입니다. 그것은 예수의 이름 단어를 발견하지 못했다는 것이 아니라 살아

계신 성령의 역사가 임하지 못했다는 것입니다. 그러므로 우리에게 임하는 계시는 주신 말씀을 깨달아 예수 그리스도를 구주로 믿어 구원받게 하는 계시(조명)입니다.

"또 네가 어려서부터 성경을 알았나니 성경은 능히 너로 하여금 그리스도 예수 안에 있는 믿음으로 말미암아 구원에 이르는 지혜가 있게 하느니라" (딤후 3:15)

"주의 사자가 빌립더러 일러 가로되 일어나서 남으로 향하여 예루살렘에서 가사로 내려가는 길까지 가라 하니 그 길은 광야라 일어나 가서 보니 에디오피아 사람 곧 에디오피아 여왕 간다게의 모든 국고를 맡은 큰 권세가 있는 내시가 예배하러 예루살렘에 왔다가 돌아가는데 병거를 타고 선지자 이사야의 글을 읽더라 성령이 빌립더러 이르시되 이 병거로 가까이 나아가라 하시거늘 빌립이 달려가서 선지자 이사야의 글 읽는 것을 듣고 말하되 읽는 것을 깨닫느뇨 대답하되 지도하는 사람이 없으니 어찌 깨달을 수 있느뇨 하고 빌립을 청하여 병거에 올라 같이 앉으라 하니라 읽는 성경 귀절은 이것이니 일렀으되 저가 사지로 가는 양과 같이 끌리었고 털 깎는 자 앞에 있는 어린 양의 잠잠함과 같이 그 입을 열지 아니하였도다 낮을 때에 공변된 판단을 받지 못하였으니 누가 가히 그 세대를 말하리요 그 생명이 땅에서 빼앗김 이로다 하였거늘 내시가 빌립더러 말하되 청컨대 묻노니 선지자가 이 말 한 것이 누구를 가리킴이뇨 자기를 가리킴이뇨 타인을 가리킴이뇨 빌립이 입을 열어 이 글에서 시작하여 예수를 가르쳐 복음을 전하니 길 가다가 물 있는 곳에 이르러 내시가 말하되 보라 물이 있으니 내가 세례를 받음에 무슨 거리낌이 있느뇨 이에 명하여 병거를 머물고 빌립과 내시가 둘 다 물에 내려가 빌립이 세례를 주고 둘이 물에서 올라갈새 주의 영이 빌립을 이끌어 간지라 내시는 혼연히 길을 가므로 그를 다시 보지 못하니라" (행 8:26-39)

본 강해는 신비적인 방법도 아니고 독창적인 방법도 아니고 성경 65권에서 증거하고 있는 계시 그대로의 방법으로 증거 하는 것을 원칙으로 하며 이 범위에서 절대로 벗어나지 않을 것입니다.

요한계시록에 나타난 숫자나 동물이나 사건이나 장소 등은 묵시적인 의미를 지니고 있는 것이며 결코 자연수나 실제의 동물이나 사건이 아니라는 것을 먼저 이해하여야 합니다. 유대 묵시문학을 잘 알고 있었던 초대교회 성도들은 요한계시록을 잘 이해할 수 있었을 것입니다. 구약에도 에스겔서나 다니엘서 등 여러 곳에 묵시문학을 이용하여 기록하고 있습니다.

예를 들면 7 이라는 숫자는 자연수가 아니라 의미적인 수로서 완전수를 나타내고 있습니다. 그러므로 7년 대환난이라고 하면 어느 특정한 때부터 7년 동안의 환난을 말하는 것이 아니라 완전한 기간을 말하며 완전은 처음부터 마지막까지가 완전한 기간이며 시작부터 끝날 때까지가 7년입니다. 그러므로 7년 대환난이란 처음부터 끝까지의 환난이 아니라 사단의 유혹과 시험을 이기지 못하여 범죄하고 악을 행하는 것이 곧 대환난입니다.

그렇다면 처음은 하나님께서 세상을 창조하신 때요 마지막은 예수님 재림 때로 보아야 할 것입니다. 사단은 에덴동산에서부터 아담과 하와를 타락케 하였고 지금도 많은 사람들을 죄를 범케 하고 앞으로 예수님 재림하실 때까지 그 역사를 계속 할 것입니다. 그러므로 7년 대환난이란 1993년부터 2000년까지를 말하는 시한부종말론자들의 말과 전혀 다릅니다. 이미 우리는 7년 대환난의 시대에 살고 있습니다. 왜냐하면 사단의 역사는 어느 시대를 막론하고 진행되었으며 지금도 진행되고 있기 때문입니다.

그러면 천년왕국은 무엇이겠습니까? 본문 강해 시 자세히 설명하겠지만 천년이란 자연수의 천년이 아니라 의미 수입니다. 천천이요 만만이라는 말은 천이나 만은 많다는 의미요 무한하다는 것이며 긴 기간이라고 보아야 합니다. 왕국은 예수 그리스도가 왕이 되어 그리스도의 보호를 받고 그의 은혜를 받으며 사는 것이 그리스도의 왕국입니다. 그리스도의 보호란 하나님의 보호와 성령의 보호를 다함께 말하는 것입니다. 인간은 에덴동산에 창조된 이후 지금까지 그리고 주님 재림하실 때까지 하나님의 사랑과 예수 그리스도의 은혜와 성령의 역사하심을 힘입고 살아갑니다. 그러므로 우리가 믿음 안에서 주님과 동행하는 삶을 살아가면 이는 천년왕국에서 사는 것입니다. 천년왕국이란 시한부종말론자들이 말하는 2000년부터 1000년 동안이 아닙니다.

그렇다면 우리는 7년 대환난에 처해 있기도 하고 천년왕국에 처해 있기도 합니다. 7년 대환난이나 천년왕국은 서로 다른 기간에 이루어지는 것이 아니라 같은 역사 속에서 이루어지고 있습니다. 사단의 지배를 받느냐 성령의 지배를 받느냐에 따라서 대환난이 되거나 천년왕국이 됩니다.

비록 로마의 박해를 받으며 카타콤에서 고난을 당하며 산 초대교회 성도들이지만 주님과 동행하는 믿음의 삶을 산 그들은 천년왕국의 삶을 살았습니다. 물론 궁극적으로는 주님이 재림하시는 그때부터 영원한 천년왕국이 이루어지게 됩니다. 기독교의 진리는 먼 훗날의 진리가 아니라 언제나 지금부터 영원까지의 진리입니다.

그리고 계시록을 쉽게 이해하기 위해서 먼저 가져야 할 개념은 사단과 성령의 싸움이 연속되는데 사단은 그 출처나 양상이 좀 좋지 않은 면으로 나타나며 성령은 하늘이나 성소나 광명한 곳으로부터 나타나고 선입감이 좋은 면으로 나타난다는 것을 염두에 두면 쉽게 이해할 수 있습니다. 그러므로 기분이 나쁜 면으로 나타난 것은 무조건 사단 마귀로 보고 좋은 것은 성령의 역사로 보면 틀림이 없습니다.

제1장 예수 그리스도의 계시

(1: 1) 예수 그리스도의 계시라 이는 하나님이 그에게 주사 반드시 속히 될일을 그 종들에게 보이시려고 그 천사를 그 종 요한에게 보내어 지시 하신 것이라

성경의 모든 말씀은 예수 그리스도의 계시입니다. 구약은 오실 예수님의 계시요 신약은 오신 예수님의 계시입니다. 이 계시는 예수 그리스도를 통해서 인류를 구원하실 계시이며 이는 십자가와 부활의 사건으로 이루어지게 됩니다.

반드시 속히 된다는 것은 주님의 구원 역사가 필연적이고 오래 지체되지 않는다는 것입니다. 반드시는 우리 성도가 절대로 구원에서 탈락되거나 주님께서 버리지 아니하시고 꼭 구원하신다는 의미입니다. 하나님은 자녀를 버리시는 일이 없습니다. 속히 된다는 것을 그 당시 속히 된다고 하였으니 시간과 공간을 초월하신 분이시기에 그 때나 지금이나 꼭 같이 속히 되어지며 이는 주님의 구원이 언제나 지금 이루어지고 있는 것입니다.

이 구원의 계시는 하나님-예수 그리스도 -천사(성령의 역사) -주의 종에게 전달되어 우리 모두에게 전해지고 있습니다.

(1: 2) 요한은 하나님의 말씀과 예수 그리스도의 증거 곧 자기의 본 것을 다 증거하였느니라

요한이 증거한 것은 계시록의 말씀이며 이는 곧 하나님의 말씀과 예수 그리스도의 증거입니다. 이것이 계시록의 본질입니다. 즉 하나님의 말씀과 예수 그리스도의 증거입니다. 성경은 하나님의 말씀이며 예수 그리스도의 증거입니다. 그러므로 65권의 성경과 계시록은 본질적으로 하나입니다.

(1: 3) 이 예언의 말씀을 읽는 자와 듣는 자들과 그 가운데 기록한 것을 지키는

자들이 복이 있나니 때가 가까움이라

계시록을 예언의 말씀이라고 하였습니다. 예언이란 앞서 서론에서 말한 바와 같이 하나님의 말씀이라는 것입니다. 이 말씀을 읽고 듣고 행하는 자가 복이 있다고 하셨습니다.

"이 율법책을 네 입에서 떠나지 말게 하며 주야로 그것을 묵상하여 그 가운데 기록한대로 다 지켜 행하라 그리하면 네 길이 평탄하게 될 것이라 네가 형통하리라 내가 네게 명한 것이 아니냐 마음을 강하게 하고 담대히 하라 두려워 말며 놀라지 말라 네가 어디로 가든지 네 하나님 여호와가 너와 함께 하느니라 하시니라" (수 1:8-9)

"네가 네 하나님 여호와의 말씀을 삼가 듣고 내가 오늘날 네게 명하는 그 모든 명령을 지켜 행하면 네 하나님 여호와께서 너를 세계 모든 민족 위에 뛰어나게 하실 것이라 네가 네 하나님 여호와의 말씀을 순종하면 이 모든 복이 네게 임하며 네게 미치리니 성읍에서도 복을 받고 들에서도 복을 받을 것이며 네 몸의 소생과 네 토지의 소산과 네 짐승의 새끼와 우양의 새끼가 복을 받을 것이며 네 광주리와 떡반죽 그릇이 복을 받을 것이며 네가 들어와도 복을 받고 나가도 복을 받을 것이니라" (신 28:1-6)

때가 가깝다는 말씀의 때는 어느 때를 말하는지 생각해 봅시다. 예수님께서 제일 먼저 하신 말씀도 "회개하라 천국이 가까왔느니라"(마 4:17)라는 말씀이었습니다. 천국은 죄를 심판하고 의를 구원하시는 사건으로 이루어집니다. 이때를 구약에서는 주의 날, 여호와의 날, 심판의 날, 그날, 그때로 많이 표현하였습니다. 여호와의 날이란 심판과 구원이 이루어지는 날입니다.

"화 있을진저 여호와의 날을 사모하는 자여 너희가 어찌하여 여호와의 날을 사모하느뇨 그 날은 어두움이요 빛이 아니라 마치 사람이 사자를 피하다가 곰을 만나거나 혹 집에 들어가서 손을 벽에 대었다가 뱀에게 물림 같도다 여호와의 날이 어찌 어두워서 빛이 없음이 아니며 캄캄하여 빛남이 없음이 아니냐" (암 5:18-20)

"여호와의 큰 날이 가깝도다 가깝고도 심히 빠르도다 여호와의 날 의 소리로다 용사가 거기서 심히 애곡하는도다 그 날은 분노의 날이요 환난과 고통의 날이요 황무와 패괴의 날이요 캄캄하고 어두운 날이요 구름과 흑암의 날이요 나팔을 불어 경고하며 견고한 성읍을 치며 높은 망대를 치는 날이로다" (습 1:14-16)

그 날은 몇 월 며칠이 아니라 하나님의 공의와 자비가 실현되는 때이며 그때는 내일도 아니며 언제나 지금입니다. 하나님께서 이스라엘 백성들을 앗수르와 바벨론을 들어서 치시므로 죄에 대하여 심판하시고, 포로에서 돌아오게 하시므로 구원하시는 역사가 곧 여호와의 날에 이루어지는 사건입니다. 그때는 심판과 구원의 날이며 이는 언제나 계속되며 궁극적으로는 주님의 재림 시에 완결됩니다. 가깝다는 것은 지금 이루어지고 있다는 것입니다. 실제적으로 예수님께서 수천 년 후에 오신다고 하더라도 그 시간은 지금이나 다름이 없습니다. 주님은 시간과 공간을 초월하신 분이기 때문입니다.

(1: 4) 요한은 아시아에 있는 일곱 교회에 편지하노니 이제도 계시고 전에도 계시고 장차 오실 이와 그 보좌 앞에 일곱 영과

일곱의 수는 완전수이므로 아시아에 있는 일곱 교회는 모든 교회를 의미하고 있습니다. 모든 교회는 지역적으로 모든 교회와 역사적으로 모든 교회입니다. 동서양의 모든 교회요, 옛날과 지금과 미래의 모든 교회입니다.

성부 하나님은 이제도 전에도 계시며 장차 오실 분입니다. 일곱 영은 신령하고 충만한 성령의 표현입니다.

(1: 5) 또 충성된 증인으로 죽은 자들 가운데서 먼저 나시고 땅의 임금들의 머리가 되신 예수 그리스도로 말미암아 은혜와 평강이 너희에게 있기를 원하노라 우리를 사랑하사 그의 피로 우리 죄에서 우리를 해방하시고

예수님께서 죽으시고 부활하심을 충성된 증인으로 표현하였습니다. 충성은 십자가에 죽기까지 순종하는 것이며 증인은 부활처럼 거듭나고 새로워지는 것이며 임금들의 머리가 되는 비결은 바로 이와 같이 십자가에 죽는 충성과 부활하는 변화로 되어지는 것입니다. 성부 성자의 이름으로 평강을 기원하고 있습니다.

"주 예수 그리스도의 은혜와 하나님의 사랑과 성령의 교통하심이 너희 무리와 함께 있을지어다"(고후 13:13)

"염소와 황소의 피와 및 암송아지의 재로 부정한 자에게 뿌려 그 육체를 정결케 하여 거룩케 하거든 하물며 영원하신 성령으로 말미암아 흠 없는 자기를 하나님께 드린 그리스도의 피가 어찌 너희 양심으로 죽은 행실에서 깨끗하게 하고 살아계신 하나님을 섬기지 못하겠느뇨"(히 9:13-14)

(1: 6) 그 아버지 하나님을 위하여 우리를 나라와 제사장으로 삼으신 그에게 영광과 능력이 세세토록 있기를 원하노라 아멘

나라는 우리를 하나님의 백성을 삼아 하나님 나라가 되게 하심이요, 제사장은 가장 존귀하게 여기는 자로 삼으셨다는 것입니다. 인간에게 주어진 축복 중에 가장 귀한 복이 곧 제사장의 축복입니다. 이 제사장은 백성에게는 하나님을 대신하고 하나님 앞에서는 백성을 대신하는 직분으로서 우리 예수님을 계시하는 직분입니다.

"여호와여 그 재산을 풍족케 하시고 그 손의 일을 받으소서 그를 대적하여 일어나는 자와 미워하는 자의 허리를 꺾으사 다시 일어나지 못하게 하옵소서"(신 33:11)

예수님의 십자가 공로로 우리가 하나님의 백성이 되고 제사장이 되는 특권과 축복을 얻게 되었기 때문에 이러한 주님께 영광과 능력이 세세토록 있기를 간구하고 있습니다. 우리의 기도도 예수님의 영광을 위한 기도가 되어야 합니다.

가 되게 하심이요, 제사장은 가장 존귀하게 여기는 자로 삼으셨다는 것입니다. 인간에게 주어진 축복 중에 가장 귀한 복이 곧 제사장의 축복입니다. 이 제사장은 백성에게는 하나님을 대신하고 하나님 앞에서는 백성을 대신하는 직분으로서 우리 예수님을 계시하는 직분입니다.

"여호와여 그 재산을 풍족케 하시고 그 손의 일을 받으소서 그를 대적하여 일어나는 자와 미워하는 자의 허리를 꺾으사 다시 일어나지 못하게 하

옵소서" (신 33:11)

예수님의 십자가 공로로 우리가 하나님의 백성이 되고 제사장이 되는 특권과 축복을 얻게 되었기 때문에 이러한 주님께 영광과 능력이 세세토록 있기를 간구하고 있습니다. 우리의 기도도 예수님의 영광을 위한 기도가 되어야 합니다.

(1: 7) 볼지어다 구름을 타고 오시리라 각인의 눈이 그를 보겠고 그를 찌른 자들도 볼 터이요 땅에 있는 모든 족속이 그를 인하여 애곡하리니 그러하리라 아멘

구름은 구약에서 하나님의 임재 시 나타났으며 성령의 충만함과 영광의 상징으로 나타났습니다. 구름을 타고 오신다는 것은 영광과 권능으로 오신다는 것이며 성령 충만함으로 오신다는 것입니다.

"그 때에 인자의 징조가 하늘에서 보이겠고 그 때에 땅의 모든 족속들이 통곡하며 그들이 인자가 구름을 타고 능력과 큰 영광으로 오는 것을 보리라 저가 큰 나팔 소리와 함께 천사들을 보내리니 저희가 그 택하신 자들을 하늘 이 끝에서 저 끝까지 사방에서 모으리라" (마 24:30-31)

"그 후에 구름이 회막에 덮이고 여호와의 영광이 성막에 충만하매 모세가 회막에 들어갈 수 없었으니 이는 구름이 회막 위에 덮이고 여호와의 영광이 성막에 충만함이었으며" (출 40:34-35)

각인이 그를 보게 된다는 것은 누구나 주님의 심판대 앞에 서야 한다는 것입니다. 그를 찌른 자들도 본다는 말씀에 대하여 생각해 봅시다. 찌른 자들이란 예수님을 십자가에 못 박은 자들입니다. 그들이 주님이 오시는 모습을 보게 된다는 말씀인데 그렇다면 그들이 죽기 전에 오신다는 말씀입니다. 그러나 지금까지 주님은 오시지 않았고 찌른 자들은 이미 벌써 다 죽었습니다. 그렇다면 계시가 틀린 것입니까 아니면 의미가 다른 것입니까 물론 다른 의미가 있습니다. 성경 어디에서도 주님께서 오심을 시한부로 말씀한 곳이 없습니다. 찌른 자들이 죽기 전에 오신다는 것은 시한부적인 말씀입니다.

이 말씀은 범죄한 자들도 다 주님 앞에 서야 하며 그들에게는 심판이 있고 애곡하는 슬픔이 있다는 말씀입니다. 이 범죄한 자들은 에덴동산에서부터 예수님 재림하실 때까지의 모든 사람을 말합니다.

(1: 8) 주 하나님이 가라사대 나는 알파와 오메가라 이제도 있고 전에도 있었고 장차 올 자요 전능한 자라 하시더라

알파와 오메가는 헬라어 모음의 첫 번째와 마지막 째의 문자입니다. 이는 처음과 끝을 의미하며 언제나 계시고 역사를 주관하시며 모든 것을 주관하시되 심판과 구원을 이루시는 하나님을 의미합니다.

(1: 9) 나 요한은 너희 형제요 예수의 환난과 나라와 참음에 동참하는 자라 하나님의 말씀과 예수의 증거를 인하여 밧모라 하는 섬에 있었더니

요한을 성도들에게 형제라고 하였습니다. 동등의 입장에서는 형제가 가장 가깝고 친한 관계입니다. 그는 도미시안 황제시 모진 박해를 받았으며 밧모섬으로 유배를 당하여 감옥살이를 하게 되었습니다. 역사적으로는 박해로 인하여 타의에 의하여 끌려가서 고난을 당하고 있지만 하나님께서는 그 사건을 통하여 하나님의 말씀을 주시고 예수 그리스도를 증거하여 당시 고난을 당하는 성도들에게 위로와 소망을 주시기 위함이었습니다.

요셉이 애굽에 팔려간 것은 형들의 미움과 시기로 인한 것이었지만 하나님께서는 구원을 이루시기 위하여 형들을 이용하셨던 것입니다.

"당신들이 나를 이곳에 팔았으므로 근심하지 마소서 한탄하지 마소서 하나님이 생명을 구원하시려고 나를 당신들 앞서 보내셨나이다" (창 45:5)

성도에게 주어지는 고난은 반드시 하나님의 축복이 담겨져 있습니다. 그러므로 고난 중에도 감사하며 고난을 당하게 한 사람을 오히려 축복하고 위하여 기도하며 원수가 주릴 때에 먹이고 목말라 할 때에 마시우는 자가 되어야 합니다.

"너희를 핍박하는 자를 축복하라 축복하고 저주하지 말라 즐거워하는 자들로 함께 즐거워하고 우는 자들로 함께 울라 서로 마음을 같이 하며 높은데 마음을 두지 말고 도리어 낮은데 처하며 스스로 지혜 있는 체 말라 아무에게도 악으로 악을 갚지 말고 모든 사람 앞에서 선한 일을 도모하라 할 수 있거든 너희로서는 모든 사람으로 더불어 평화하라 내 사랑하는 자들아 너희가 친히 원수를 갚지 말고 진노하심에 맡기라 기록되었으되 원수 갚는 것이 내게 있으니 내가 갚으리라고 주께서 말씀하시니라 네 원수가 주리거든 먹이고 목마르거든 마시우라 그리함으로 네가 숯불을 그 머리에 쌓아 놓으리라 악에게 지지 말고 선으로 악을 이기라" (롬 12:14-21)

(1: 10) 주의 날에 내가 성령에 감동하여 내 뒤에서 나는 나팔소리 같은 큰 음성을 들으니

주의 날은 앞서 설명하였으며 하나님의 심판과 구원이 성취되는 날입니다. 요한에게 환상을 보여 주심은 주님께서 사단의 세력을 물리치고 성도를 구원하시는 모습을 보여 주시는 것이며 이는 곧 주님의 심판과 구원이 이루어지는 주의 날입니다.

요한은 성령에 감동하여 나팔 소리 같은 큰 음성을 들었습니다. 육체의 고막으로 들은 것이 아니라 성령의 감동으로 들었습니다.

"예언은 언제든지 사람의 뜻으로 낸 것이 아니요 오직 성령의 감동하심을 입은 사람들이 하나님께 받아 말한 것임이니라" (벧후 1:21)

"제 삼일 아침에 우뢰와 번개와 빽빽한 구름이 산 위에 있고 나팔 소리가 심히 크니 진중 모든 백성이 다 떨더라" (출 19:16)

(1: 11) 가로되 너 보는 것을 책에 써서 에베소, 서머나, 버가모, 두아디라, 사데, 빌라델비아, 라오디게아 일곱 교회에 보내라 하시기로

요한이 본 것을 책에 써서 일곱 교회에 보내라고 하심은 진리를 자세히 증거 하라는 말씀입니다. 책에 쓴다는 것은 그만큼 중요하고 세밀하다는 것이며 소중히 여기라는 것입니다.

(1: 12) 몸을 돌이켜 나더러 말한 음성을 알아 보려고 하여 돌이킬 때에 일곱 금촛대를 보았는데

요한은 나팔소리 같은 큰 음성을 듣고 돌아볼 때 일곱 금촛대를 보았습니다. 이 일곱 금촛대는 1 : 20에서 말씀하신 바와 같이 일곱 교회를 말하며 이는 모든 교회를 말합니다. 금으로 만든 것은 예수 그리스도의 속성 곧 믿음으로 이루어지는 교회를 상징하며 일곱 촛대는 완전한 빛이요 빛은 진리를 말하며 하나님의 진리가 충만한 교회를 의미합니다.

촛대의 불은 감람유의 기름이 공급되어야 불이 계속 밝혀집니다. 감람유는 성령이며 감람나무의 열매로 기름을 짜서 만든 것입니다. 기름을 짜는 것은 희생이며 예수 그리스도의 십자가를 말하며 교회는 예수님의 피로 값주고 세우신 것입니다. 교회는 촛대와 같아서 죄악의 어두운 세상에 진리의 빛을 전파하여야 합니다.

"너희는 세상의 소금이니 소금이 만일 그 맛을 잃으면 무엇으로 짜게 하리요 후에는 아무 쓸데 없어 다만 밖에 버리워 사람에게 밟힐 뿐이니라 너희는 세상의 빛이라 산 위에 있는 동네가 숨기우지 못할 것이요 사람이 등불을 켜서 말 아래 두지 아니하고 등경 위에 두나니 이러므로 집안 모든 사람에게 비취느니라 이같이 너희 빛을 사람 앞에 비취게 하여 저희로 너희 착한 행실을 보고 하늘에 계신 너희 아버지께 영광을 돌리게 하라" (마 5:13-16)

"참 빛 곧 세상에 와서 각 사람에게 비취는 빛이 있었나니 그가 세상에 계셨으며 세상은 그로 말미암아 지은 바 되었으되 세상이 그를 알지 못하였고 자기 땅에 오매 자기 백성이 영접치 아니하였으나 영접하는 자 곧 그 이름을 믿는 자들에게는 하나님의 자녀가 되는 권세를 주셨으니 이는 혈통으로나 육정으로나 사람의 뜻으로 나지 아니하고 오직 하나님께로서 난 자들이니라 말씀이 육신이 되어 우리 가운데 거하시매 우리가 그 영광을 보니 아버지의 독생자의 영광이요 은혜와 진리가 충만하더라" (요 1:9-14)

(1: 13) 촛대 사이에 인자 같은 이가 발에 끌리는 옷을 입고 가슴에 금띠를 띠고

인자 같은 이는 예수님입니다. 복음서에서 예수님은 친히 자신을 인자라고 표현하셨습니다. 다니엘서에서도 예수님을 인자 같은 이로 예언하였습니다.

"내가 또 밤 이상 중에 보았는데 인자 같은 이가 하늘 구름을 타고 와서 옛적부터 항상 계신 자에게 나아와 그 앞에 인도되매 그에게 권세와 영광과 나라를 주고 모든 백성과 나라들과 각 방언하는 자로 그를 섬기게 하였으니 그 권세는 영원한 권세라 옮기지 아니할 것이요 그 나라는 폐하지 아니할 것이니라" (단 7:13-14)

인자는 하나님으로부터 모든 신적 권세를 부여받은 특별한 분으로 나타납니다. 예수님께서는 고난을 받고 십자가에 희생되어질 것을 강조하는데 자신을 인자로 많이 표현하셨습니다.

"인자가 온 것은 섬김을 받으려 함이 아니라 도리어 섬기려 하고 자기 목숨을 많은 사람의 대속물로 주려 함이니라" (마 20-28)

이는 십자가를 통해서 하나님의 권세와 영광을 함께 가질 수 있다는 것이요 성도의 권세와 영광도 오직 희생과 헌신의 십자가적인 믿음에서만 이루어진다는 것입니다.

발에 끌리는 옷이란 긴 옷이며 제사장들의 옷이었습니다. 긴 옷이란 발의 허물을 가리는 역할을 하며, 발은 더러움의 상징으로서 긴 옷을 입은 것은 발을 가리는 것이요 성결을 말합니다. 즉 긴 옷은 거룩하신 분이라는 것입니다. 하나님의 거룩성을 나타낼 때도 긴 옷으로 나타냅니다.

"웃시야왕의 죽던 해에 내가 본즉 주께서 높이 들린 보좌에 앉으셨는데 그 옷자락은 성전에 가득하였고" (사 6:1)

옷자락이 성전에 가득함은 하나님의 거룩하심을 나타냅니다. 신부가 결혼식 때 긴 드레스를 입는 것도 신부로서 정결함과 순수함을 상징하는 것입니다.

가슴에 금띠는 왕권을 의미합니다. 띠는 힘과 권능을 나타내며 금은 예수님의 속성으로서 신성을 나타냅니다. 예수님은 신적 왕권을 가지신 분입니다.

"나를 또 넓은 곳으로 인도하시고 나를 기뻐하심으로 구원하셨도다" (시 18:19)

"그런즉 서서 진리로 너희 허리띠를 띠고 의의 흉배를 붙이고" (엡 6:14)

(1: 14) 그 머리와 털의 희기가 흰 양털 같고 눈 같으며 그의 눈은 불꽃같고

하얀 머리와 털은 영광의 상징이요, 눈은 총명하고 영특한 것의 상징으로서 신령하고 성령 충만하여 우리의 심장과 폐부를 꿰뚫어 보시는 주님의 통찰력과 심판의 모습입니다.

"제사장은 머리털을 깎아 대머리 같게 하지 말며 그 수염 양편을 깎지 말며 살을 베지 말고" (레 21:5)

"백발은 영화의 면류관이라 의로운 길에서 얻으리라" (잠 16:31)

"젊은 자의 영화는 그 힘이요 늙은 자의 아름다운 것은 백발이니라" (잠 20:29)

"그 날에는 주께서 하수 저편에서 세내어 온 삭도 곧 앗수르 왕으로 네 백성의 머리털과 발털을 미실 것이요 수염도 깎으시리라" (사 7:20)

머리와 수염은 하나님의 영광의 상징으로서 하나님께서 이스라엘 백성들에게서 영광을 거두어 가신다는 것을 칼로 털을 밀어버리신다로 표현하였습니다.

"여호와께서 그 성전에 계시니 여호와의 보좌는 하늘에 있음이여 그 눈이 인생을 통촉하시고 그 안목이 저희를 감찰하시도다"(시 11:4)

"여호와의 눈은 어디서든지 악인과 선인을 감찰하시느니라" (잠 15:3)

(1: 15) 그의 발은 풀무에 단련한 빛난 주석 같고 그의 음성은 많은 물소리와 같으며

발은 원수를 밟고 제압하는 상징입니다. 그 발이 대장간의 풀무불에 단련된 쇳덩이 같으니 이러한 발에 한번 밟히면 살아남을 수가 없을 것입니다. 이는 예수님께서 사단 마귀를 제압하는 능력의 모습입니다.

"네가 사자와 독사를 밟으며 젊은 사자와 뱀을 발로 누르리로다"(시 91:13)

"우리가 하나님을 의지하고 용감히 행하리니 저는 우리의 대적을 밟으실 자이심이로다" (시 108:13)

음성이 많은 물소리 같다는 것은 우렁찬 목소리로서 상대를 제압하는 위엄과 권위를 상징합니다.(1:10 참조)

"제 삼일 아침에 우뢰와 번개와 **빽빽한** 구름이 산 위에 있고 나팔 소리가 심히 크니 진중 모든 백성이 다 떨더라" (출 19:16)

(1: 16) 그 오른손에 일곱별이 있고 그 입에서 좌우에 날선 검이 나오고 그 얼굴은 해가 힘 있게 비취는 것 같더라

오른손은 의와 능력과 구원의 상징이며 일곱 별은 주의 사자로서 하나님의 백성들입니다. 하나님의 백성인 성도들을 주님께서 의롭게 하시며 권능으로 지키시며 구원하시는 은총을 베풀어 주십니다.

"여호와여 주의 오른손이 권능으로 영광을 나타내시니이다 여호와 여 주의 오른손이 원수를 부수시니이다" (출 15:6)

입은 말씀이요 검은 예리한 능력입니다.

"하나님의 말씀은 살았고 운동력이 있어 좌우에 날선 어떤 검보다도 예리하여 혼과 영과 및 관절과 골수를 찔러 쪼개기까지 하며 또 마음의 생각과 뜻을 감찰하나니 지으신 것이 하나라도 그 앞에 나타나지 않음이 없고 오직 만물이 우리를 상관하시는 자의 눈앞에 벌거벗은 것같이 드러나느니라" (히 4:12-13)

얼굴이 해가 힘 있게 비취는 것 같다는 것은 주님의 영광과 구원의 능력입니다.

"만군의 하나님 여호와여 우리를 돌이키시고 주의 얼굴빛을 비취소서 우리가 구원을 얻으리이다" (시 80:19)

(1: 17) 내가 볼 때에 그 발 앞에 엎드러져 죽은 자 같이 되매 그가 오른손을 내게 얹고 가라사대 두려워 말라 나는 처음이요 나중이니

주님의 모습은 거룩하시고 능력이 무한하시고 영광스러운 모습이었으며 모든 원수를 순식간에 물리치고 승리할 수 있는 권위와 위엄을 가지신 분이었습니다. 이러한 분을 요한이 보았을 때 놀라지 않을 수 없으며 죽은 자 같이 되었던 것입니다.

우리가 주님의 참 모습을 발견하게 되면 그 앞에 머리를 숙이고 겸손해질 수밖에 없습니다. 베드로가 주님의 말씀에 의하여 많은 고기를 잡게 되었을 때 주님을 발견하게 되었습니다. 그는 처음에는 예수님을 선생이여 라고 불렀으나 고기가 잡힌 후에는 예수님의 무릎 앞에 엎드려 "주여 나를 떠나소서 나는 죄인이로소이다"(눅 5:8)라고 하였습니다.

　하나님을 만난 자는 온유하고 겸손할 수밖에 없습니다. 모세는 하나님을 직접 대면한 사람입니다. 그러므로 그는 "이 사람 모세는 온유함이 지면의 모든 사람보다 승하더라" (민 12:3)고 하였습니다.

　주님께서는 오른 손을 얹고 위로하시며 나는 처음이요 나중이라고 하셨습니다. 이는 주님의 권능과 구원의 역사는 어느 특정한 기간에만 이루어지는 것이 아니라 태초로부터 종말까지 언제나 이루어지고 있는 것입니다.

(1: 18) 곧 산 자라 내가 전에 죽었었노라 볼찌어다 이제 세세토록 살아 있어 사망과 음부의 열쇠를 가졌노니

　죽은 자는 능력이 없지만 산 자는 능력이 있습니다. 주님은 전에 죽었다는 것은 십자가의 죽음을 말하며 부활하심으로 영원히 살아 계셔서 사망과 음부의 권세 곧 심판과 구원의 권세를 가지셨다는 것입니다. 열쇠는 열고 닫을 수 있는 권한이요 이는 심판과 구원의 능력입니다.

　"내가 또 다윗 집의 열쇠를 그의 어깨에 두리니 그가 열면 닫을 자가 없겠고 닫으면 열 자가 없으리라" (사 22:22)

(1: 19) 그러므로 네 본 것과 이제 있는 일과 장차 될 일을 기록하라

　그러므로 라는 단어는 대단히 중요한 의미를 가집니다. 그러므로는 앞에 있었던 일과의 관계를 나타냅니다. 앞에 있었던 일이란 주님의 모습이 보여졌는데 그 모습이란 천하만국을 다스리고 사망과 음부의 권세를 다스리는 전능하신 주님의 모습이요 심판과 구원의 주님이심을 나타내 주신 일이었습니다. 그러므로 네 본 것과 이제 있는 일과 장차 될 일을 기록하라고 하신 것은 이후로 네게 보여주는 모든 것을 내가 즉 능력이 무한한 주님이 주관하시고 이룩하게 하실 것이므로 염려할 것이 없으며 확실히 이루어질 것이라는 말씀입니다.

　여기 계시록에서 가장 핵심이 되는 구절을 잘 기억하시기 바랍니다. "본 것과 이제 있는 일과 장차 될 일"을 과거 현재 미래로 해석하여 앞으로 될 일이란 요한이 계시를 받을 때를 기준으로 하여 그 이후에 되어질 일로 해석을 하고, 7인과 7나팔과 7대접의 재앙을 앞으로 순차적으로 일어날 사건으로 해석하여 한 사건 한 사건을 어떤 특정한 사건과 연관시켜서 시한부적인 해석을 하는 일이 많이 있습니다만 본문의 의미는 절대로 그러한 의미가 아닙니다.

본 것은(1:20)에 나타난 바와 같이 주님께서 일곱 별을 오른손에 잡고 일곱 금촛대 사이를 왕래하시는 모습으로서 당시 박해를 받고 있는 교회와 성도들을 능력이 무한하신 주님께서 보호하시며 인도하시고 계신다는 것이요, 이제 있는 일이란 아시아에 있는 일곱 교회(모든 교회)에게 칭찬과 책망을 통하여 위로와 권고를 하시고 이기는 자 즉 믿음을 굳게 지키는 자에게 구원을 주시는 소망의 말씀이라는 것입니다.

장차 될 일이란 4장 이후에 보여주시는 환상으로서 주님께서 교회를 위하여 사단의 세력과 싸워서 사단을 물리치고 성도를 구원하여 천국으로 (어린 양의 혼인잔치) 인도하신다는 소망을 주시는 말씀입니다.

그러므로 4장 이후의 말씀이 장차 즉 요한 시대 이후에 될 일이라는 것이 아니라 장차 될 일 곧 예수님께서 성령의 감동으로 보여주실 일이 4장 이후의 환상이라는 것입니다. 4장 이후의 말씀 내용은 어린 양이신 예수님께서 사단을 물리치고 승리하시는 내용으로서 이는 모든 시대에 해당하는 말씀입니다. 꼭 재림시에만 되어지는 것이 아닙니다. 성경은 재림시 즉 먼 훗날을 강조하는 것이 아니라 언제나 지금이 예수님의 재림과 같은 것이며 지금을 강조하고 있는 것입니다. 언제나 지금 깨어 있으며 믿음을 굳게 지키라고 하십니다.

(1: 20) 네 본 것은 내 오른손에 일곱 별의 비밀과 일곱 금 촛대라 일곱별은 일곱 교회의 사자요 일곱 촛대는 일곱 교회니라

비밀이란 계시록에 기록된 묵시적인 의미요 이는 예수님께서 모든 교회와 모든 성도들을 붙드시고 보호하시며 인도하심의 진리입니다. 계시록의 진리는 오직 예수 그리스도께서 우리를 구원하신다는 진리이지 3차대전이나 천재지변이 언제 일어난다는 것을 예언하는 책이 아닙니다.

제2장 일곱 교회의 칭찬과 책망 1

 2-3장은 구절 강해를 하지 않고 각 교회의 특성만 요약하겠습니다. 왜냐하면 구절을 강해 하지 않더라도 그 의미를 읽으므로 알 수 있기 때문입니다.

 (2: 1) 에베소 교회의 사자에게 편지하기를 오른 손에 일곱 별을 붙잡고 일곱 금 촛대 사이에 다니시는 이가 가라사대
 (2: 2) 내가 네 행위와 수고와 네 인내를 알고 또 악한 자들을 용납지 아니한 것과 자칭 사도라 하되 아닌 자들을 시험하여 그 거짓된 것을 네가 드러낸 것과
 (2: 3) 또 네가 참고 내 이름을 위하여 견디고 게으르지 아니한 것을 아노라
 (2: 4) 그러나 너를 책망할 것이 있나니 너의 처음 사랑을 버렸느니라
 (2: 5) 그러므로 어디서 떨어진 것을 생각하고 회개하여 처음 행위를 가지라 만일 그리하지 아니하고 회개치 아니하면 내가 네게 임하여 네 촛대를 그 자리에서 옮기리라
 (2: 6) 오직 네게 이것이 있으니 네가 니골라당의 행위를 미워하는도다 나도 이것을 미워하노라

〈에베소 교회〉
 에베소 교회는 전통적으로 선행과 인내와 교리에 확고함과 교회의 질서가 확립되고 굳건하여 악을 미워하는 교회였습니다. 그러나 처음 사랑을 잃어버린 교회입니다. 만약 이 처음 사랑을 되찾지 않으면 촛대를 옮겨 버리신다고 하셨는데 에베소교회는 주후 262년에 신전과 전 시가가 폐허가 되고 지금은 갈대가 무성한 늪지대가 되었습니다. 이기는 자에게 주어진 약속은 하나님의 낙원에 있는 생명 나무의 과실을 주어 먹게 하리라고 하셨습니다.

(2: 7) 귀 있는 자는 성령이 교회들에게 하시는 말씀을 들을지어다 이기는 그에게는 내가 하나님의 낙원에 있는 생명나무의 과실을 주어 먹게 하리라

(2: 8) 서머나 교회의 사자에게 편지하기를 처음이요 나중이요 죽었다가 살아나신 이가 가라사대

(2: 9) 내가 네 환난과 궁핍을 아노니 실상은 네가 부요한 자니라 자칭 유대인이라 하는 자들의 훼방도 아노니 실상은 유대인이 아니요 사단의 회라

(2: 10) 네가 장차 받을 고난을 두려워 말라 볼찌어다 마귀가 장차 너희 가운데서 몇 사람을 옥에 던져 시험을 받게 하리니 너희가 십일동안 환난을 받으리라 네가 죽도록 충성하라 그리하면 내가 생명의 면류관을 네게 주리라

(2: 11) 귀 있는 자는 성령이 교회들에게 하시는 말씀을 들을지어다 이기는 자는 둘째 사망의 해를 받지 아니하리라

〈서머나 교회〉

가난하나 부요한 교회로서 책망이 없고 칭찬만 주어진 교회입니다. 영적인 인내가 있는 교회요 하늘의 보화가 약속된 교회입니다. 십일 동안 환난을 받으리라는 말씀은 잠깐이라는 것입니다. 성도의 환난은 잠간이요 영광은 영원한 것입니다. 서머나 교회의 유명한 역사적 사건은 폴리캅 감독의 순교입니다. 주후 155년에 황제 숭배를 배격으로 폴리캅 감독이 체포되어 화형을 당하게 되었습니다. 집행관들은 지금이라도 예수를 배반하고 황제를 숭배하면 살려주겠다고 회유를 했지만 폴리캅은 "나는 86년 동안 예수님을 섬겨 왔소 그는 단 한번도 나를 모른다고 한 적이 없소 그런데 내가 어떻게 그를 배신할 수 있겠소?"라고 답변하였습니다. 마침내 폴리캅은 화형을 당하는 마지막 순간에 "나를 지금 이 시간까지 가치 있게 여겨 주신 당신의 은혜를 감사합니다. 더욱이 나를 그리스도의 잔에 동참하는 순교자의 수에 넣어 주신 것을 감사합니다"라는 기도를 드리고 죽었다는 것입니다.

"네가 죽도록 충성하라 그리하면 내가 생명의 면류관을 네게 주리라."

이기는 자에게 둘째 사망의 해를 받지 아니하리라는 약속을 하십니다.

(2: 12) 버가모 교회의 사자에게 편지하기를 죄우에 날선 검을 가진이가 가라사대

(2: 13) 네가 어디 사는 것을 내가 아노니 거기는 사단의 위가 있는데라 네가 내 이름을 굳게 잡아서 내 충성된 증인 안디바가 너희 가운데 곧 사단의 거하는 곳에서 죽임을 당할 때에도 나를 믿는 믿음을 저버리지 아니하였도다

(2: 14) 그러나 네게 두어 가지 책망할 것이 있나니 거기 네게 발람의교훈을 지키는 자들이 있도다 발람이 발락을 가르쳐 이스라엘 앞에 올무를 놓아 우상의 제물을 먹게 하였고 또 행음하게 하였느니라

(2: 15) 이와 같이 네게도 니골라당의 교훈을 지키는 자들이 있도다

(2: 16) 그러므로 회개하라 그리하지 아니하면 내가 네게 속히 임하여 내 입의 검으로 그들과 싸우리라

(2: 17) 귀 있는 자는 성령이 교회들에게 하시는 말씀을 들을찌어다 이기는 그에게는 내가 감추었던 만나를 주고 또 흰 돌을 줄 터인데 그 돌 위에 새 이름을 기록한 것이 있나니 받는자 밖에는 그 이름을 알 사람이 없느니라

〈버가모 교회〉

환경이 나쁜 가운데서도 굳건한 믿음을 가진 교회로 칭찬을 받으나 부패된 교리와 이단자들을 용납하는 일로 책망을 받습니다. 이기는 자에게 만나와 흰돌을 준다고 하였습니다.

(2: 18) 두아디라 교회의 사자에게 편지하기를 그 눈이 불꽃 같고 그 발이 빛난 주석과 같은 하나님의 아들이 가라사대

(2: 19) 내가 네게 사업과 사랑과 믿음과 섬김과 인내를 아노니 네 나중 행위가 처음것보다 많도다

(2: 20) 그러나 네게 책망할 일이 있노라 자칭 선지자라 하는 여자 이세벨을 네가 용납함이니 그가 내 종들을 가르쳐 꾀어 행음하게 하고 우상의 재물을 먹게 하는도다

(2: 21) 또 내가 그에게 회개할 기회를 주었으되 그 음행을 회개하고자 아니

하는도다

(2: 22) 볼찌어다 내가 그를 침상에 던질 터이요 또 그로 더불어 간음하는 자들도 만일 그의 행위를 회개치 아니하면 큰 환난 가운데 던지고

(2: 23) 또 내가 사망으로 그의 자녀를 죽이리니 모든 교회가 나는 사람의 뜻과 마음을 살피는 자인줄 알지라 내가 너희 각 사람의 행위대로 갚아 주리라

(2: 24) 두아디라에 남아 있어 이 교훈을 받지 아니하고 소위 사단의 깊은 것을 알지 못하는 너희에게 말하노니 다른 짐으로 너희에게 지울 것이 없노라

(2: 25) 다만 너희에게 있는 것을 내가 올 때까지 굳게 잡으라

(2: 26) 이기는 자와 끝까지 내 일을 지키는 그에게 만국을 다스리는 권세를 주리니

(2: 27) 그가 철장을 가지고 저희를 다스려 질그릇 깨뜨리는 것과 같이 하리라 나도 내 아버지께 받은 것이 그러하니라

(2: 28) 내가 또 그에게 새벽 별을 주리라

(2: 29) 귀 있는 자는 성령이 교회들에게 하시는 말씀을 들을찌어다

〈두아디라 교회〉

사랑과 사업과 믿음과 섬김과 인내를 칭찬하고 해이한 질서와 부패한 여선지자를 용납함을 책망하였습니다. 이세벨이란 이름은 구약에 나타난 이방여인으로서 아합왕의 왕비가 되어 선지자들을 죽인자입니다. 당시 이 이세벨과 같은 선지자가 있었던 것으로 되어 있으나 그가 구체적으로는 무슨 일을 하였는지는 알 수 없습니다. 그 이름의 의미는 "불순"하다는 것으로서 신앙의 순수하지 못함을 의미합니다. 이기는 자에게는 만국을 다스리는 권세와 새벽별을 주신다고 하였습니다.

제3장 일곱 교회의 칭찬과 책망 2

(3: 1) 사데 교회의 사자에게 편지하기를 하나님의 일곱 영과 일곱 별을 가진 이가 가라사대 내가 네 행위를 아노니 네가 살았다 하는 이름은 가졌으나 죽은 자로다

(3: 2) 너는 일깨워 그 남은 바 죽게 된 것을 굳게 하라 내 하나님 앞에 네 행위의 온전한 것을 찾지 못하였노니

(3: 3) 그러므로 네가 어떻게 받았으며 어떻게 들었는지 생각하고 지키어 회개하라 만일 일깨지 아니하면 내가 도적같이 이르리니 어느 시에 네게 임할는지 네가 알지 못하리라

(3: 4) 그러나 사데에 그 옷을 더럽히지 아니한 자 몇 명이 네게 있어 흰 옷을 입고 나와 함께 다니리니 그들은 합당한 자인 연고라

(3: 5) 이기는 자는 이와 같이 흰 옷을 입을 것이요 내가 그 이름을 생명책에서 반드시 흐리지 아니하고 그 이름을 내 아버지 앞과 그 천사들 앞에서 시인하리라

(3: 6) 귀 있는 자는 성령이 교회들에게 하시는 말씀을 들을찌어다

〈사데 교회〉
죽어 가는 교회의 모습입니다. 소수가 순결한 믿음을 가지고 있는 것을 칭찬하지만 행위가 온전하지 못하고 행함이 없는 죽은 믿음과 같은 교회라고 책망을 받게 됩니다. 겉으로는 살아 있다는 이름은 가졌으나 실상은 죽은 교회와 성도들이 너무 많이 있습니다. 이기는 자에게는 흰옷을 입고 주님과 함께 다닐 것이요 그 이름이 생명책에서 지워지지 않을 것이라고 하였습니다.

(3: 7) 빌라델비아 교회의 사자에게 편지하기를 거룩하고 진실하사 다윗의 열쇠를 가지신 이 곧 열면 닫을 사람이 없고 닫으면 열 사람이 없는 그이가 가라사대

(3: 8) 볼지어다 내가 네 앞에 열린 문을 두었으되 능히 닫을 사람이 없으리라 내가 네 행위를 아노니 네가 적은 능력을 가지고도 내 말을 지키며 내 이름을 배반치 아니하였도다

(3: 9) 보라 사단의 회 곧 자칭 유대인이라 하나 그렇지 않고 거짓말 하는 자들 중에서 몇을 네게 주어 저희로 와서 네 발 앞에 절하게 하고 내가 너를 사랑하는 줄을 알게 하리라

(3: 10) 네가 나의 인내의 말씀을 지켰은즉 내가 또한 너를 지키어 시험의 때를 면하게 하리니 이는 장차 온 세상에 임하여 땅에 거하는 자들을 시험할 때라

(3: 11) 내가 속히 임하리니 네가 가진 것을 굳게 잡아 아무나 네 면류관을 빼앗지 못하게 하라

(3: 12) 이기는 자는 내 하나님 성전에 기둥이 되게 하리니 그가 결코 다시 나가지 아니하리라 내가 하나님의 이름과 하나님의 성 곧 하늘에서 내 하나님께로부터 내려오는 새 예루살렘의 이름과 나의 새 이름을 그이 위에 기록하리라

(3: 13) 귀 있는 자는 성령이 교회들에게 하시는 말씀을 들을찌어다

〈빌라델비아 교회〉

 연약한 믿음을 가지고도 충성스럽게 선교하는 교회입니다. 인내의 말씀을 충실히 지켰으며 시험을 이기고 면류관을 얻은 교회로서 칭찬을 받으며 책망이 없는 교회입니다. 이기는 자에게는 하나님의 성전에 기둥이 되게 하리라고 하셨습니다.

(3: 14) 라오디게아 교회의 사자에게 편지하기를 아멘이시요 충성되고 참된 증인이시요 하나님의 창조의 근본이신 이가 가라사대

(3: 15) 내가 네 행위를 아노니 네가 차지도 아니하고 더웁지도 아니하도다 네가 차든지 더웁든지 하기를 원하노라

(3: 16) 네가 이같이 미지근하여 더웁지도 아니하고 차지도 아니하니 내 입에서 너를 토하여 내치리라

(3: 17) 네가 말하기를 나는 부자라 부요하여 부족한 것이 없다 하나 네 곤고한 것과 가련한 것과 가난한 것과 눈먼 것과 벌거벗은 것을 알지 못하도다

(3: 18) 내가 너를 권하노니 내게서 불로 연단한 금을 사서 부요하게 하고 흰 옷을 사서 입어 벌거벗은 수치를 보이지 않게 하고 안약을 사서 눈에 발라 보게 하라
 (3: 19) 무릇 내가 사랑하는 자를 책망하여 징계하노니 그러므로 네가 열심을 내라 회개하라
 (3: 20) 볼지어다 내가 문 밖에 서서 두드리노니 누구든지 내 음성을 듣고 문을 열면 내가 그에게로 들어가 그로 더불어 먹고 그는 나로 더불어 먹으리라
 (3: 21) 이기는 그에게는 내가 내 보좌에 함께 앉게 하여 주기를 내가 이기고 아버지 보좌에 함께 앉은 것과 같이하리라
 (3: 22) 귀 있는 자는 성령이 교회들에게 하시는 말씀을 들을찌어다

〈라오디게아 교회〉

 차지도 덥지도 아니한 미지근한 교회요 입에서 토하여 버린다는 책망을 듣고 있습니다. 겉으로는 화려하고 부하여 자칭 부요하다고 하지만 실상은 벌거벗은 것과 같이 빈곤한 교회라는 것입니다. 영적으로 눈이 어두워서 현실을 바로 알지 못하는 교회이기에 안약을 사서 바르라고 하였습니다.
 "내가 문 밖에 서서 두드리노니 누구든지 내 음성을 듣고 문을 열면 내가 그에게로 들어가 그로 더불어 먹고 그는 나로 더불어 먹으리라" 이기는 자에게는 하늘 보좌에 함께 앉으신다고 하셨습니다. 각 교회에 편지할 때마다 말씀하시는 주님의 권위를 표시하였고 위로와 권고가 함께 주어지며 회개하여 믿음을 지키는 자에게는 반드시 상급을 주시되 구원을 주신다는 것입니다. 그리고 이 말씀을 성령이 교회에 하시는 말씀이요 귀 있는 자는 들을찌어다고 하셨습니다. 이 말씀은 특별한 묵시적 의미가 있다는 것이요 이는 곧 예수 그리스도를 통하여 구원하시는 진리를 깨달으라는 것입니다.

제4장 하나님의 보좌와 영광

(4: 1) 이 일 후에 내가 보니 하늘에 열린 문이 있는데 내가 들은 바 처음에 내게 말하던 나팔 소리 같은 그 음성이 가로되 이리로 올라 오라 이 후에 마땅히 될 일을 내가 네게 보이리라 하시더라

　이 일 후에란 3-4장에서 주님의 칭찬과 책망이 있는 위로와 소망의 약속이 주어진 일 후에라는 것이요 이 후에 마땅히 될 일은 주님의 약속이 주어진 후에 그 약속이 반드시 이루어질 것이라는 말씀입니다. (1:19참조) 이 마땅히 될 일은 주님께서 반드시 교회와 성도를 구원하신다는 것입니다.

(4: 2) 내가 곧 성령에 감동하였더니 보라 하늘에 보좌를 베풀었고 그 보좌 위에 앉으신 이가 있는데

　하나님의 계시는 곳을 하늘 보좌로 많이 나타내고 있습니다. 물론 하나님께서 한 곳에 계시는 것은 아니지만 우리 인간이 이해할 수 있는 최상의 곳으로 표현된 것입니다. 이것은 성령의 감동으로 본 것이며 실상을 본 것이 아니라 의미적인 것입니다.

　"여호와께서 그 성전에 계시니 여호와의 보좌는 하늘에 있음이여 그 눈이 인생을 통촉하시고 그 안목이 저희를 감찰하시도다"(시 11:4)

(4: 3) 앉으신 이의 모양이 벽옥과 홍보석 같고 또 무지개가 있어 보좌에 둘렸는데 그 모양이 녹보석 같더라

　벽옥은 다이아몬드로서 가장 맑고 깨끗한 보석입니다. 이는 곧 하나님의 죄 없고 허물이 없으신 성결함 즉 거룩함을 나타내 줍니다. 홍보석은 루비이며 불그스런 색깔로서 피와 같은 색이며 이는 공의로운 심판을 하시는 하나님의 공의를 의미하고 무지개 같은 녹보석은 에머랄드인데 이는 무지개는 하나님께서 다시는 물로 심판하지 않으시겠다는 약속이 들어 있는 사랑과 자비의 은혜요 녹색 역시 자비로운 색깔입니다.

하나님은 거룩하시고 공의로우시며 자비로우신 분이라는 표현입니다.

"내가 내 무지개를 구름 속에 두었나니 이것이 나의 세상과의 언약의 증거니라 내가 구름으로 땅을 덮을 때에 무지개가 구름 속에 나타나면 내가 나와 너희와 및 혈기 있는 모든 생물사이의 내 언약을 기억 하리니 다시는 물이 모든 혈기 있는 자를 멸하는 홍수가 되지 아니할지라 무지개가 구름 사이에 있으리니 내가 보고 나 하나님과 땅의 무 릇 혈기 있는 모든 생물 사이에 된 영원한 언약을 기억하리라 하나님이 노아에게 또 이르시되 내가 나와 땅에 있는 모든 생물 사이에 세운 언약의 증거가 이것이라 하셨더라" (창 9:13-16)

(4: 4) 또 보좌에 둘려 이십 사 보좌들이 있고 그 보좌들 위에 이십 사 장로들이 흰 옷을 입고 머리에 금면류관을 쓰고 앉았더라

장로는 교회의 장로직을 맡은 특정인의 장로가 아니라 신앙의 대명사로서 잘 믿는 성도들입니다. 24는 자연수가 아니라 의미적인 수로서 12 더하기 12 의 수입니다. 12는 구약에서 하나님의 택함을 받은 12지파의 숫자요 또한 신약에서 부름을 받은 예수님의 12제자를 의미합니다. 이 둘을 합치면 24인데 이 의미는 신구약의 모든 시대를 합쳐서 택함을 받고 부름을 받은 많은 성도들이며 이 성도들은 하나님을 중심으로 보좌에 함께 앉으며 함께 영광을 누릴 축복을 받게 됩니다.

장로들이 입고 있는 흰 옷은 예수님의 십자가 보혈로 죄 씻음을 받아 성결하게 된 성도의 모습이며 이는 의로운 행실입니다.

"장로 중에 하나가 응답하여 내게 이르되 이 흰 옷 입은 자들이 누구며 또 어디서 왔느뇨 내가 가로되 내 주여 당신이 알리이다 하니 그가 나더러 이르되 이는 큰 환난에서 나오는 자들인데 어린 양의 피에 그 옷을 씻어 희게 하였느니라" (계 7:13-14)

"그에게 허락하사 빛나고 깨끗한 세마포를 입게 하셨은즉 이 세마포는

성도들의 옳은 행실이로다 하더라" (계 19:8)

이십 사 장로들은 금면류관을 썼는데 이는 환난과 박해를 이기고 믿음을 지킨 승리자에 주는 영광의 상징입니다.

"내가 선한 싸움을 싸우고 나의 달려갈 길을 마치고 믿음을 지켰으니 이제 후로는 나를 위하여 의의 면류관이 예비되었으므로 주 곧 의로우신 재판장이 그 날에 내게 주실 것이니 내게만 아니라 주의 나타나심을 사모하는 모든 자에게니라" (딤후 4:7-8)

"주의 아름다운 복으로 저를 영접하시고 정금 면류관을 그 머리에 씌우셨나이다" (시 21:3)

"내가 저의 원수에게는 수치로 입히고 저에게는 면류관이 빛나게 하리라 하셨도다" (시 132:18)

(4: 5) 보좌로부터 번개와 음성과 뇌성이 나고 보좌 앞에 일곱 등불 켠 것이 있으니 이는 하나님의 일곱 영이라

번개와 음성과 뇌성은 하나님의 능력과 권세입니다. 번개나 뇌성은 인간의 힘으로는 만들어 낼 수 없으며 한번 번개가 치면 가공할 만한 일이 일어납니다. 이것은 사람으로서는 할 수 없는 능력이며 하나님의 능력을 의미합니다.

"제 삼일 아침에 우뢰와 번개와 빽빽한 구름이 산 위에 있고 나팔 소리가 심히 크니 진중 모든 백성이 다 떨더라" (출 19:16)

"그의 번개가 세계를 비추니 땅이 보고 떨었도다" (시 97:4)

"번개를 번득이사 대적을 흩으시며 주의 살을 발하사 저희를 파하소서" (시 144:6)

등불은 어둠을 밝히는 것으로서 영적인 것이며 일곱은 완전한 수이므로 일곱 등불은 일곱 영이요 일곱 영은 신령한 영이요 완전한 영이며 전능하신 이의 속성입니다

"여호와의 신 곧 지혜와 총명의 신이요 모략과 재능의 신이요 지식과 여호와를 경외하는 신이 그 위에 강림하시리니" (사 11:2)

(4: 6) 보좌 앞에 수정과 같은 유리 바다가 있고 보좌 가운데와 보좌 주위에 네 생물이 있는데 앞 뒤에 눈이 가득하더라

수정 같은 유리바다는 맑고 깨끗한 물이며 이는 물로 씻어 정결하게 됨이며 하나님 앞에서는 더럽고 허물진 죄인이 설 수 없으며 성령의 물로 씻어 깨끗하게 되어야만 그곳에 거할 수 있음을 나타내 줍니다.

"엘리사가 사자를 저에게 보내어 가로되 너는 가서 요단강에 몸을 일곱 번 씻으라 네 살이 여전하여 깨끗하리라"(왕하 5:10)

"나아만이 이에 내려가서 하나님의 사람의 말씀대로 요단강에 일곱번 몸을 잠그니 그 살이 여전하여 어린아이의 살 같아서 깨끗하게 되었더라"(왕하 5:14)

네 생물은 하나님을 찬양하고 경배하는 천사들이며 이들은 앞 뒤에 눈이 가득하였습니다. 눈은 영특함이나 총명 또는 통찰력이며 신령한 면을 나타내 줍니다. 하나님을 섬기는 자는 눈이 맑고 깨끗하여야 합니다. 가득하다는 것은 충만하다는 것이요 영적인 면이 충만하다는 것입니다.

(4: 7) 그 첫째 생물은 사자 같고 그 둘째 생물은 송아지 같고 그 세째 생물은 얼굴이 사람 같고 그 네째 생물은 날아가는 독수리 같은데

사자는 동물의 왕입니다. 송아지는 순종의 대표적인 동물입니다. 사람의 얼굴은 인성의 표현이요 독수리는 신성의 표현입니다. 왕은 백성을 위해서 대신 죽기까지 사랑하는 자요 종은 주인을 위해서 대신 죽기까지 순종하는 자요 인성은 하나님의 형상을 닮은 자로서 친구를 위하여 목숨을 버리기까지 사랑하는 것이며 신성은 인류를 살리기 위하여 하늘 보좌를 버리고 이 땅에 오셔서 십자가를 지신 예수 그리스도의 속성입니다.

"왕의 노함은 사자의 부르짖음 같고 그의 은택은 풀 위에 이슬 같으니라"(잠 19:12)

"너는 수송아지를 회막 앞으로 끌어 오고 아론과 그 아들들은 그 송아지 머리에 안수할찌며 너는 회막문 여호와 앞에서 그 송아지를 잡고 그

피를 네 손가락으로 단 뿔들에 바르고 그 피 전부를 단 밑에 쏟을지며" (출 29:10-12)

"나의 애굽 사람에게 어떻게 행하였음과 내가 어떻게 독수리 날개로 너희를 업어 내게로 인도하였음을 너희가 보았느니라" (출 19:4)

이 네 생물의 속성은 예수 그리스도의 속성이며 공통적인 것은 죽기까지 사랑하는 십자가의 사랑이 있다는 것입니다.

사 복음서가 각기 예수 그리스도를 증거 하되 마태복음은 왕 예수를, 마가복음은 종 예수를, 누가복음은 인자 예수를, 요한복음은 신자(神子) 예수를 증거하고 있습니다.

하나님을 경외하고 봉사하고 찬양하는 자격은 예수 그리스도와 같이 되어질 때에 주어집니다.

(4: 8) 네 생물이 각각 여섯 날개가 있고 그 안과 주위에 눈이 가득하더라 그들이 밤낮 쉬지 않고 이르기를 거룩하다 거룩하다 거룩하다 주 하나님 곧 전능하신이여 전에도 계셨고 이제도 계시고 장차 오실 자라하고

여섯 날개는 각각 용도가 있습니다. 이사야서에 나타난 내용으로 생각해 보겠습니다.

"스랍들은 모셔 섰는데 각기 여섯 날개가 있어 그 둘로는 그 얼굴을 가리었고 그 둘로는 그 발을 가리었고 그 둘로는 날며 서로 창화하여 가로되 거룩하다 거룩하다 거룩하다 만군의 여호와여 그 영광이 온 땅에 충만하도다" (사 6:2-3)

얼굴을 가리운 것은 겸손이요, 발을 가리운 것은 허물을 가림이요 성결이며, 날아다니는 것은 봉사입니다. 이들이 찬양하는 내용은 거룩하다 거룩하다 거룩하다는 것입니다. 하나님을 가장 존귀히 여기는 칭호가 곧 거룩하다는 것입니다. 거룩은 죄가 없으시고 성결하시다는 것이요 이것이 하나님을 가장 존귀케 하는 찬송입니다. 이는 우리도 예수 그리스도의 피로 씻어 죄사함을 받아 성결하게 되었을 때 하나님을 가장 영화롭게 하며 우리도 존귀한 자가 되는 것입니다.

"너희는 여호와 우리 하나님을 높이고 그 성산에서 경배할지어다 대저 여호와 우리 하나님은 거룩하시도다" (시 99:9)

"이스라엘의 찬송 중에 거하시는 주여 주는 거룩하시니이다" (시 22:3)

(4: 9) 그 생물들이 영광과 존귀와 감사를 보좌에 앉으사 세세토록 사시는 이에게 돌릴 때에

네 생물들은 오직 하나님께 영광과 존귀와 감사를 드리는 것이 사명입니다. 그렇게 하는 것이 그들도 함께 영광을 누리는 것이며, 이는 우리 성도들도 오직 하나님께만 영광을 돌릴 때 영광과 존귀를 얻게 되는 것입니다.

"이 백성은 내가 나를 위하여 지었나니 나의 찬송을 부르게 하려 함이니라" (사 43:21)

(4: 10) 이십 사 장로들이 보좌에 앉으신 이 앞에 엎드려 세세토록 사시는 이에게 경배하고 자기의 면류관을 보좌 앞에 던지며 가로되

이십 사 장로들이 보좌에 앉으신 이 앞에 엎드려 경배하며 면류관을 벗어서 던집니다. 면류관은 영광의 상징이며 이는 모든 영광을 하나님께 돌린다는 것입니다.

(4: 11) 우리 주 하나님이여 영광과 존귀와 능력을 받으시는 것이 합당하오니 주께서 만물을 지으신지라 만물이 주의 뜻대로 있었고 또 지으심을 받았나이다 하더라

온 우주 만물과 인간이 하나님으로부터 지음을 받았으므로 그분을 찬양하고 경배하는 것은 당연한 것입니다.

4장에서는 하늘의 보좌를 보여주며 하나님의 전능하시고 거룩하시고 자비로우시고 공의로우신 면을 나타내 주며 박해를 받는 성도들에게 이렇게 전능하신 분이 교회와 성도를 사랑하며 보호하고 있음을 보여주며 위로와 소망을 주시는 것입니다.

제5장 하나님의 전권대사를 위임받는 왕

(5: 1) 내가 보매 보좌에 앉으신 이의 오른손에 책이 있으니 안팎으로 썼고 일곱 인으로 봉하였더라

오른손은 하나님의 권위와 능력입니다.

"여호와여 주의 오른손이 권능으로 영광을 나타내시니이다 여호와여 주의 오른손이 원수를 부수시니이다" (출 15:6)

책은 하나님의 계획이 담겨져 있는 것이요, 안팎으로 썼다는 것은 자세하게 세밀하게 되어진 계획이며 일곱 인으로 봉하였다는 것은 완전한 비밀이라는 것입니다.

"내 형질이 이루기 전에 주의 눈이 보셨으며 나를 위하여 정한 날이 하나도 되기 전에 주의 책에 다 기록이 되었나이다" (시 139:16)

(5: 2) 또 보매 힘있는 천사가 큰 음성으로 외치기를 누가 책을 펴며 그 인을 떼기에 합당하냐 하니

(5: 3) 하늘 위에나 땅 위에나 땅 아래에 능히 책을 펴거나 보거나 할 이가 없더라

책을 펴며 인을 뗀다는 것은 하나님의 비밀을 알고 그 일을 실행할 자라는 것이며 이러한 자격을 가진 자는 아무도 없습니다.

"의인은 없나니 하나도 없으며 깨닫는 자도 없고 하나님을 찾는 자도 없고 다 치우쳐 한가지로 무익하게 되고 선을 행하는 자는 없나니 하나도 없도다" (롬 3:11-12)

"이에 돌을 굴려다가 굴 아구를 막으매 왕이 어인과 귀인들의 인을 쳐서 봉하였으니 이는 다니엘 처치한 것을 변개함이 없게 하려 함이었더라" (단 6:17)

(5: 4) 이 책을 펴거나 보거나 하기에 합당한 자가 보이지 않기로 내가 크게 울었더니

(5: 5) 장로 중에 하나가 내게 말하되 울지 말라 유대 지파의 사자 다윗의 뿌리가 이기었으니 이 책과 그 일곱인을 떼시리라 하더라

그 어느 누구도 하나님의 오른손에 있는 책을 받거나 그 인을 뗄 자는 없으며 오직 한 분 예수 그리스도 밖에는 없습니다. 예수님은 유다지파 다윗의 자손으로 오셔서 메시야 왕이 되신 분입니다.

"아브라함과 다윗의 자손 예수 그리스도의 세계라" (마 1:1)

"유다는 사자 새끼로다 내 아들아 너는 움킨 것을 찢고 올라 갔도다 그의 엎드리고 웅크림이 수사자 같고 암사자 같으니 누가 그를 범할 수 있으랴" (창 49:9)

"이새의 줄기에서 한 싹이 나며 그 뿌리에서 한 가지가 나서 결실 할 것이요" (사 11:1)

"그 날에 이새의 뿌리에서 한 싹이 나서 만민의 기호로 설 것이요 열방이 그에게로 돌아오리니 그 거한 곳이 영화로우리라" (사 11:10)

(5: 6) 내가 또 보니 보좌와 네 생물과 장로들 사이에 어린 양이 섰는데 일찍 죽임을 당한 것 같더라 일곱 뿔과 일곱 눈이 있으니 이 눈은 온 땅에 보내심을 입은 하나님의 일곱 영이더라

어린 양은 예수 그리스도입니다. 일찍 죽임을 당한 것은 십자가에 죽으심이요 지금은 살아 계신 즉 부활하신 분입니다. 어린 양은 제물로서 대표적인 동물입니다. 제물은 희생이요 십자가에 달리신 예수 그리스도입니다.

"그가 곤욕을 당하여 괴로울 때에도 그 입을 열지 아니하였음이여 마치 도수장으로 끌려가는 어린 양과 털 깎는 자 앞에 잠잠한 양 같이 그 입을 열지 아니하였도다" (사 53:7)

뿔은 구원의 능력이요 일곱 뿔은 완전한 능력이며 이는 전능하심을 나타냅니다. 눈은 영적인 것이요 일곱 눈은 신령하다는 것으로서 어린양이신 예수 그리스도는 우리를 구원하시기에 전능하시고 신령하시며 성령이 충만하신 분이라는 말씀입니다.

"나의 하나님이시요 나의 피할 바위시요 나의 방패시요 나의 구원의 뿔이시요 나의 높은 망대시요 나의 피난처시요 나의 구원자시라 나를 흉악에서 구원하셨도다"(삼하 22:3)

"여호와는 나의 반석이시요 나의 요새시요 나를 건지시는 자시요 나의 하나님이시요 나의 피할 바위시요 나의 방패시요 나의 구원의 뿔이시요 나의 산성이시로다"(시 18:2)

"내가 거기서 다윗에게 뿔이 나게 할 것이라 내가 내 기름 부은 자를 위하여 등을 예비하였도다"(시 132:17)

"우리를 위하여 구원의 뿔을 그 종 다윗의 집에 일으키셨으니 이것은 주께서 예로부터 거룩한 선지자의 입으로 말씀하신 바와 같이 우리 원수에게서와 우리를 미워하는 모든 자의 손에서 구원하시는 구원이라"(눅 1:69-71)

"여호와께서 그 성전에 계시니 여호와의 보좌는 하늘에 있음이여 그 눈이 인생을 통촉하시고 그 안목이 저희를 감찰하시도다"(시 11:4)

"여호와의 눈은 어디서든지 악인과 선인을 감찰하시느니라"(잠 15:3)

(5: 7) 어린 양이 나아와서 보좌에 앉으신 이의 오른손에서 책을 취하시니라

하나님의 손에서 책을 취하심은 예수님께서 하나님의 모든 권위를 받으셨음을 나타냅니다.

(5: 8) 책을 취하시매 네 생물과 이십 사 장로들이 어린 양 앞에 엎드려 각각 거문고와 향이 가득한 금대접을 가졌으니 이 향은 성도의 기도들이라

(5: 9) 새 노래를 노래하여 가로되 책을 가지시고 그 인봉을 떼기에 합당하시도다 일찍 죽임을 당하사 각 족속과 방언과 백성과 나라 가운데서 사람들을 피로 사서 하나님께 드리시고

거문고는 찬양을 드리는 악기요 금대접에 가득한 향은 성도의 기도입니다. 이 말씀은 찬양과 기도가 같은 의미를 가지고 있는 것입니다. 기도는 달라고 하는 것으로 생각하기 쉬우나 기도는 하나님께 찬양을 올려 드리는 것입니다. 예를 들어서 우리가 사업이 잘되게 해 달라는 기도를 한다고 봅시다. 그 기도는 사업이 잘되어 부자로 살고자 하는 것이라면 나의 욕심을 위한 것이지만 그 사업이 잘됨으로 하나님의 영광을 위해서 일하고자 하는 중심이 분명할 때 그 기도는 향과 같아서 하나님께 향기로운 기도요 하나님을 찬양하는 것과 같은 것입니다.

제사장이 성소에 들어가서 향을 피워 하나님께 향기로운 냄새가 올라가게 하였습니다. 이것은 기도와 같은 것이었습니다. 그러므로 찬양과 기도는 같은 것이므로 우리의 기도는 내 욕심을 채우고자 하는 것이 되어서는 안되며 하나님께 영광을 돌리고자 드리는 기도여야 합니다.

"수금으로 여호와께 감사하고 열줄 비파로 찬송할지어다 새 노래로 그를 노래하며 즐거운 소리로 공교히 연주할찌어다" (시 33:2-3)

"수금으로 여호와를 찬양하라 수금과 음성으로 찬양할지어다 나팔과 호각으로 왕 여호와 앞에 즐거이 소리할지어다" (시 98:5-6)

"감사함으로 여호와께 노래하며 수금으로 하나님께 찬양할지어다" (시 147:7)

"아론이 아침마다 그 위에 향기로운 향을 사르되 등불을 정리할 때에 사를찌며 또 저녁때 등불을 켤 때에 사를찌니 이 향은 너희가 대대로 여호와 앞에 끊지 못할찌며 너희는 그 위에 다른 향을 사르지 말며 번제나 소제를 드리지 말며 전제의 술을 붓지 말며" (출 30:7-9)

(5: 10) 저희로 우리 하나님 앞에서 나라와 제사장을 삼으셨으니 저희가 땅에서 왕노릇하리로다 하더라

나라와 제사장을 삼으셨다는 말씀은 우리에게 최고의 축복을 베푸셨다는 표현입니다. 나라는 그리스도가 다스리는 공동체요 제사장은 하나님께서 인간에게 주신 가장 귀한 직분이며 최고의 축복입니다.

제사장은 백성을 대신하여 하나님 앞에 나아가며 하나님을 대신하여 백성 앞에 나아가는 직분이다. 즉 죄인을 대신하여 하나님 앞에 나아가 속죄를 하며 하나님을 대신하여 백성에게 축복을 베푸는 사명을 가지고 있습니다.

"오직 너희는 여호와의 제사장이라 일컬음을 얻을 것이라 사람들이 너희를 우리 하나님의 봉사자라 할 것이며 너희가 열방의 재물을 먹으며 그들의 영광을 얻어 자랑할 것이며 너희가 수치 대신에 배나 얻으며 능욕 대신에 분깃을 인하여 즐거워할 것이라 그리하여 고토에서 배나 얻고 영영한 기쁨이 있으리라" (사 61:6-7)

"여호와여 그 재산을 풍족케 하시고 그 손의 일을 받으소서 그를 대적하여 일어나는 자와 미워하는 자의 허리를 꺾으사 다시 일어나지 못하게 하옵소서" (신 33:11)

"레위 자손 제사장들도 그리로 올지니 그들은 네 하나님 여호와께서 택하사 자기를 섬기게 하시며 또 여호와의 이름으로 축복하게 하신자라 모든 소송과 모든 투쟁이 그들의 말대로 판결될 것이니라" (신 21:5)

"제사장은 백성의 어른인즉 스스로 더럽혀 욕되게 하지 말지니라"(레 21:4)

(5: 11) 내가 또 보고 들으매 보좌와 생물들과 장로들을 둘러 선 많은 천사의 음성이 있으니 그 수가 만만이요 천천이라

하나님을 중심으로한 많은 천사들이 있는데 수가 천천이요 만만이라고 하였습니다. 천천, 만만은 무한히 많은 상징적인 수입니다.

"하나님의 병거가 천천이요 만만이라 주께서 그 중에 계심이 시내산 성소에 계심 같도다" (시 68:17)

"우리의 곳간에는 백곡이 가득하며 우리의 양은 들에서 천천과 만만으로 번성하며" (시 144:13)

"불이 강처럼 흘러 그 앞에서 나오며 그에게 수종하는 자는 천천 이요 그 앞에 시위한 자는 만만이며 심판을 베푸는데 책들이 펴 놓였더라" (단 7:10)

(5: 12) 큰 음성으로 가로되 죽임을 당하신 어린양이 능력과 부와 지혜와 힘과 존귀와 영광과 찬송을 받으시기에 합당하도다 하더라

 (5: 13) 내가 또 들으니 하늘 위에와 땅 위에와 땅 아래와 바다 위에와 또 그 가운데 모든 만물이 가로되 보좌에 앉으신 이와 어린양에게 찬송과 존귀와 영광과 능력을 세세토록 돌릴찌어다 하니

 (5: 14) 네 생물이 가로되 아멘 하고 장로들은 엎드려 경배하더라

죽임을 당하신 어린 양이 능력과 부와 지혜와 힘과 존귀와 영광과 찬송을 받으시기에 합당하다는 말씀은 대단히 중요한 의미를 가집니다. 이 말씀은 십자가에 죽어야만 모든 영광을 얻을 수 있다는 말씀이며 십자가 없이는 영광이 없다는 것입니다. 어린 양은 제물을 상징하는 것으로서 단순히 주님을 말하는 것이 아니라 십자가에 제물이 되신 주님을 강조하는 말씀입니다. 우리가 하나님께서 받으시는 영광을 함께 받으려면 우리도 예수님처럼 십자가를 지고 희생하는 믿음이 되어야 합니다.

"그는 근본 하나님의 본체시나 하나님과 동등됨을 취할 것으로 여기지 아니하시고 오히려 자기를 비어 종의 형체를 가져 사람들과 같이 되었고 사람의 모양으로 나타나셨으매 자기를 낮추시고 죽기까지 복종하셨으니 곧 십자가에 죽으심이라 이러므로 하나님이 그를 지극히 높여 모든 이름 위에 뛰어난 이름을 주사 하늘에 있는 자들과 땅에 있는 자들과 땅 아래 있는 자들로 모든 무릎을 예수의 이름에 꿇게 하시고 모든 입으로 예수 그리스도를 주라 시인하여 하나님 아버지께 영광을 돌리게 하셨느니라" (빌 2:6-11)

제6장 일곱 인을 떼심

(6: 1) 내가 보매 어린 양이 일곱 인 중에 하나를 떼시는 그 때에 내가 들으니 네 생물 중에 하나가 우뢰 소리같이 말하되 오라 하기로
(6: 2) 내가 이에 보니 흰 말이 있는데 그 탄 자가 활을 가졌고 면류관을 받고 나가서 이기고 또 이기려고 하더라

하나님의 오른손에 있던 책이 일곱 인으로 봉해져 있었는데 그 책을 어린 양이신 예수님께서 받으셨고 인을 떼게 됩니다. 인을 뗀다는 것은 하나님의 계획을 집행한다는 것이며 하나님의 뜻이 이루어짐을 나타냅니다. 이는 하나님께서 역사를 주관하심 입니다. 인을 뗄 때 일어나는 현상은 하나님의 구속역사의 진행을 보여주는 것입니다. 첫째 인을 떼실 때에 흰 말이 나타납니다. 말은 당시 싸울 때 타던 동물로서 한 투쟁을 의미합니다. 즉 희다는 것은 성결하고 거룩함의 상징인데 이 말을 탄 자가 활을 가졌고 면류관을 받았으며 이기고 또 이기려고 하였습니다. 이 흰 말을 탄 자는 곧 예수 그리스도의 복음적 역사로 보아야 합니다. 복음의 능력은 승리하고 면류관을 얻게 하는 것입니다. 활은 원수를 제압하는 말씀의 검과 같은 것이며, 이기고 이기려는 것은 지속적인 승리로서 지금도 성령은 우리로 하여금 계속적으로 악을 이기고 선을 행하게 하는 믿음을 주십니다. 면류관은 승리자에 주는 것으로서 흰 말을 탄 자 곧 복음의 승리를 말합니다.

"능한 자여 칼을 허리에 차고 왕의 영화와 위엄을 입으소서 왕은 진리와 온유와 공의를 위하여 위엄있게 타고 승전하소서 왕의 오른손이 왕에게 두려운 일을 가르치리이다 왕의 살이 날카로와 왕의 원수의 염통을 뚫으니 만민이 왕의 앞에 엎드러지는도다" (시 45:4-5)

흰 말을 탄 자의 활동은 예수 그리스도의 복음 사역으로서 성령의 역사입니다. 이 성령의 역사는 어느 특정한 기간에만 있는 것이 아니요 에덴 동산에서부터 예수님 재림하실 때까지 계속될 것입니다. 다음에 붉은 말이나 검은 말들이 나오는데 이 말들이 나오면서 흰 말이 없어지는 것이 아닙니다. 흰 말의 활동이나 붉은 말의 활동은 공존하고 있는 것입니다. 즉 성령과 사단의 역사는 어느 시대를 막론하고 공존하고 있습니다.

(6: 3) 둘째 인을 떼실 때에 내가 들으니 둘째 생물이 말하되 오라 하더니
(6: 4) 이에 붉은 다른 말이 나오더라 그 탄 자가 허락을 받아 땅에서 화평을 제하여 버리며 서로 죽이게 하고 또 큰 칼을 받았더라

붉은 색은 피의 상징으로서 죽음을 의미합니다. 붉은 말의 활동은 화평을 제하고 죽이게 하는 일을 합니다. 이는 곧 사단의 역사로서 우리를 타락하고 패망하게 하는 것입니다. 그런데 중요한 것은 붉은 말의 활동은 어느 누구의 허락을 받아 활동을 합니다. 허락을 받는다는 것은 활동의 제한성을 말하며 절대적인 권위가 없다는 것이며 이 후 계시록에 나오는 사단의 역사는 모두가 제한적입니다. 그가 가지고 있는 것은 큰 칼이었습니다. 칼은 죽이는 흉기입니다. 사단은 우리의 영혼을 죽이는 역할을 합니다. 그러나 허락을 받아서 하며 이는 욥기서에 잘 나타나 있습니다.

"여호와께서 사단에게 이르시되 내가 그의 소유물을 다 네 손에 붙이노라 오직 그의 몸에는 네 손을 대지 말지니라 사단이 곧 여호와 앞에서 물러가니라" (욥 1:12)

"사람이 감당할 시험 밖에는 너희에게 당한 것이 없나니 오직 하나님은 미쁘사 너희가 감당치 못할 시험 당함을 허락지 아니하시고 시험 당할 즈음에 또한 피할 길을 내사 너희로 능히 감당하게 하시느니라" (고전 10:13)

사단이 욥을 공격하는 것은 하나님의 허락을 받아서 공격하되 그의 생명만은 절대로 죽이지 못하게 하셨습니다. 사단이 우리를 아무리 공격을 해도 하나님께서 우리를 멸망하도록 내버려두는 것이 아니라 초대교회 성도들을 하나님께서 버리신 것이 아니라 붙들고 계신다는 편지입니다. 주님은 오른손에 일곱 별을 잡고 일곱 금촛대 사이를 왕래하십니다.

(6: 5) 세째 인을 떼실 때에 내가 들으니 세째 생물이 말하되 오라 하기로 내가 보니 검은 말이 나오는데 그 탄 자가 손에 저울을 가졌더라
(6: 6) 내가 네 생물 사이로서 나는 듯하는 음성을 들으니 가로되 한 데나리온에 밀 한 되요 한 데나리온에 보리 석 되로다 또 감람유와 포도주는 해치 말라 하더라

검은 색은 일반적으로 죽음의 색입니다. 저울은 심판을 나타내며 이는 죽음을 의미합니다.

"네가 말하기를 나는 그것을 알지 못하였노라 할지라도 마음을 저울질 하시는 이가 어찌 통찰하지 못하시겠으며 네 영혼을 지키시는 이가 어찌 알지 못하시겠느냐 그가 각 사람의 행위대로 보응 하시리라" (잠 24:12)

한 데나리온은 장정의 하루 품삯으로서 장정이 하루 일하면 전 식구가 먹고도 남아야 정상인데 그 품삯이 밀 한되요, 보리 석 되라고 하였습니다. 이 양은 장정 한 사람이 하루에 혼자 밖에 먹을 수 없는 양이며 이는 기근을 상징하는 것입니다. 즉 사단의 역사를 통하여 기근과 같은 고통이 임하며 이는 저울과 같은 보응의 심판입니다.

감람유는 성령이요 포도주는 성도입니다. 사단이 아무리 심판을 하고 고통을 준다고 하여도 성령이 충만한 성도는 그 환난에서 보호를 받는 것입니다. 하나님께서 사단이 욥을 시험해도 그의 생명만은 해치 못하게 하심과 같으며 사단의 능력은 제한적이며 성도를 심판할 수 없다는 것입니다.

"하루는 나무들이 나가서 기름을 부어 왕을 삼으려 하여 감람나무에게 이르되 너는 우리 왕이 되라 하매 감람나무가 그들에게 이르되 나의 기름은 하나님과 사람을 영화롭게 하나니 내가 어찌 그것을 버리고가서 나무들 위에 요동하리요 한지라" (삿 9:8-9)

"나는 포도나무요 너희는 가지니 저가 내 안에 내가 저 안에 있으면 이 사람은 과실을 많이 맺나니 나를 떠나서는 너희가 아무것도 할 수 없음이라" (요 15:5)

(6: 7) 네째 인을 떼실 때에 내가 네째 생물의 음성을 들으니 가로되 오라 하기로
(6: 8) 내가 보매 청황색 말이 나오는데 그 탄 자의 이름은 사망이니 음부가 그 뒤를 따르더라 저희가 땅 사분 일의 권세를 얻어 검과 흉년과 사망과 땅의 짐승으로써 죽이더라

 청황색은 마치 병자의 얼굴색을 연상케 합니다 이 청황색 말을 탄 자의 이름이 사망이라고 하였으니 이는 질병으로 고통을 주는 것과 같은 사단의 역사입니다. 음부는 어둡고 죄악이 가득한 것의 상징이요 사단의 소굴이라고 표현할 수 있습니다. 땅 사분 일의 권세란 권세의 일부요 능력이란 제한성을 나타냅니다. 사단이 아무리 발악을 한다고 할지라도 그 능력이란 황소 앞에 개구리 같은 것입니다. 검은 죽이는 것이요 흉년은 고통이며 땅의 짐승은 사단의 모습입니다. 그러므로 사단이 주는 고통을 말합니다.
 사단의 역사를 붉은 말, 검은 말, 청황색 말로 표현하였는데 이 말들이 달리는 모습을 사단의 활동 모습이라고 볼 때 이 말들은 어느 일정한 기간에만 달리는 것이 아니라 에덴 동산에서부터 주님 재림하실 때까지 계속되는 것입니다. 이 말들이 활동하여 사람을 죽이되 그것은 제한적이며 하나님의 택한 백성들은 해하지 못한다는 것이며 이것은 곧 당시 로마의 박해를 받고 있는 성도들을 주님께서 지키시고 계심을 증거하며 이는 오늘도 언제나 주님께서 우리와 함께 하여 보호하시고 인도하심을 확신케 합니다.

(6: 9) 다섯째 인을 떼실 때에 내가 보니 하나님의 말씀과 저희의 가진 증거를 인하여 죽임을 당한 영혼들이 제단 아래 있어
(6: 10) 큰 소리로 불러 가로되 거룩하고 참되신 대 주재여 땅에 거하는 자들을 심판하여 우리 피를 신원하여 주지 아니하시기를 어느 때까지 하시려나이까 하니
(6: 11) 각각 저희에게 흰 두루마기를 주시며 가라사대 아직 잠시 동안 쉬되 저희 동무 종들과 형제들도 자기처럼 죽임을 받아 그 수가 차기까지 하라 하시더라

죽임을 당한 영혼들은 앞에서 나타난 붉은 말, 검은 말, 청황색 말을 탄 자들로 인하여 고난을 당한 자들이며 이는 십자가의 신앙을 지킨 자들입니다. 즉 하나님의 말씀과 저희의 가진 증거를 인하여 죽임을 당한 영혼들입니다.

이 영혼들이 제단 아래 있다고 하였는데 제단은 하나님께서 성도를 만나는 곳입니다.

"속죄소를 궤 위에 얹고 내가 네게 줄 증거판을 궤 속에 넣으라 거기서 내가 너와 만나고 속죄소 위 곧 증거궤 위에 있는 두 그룹 사이에서 내가 이스라엘 자손을 위하여 네게 명할 모든 일을 네게 이르리라" (출 25:21-22)

땅에 거하는 자들을 심판하여 우리 피를 신원하여 주지 아니하시기를 어느 때까지 하시려나이까 는 성도의 기도요 이는 사단의 역사를 물리치고 성도를 구원해 달라는 것입니다. 로마의 박해를 받는 성도들은 그러한 박해를 속히 물리치고 교회가 자유를 얻고 평안을 얻을 수 있기를 기도하였습니다. 우리들도 모든 고난에서 벗어나기를 기도하게 됩니다.

흰 두루마기를 주었다는 것은 하나님의 보좌에 참여하는 허락이며 이 흰 옷은 성결입니다. 성도의 생활은 환난과 연단을 통해서 죄를 회개하고 성결하게 됩니다.

잠시 동안 쉬라는 것은 다른 사람들도 순교의 반열에 참여하기까지 기다리라는 것이며 이는 하나님께서 성도가 고난 당하는 것을 버려두는 것이 아니라 그 고난을 통해서 성결해지며 흰 옷을 입게 되고 천국에서 하나님의 보좌에 함께 앉게 되는 축복을 받게 하시는 것이며 이 고난은 잠간이요 영광은 영원한 것입니다.

"생각건대 현재의 고난은 장차 우리에게 나타날 영광과 족히 비교할 수 없도다" (롬 8:18)

수가 차기까지란 택한 백성을 버리지 않고 다 구원하심을 의미합니다.

(6: 12) 내가 보니 여섯째 인을 떼하실 떼에 큰 지진이 나며 해가 총담같이 검

어지고 온 달이 피같이 되며

(6: 13) 하늘의 별들이 무화과 나무가 대풍에 흔들려 선 과실이 떨어지는 것같이 땅에 떨어지며

(6: 14) 하늘은 종이 축이 말리는 것같이 떠나가고 각 산과 섬이 제 자리에서 옮기우매

(6: 15) 땅의 임금들과 왕족들과 장군들과 부자들과 강한 자들과 각 종과 자주자가 굴과 산 바위 틈에 숨어

(6: 16) 산과 바위에게 이르되 우리 위에 떨어져 보좌에 앉으신 이의 낯에서와 어린 양의 진노에서 우리를 가리우라

(6: 17) 그들의 진노의 큰 날이 이르렀으니 누가 능히 서리요 하더라

지금까지 흰 말을 탄 자의 활동 외에는 사단의 활동이 득세하는 모습이었으나 이제는 "보좌에 앉으신 이와 어린양의 진노"가 임하는 성령의 역사입니다. 사단의 역사와 비교해 볼 때 사단의 역사는 제한적이었으며 부분적이었으나 성령의 역사는 우주적입니다.

큰 지진은 하나님의 능력입니다. 해와 달이 빛을 잃고 별들이 우수수 떨어지고 하늘이 날아가고 산이나 섬이 날아가는 천재지변의 난리도 하나님의 능력을 나타냅니다. 이 난리가 일어나게 되니 땅의 모든 사람들(임금, 왕족들, 장군들, 부자 등)이 굴이나 산이나 바위틈에 숨어서 부르짖게 되는데 이 말씀은 앞으로 자연계의 파괴가 일어나게 된다는 것이 아니라 자연계가 파괴되었을 때에 일어나는 현상과 같은 하나님의 크신 능력으로 역사하여 사단의 세력을 물리치고 성도에게 승리하는 구원을 이루신다는 것입니다.

이 큰 날이란 예수님께서 사단의 권세를 깨뜨리고 승리하시는 날이며 이는 심판과 구원의 날입니다. 이 날은 어느 특정한 한 날이 아니며 태초로부터 주님의 재림시까지 지속되는 구원의 역사입니다.

이상의 6장 말씀을 요약하면 주님께서 인을 떼실 때에 되어진다는 것은 주님의 능력으로 모든 것이 이루어진다는 것이며 그 일은 사단이 역사하여 성도를 고통스럽게 하기도 하지만 이 사단의 역사란 욥에게 하심과 같

이 제한적이고 부분적이어서 결코 사단이 승리하지 못하며 오직 어린 양이신 예수 그리스도께서 무한한 능력으로 성도를 구원하신다는 것입니다. 이 말씀은 로마로부터 고난을 당하고 있던 초대교회 성도들에게 주시는 위로와 소망의 말씀이며 오늘 우리에게도 주시는 말씀으로서 우리가 사단의 유혹과 시험으로 범죄 할지라도 그 사단의 세력이 우리를 완전히 멸하지 못하며 결국은 성령의 역사로 죄를 회개하고 믿음으로 승리하여 구원을 얻게 하시는 진리입니다. 이 승리는 오직 예수 그리스도의 승리이며 십자가의 승리입니다.

그리고 흰 말이나 기타 여러 말들이 순차적으로 나타나서 어느 특정한 기간에 활동하는 것이 아니라 모두가 복합적으로 처음부터 끝까지 쉬지 않고 활동하는 것입니다. 이는 사단의 역사가 언제나 계속된다는 것이며 반면에 성령의 역사가 항상 함께 하셔서 그 사단의 세력에서 건져 주신다는 것입니다. 즉 흰 말의 복음적 사역이나 붉은 말, 검은 말, 청황색 말의 사단 역사가 처음부터 마지막까지 함께 동시에 일어나며 하나님과 어린 양의 진노가 언제나 함께 하여 사단을 물리치고 승리하게 하시는 것입니다.

이 말씀은 일부 세대주의자들이 해석하는 것처럼 어느 시대에 일어날 사건이 아니며 칠 년 대 환난이라는 특정한 기간의 칠 년에 일어날 사건도 아닙니다.

제7장 최후의 승리

(7: 1) 이 일 후에 내가 네 천사가 땅 네모퉁이에 선 것을 보니 땅의 사방의 바람을 붙잡아 바람으로 하여금 땅에나 바다에나 각종 나무에 불지 못하게 하더라

 이 일 이라는 것은 6장에 있었던 사건들이며 이는 지나간 사건이 아니라 진행되는 사건입니다. 이 일 후에 되어질 사건이 바로 7장에 나타나는 내용으로서 하나님의 택하신 백성들을 보호하고 구원하시는 사건입니다.
 네 모퉁이는 사방이요 모든 곳입니다. 바람은 심판하실 진노이며 나무는 성도요 네 천사가 이 바람을 불지 못하게 하는 것은 성도를 보호하시는 성령의 역사입니다.
 "주께서 주의 바람을 일으키시매 바다가 그들을 덮으니 그들이 흉용한 물에 납 같이 잠겼나이다" (출 15:10)
 "그러므로 만군의 하나님 여호와가 이같이 말하노라 그들이 이 말을 하였은즉 볼지어다 내가 네 입에 있는 나의 말로 불이 되게 하고 이 백성으로 나무가 되게 하리니 그 불이 그들을 사르리라" (렘 5:14)
 "악인에게 그물을 내려 치시리니 불과 유황과 태우는 바람이 저희 잔의 소득이 되리로다" (시 11:6)

(7: 2) 또 보매 다른 천사가 살아 계신 하나님의 인을 가지고 해 돋는 데로부터 올라와서 땅과 바다를 해롭게 할 권세를 얻은 네 천사를 향하여 큰 소리로 외쳐
(7: 3) 가로되 우리가 우리 하나님의 종들의 이마에 인치기까지 땅이나 바다나 나무나 해하지 말라 하더라
 해 돋는 데로부터 천사가 올라오는 장면은 서론에서 말한 바와 같이 성령의 역사는 좋은 곳 즉 하늘이나 성전 같이 좋은 이미지를 갖는 곳으로부터 나오며 사단은 좋지 못한 곳으로부터 나오는 것입니다. 해 돋는 데는 어둠을 물리치고 광명의 태양이 솟아나는 곳으로서 하늘이나 성소 같은 의미를 지니게 됩니다. 혹은 해 돋는 곳을 한국 이라고도 하는데 지리적인 의미가 아니며 해 돋는 곳이 한국이 될 수 없으며 어느 곳에서 보느냐에 따라서 해 돋는 곳은 달라지기 마련입니다.

땅과 바다를 해롭게 할 권세를 얻은 네 천사란 하나님의 심판을 준비하고 있는 천사입니다. 땅과 바다는 자연계를 의미하는 것이 아니고 이 세상 곧 인간사회를 의미합니다.

하나님의 종들 이마에 인을 친다는 것은 하나님의 택한 백성들을 하나님께서 보호하시고 지켜 주셔서 구원의 반열에서 낙오되지 않게 하시는 은혜입니다. 인을 치는 것은 확정하는 의미이며 성령으로 거듭나는 것입니다.

"저가 또한 우리에게 인치시고 보증으로 성령을 우리 마음에 주셨느니라"(고후 1:22)

"그안에서 너희도 진리의 말씀 곧 너희의 구원의 복음을 듣고 그 안에서 또한 믿어 약속의 성령으로 인치심을 받았으니 이는 우리의 기업에 보증이 되사 그 얻으신 것을 구속하시고 그의 영광을 찬미하게 하려 하심이라"(엡 1:13-14)

"하나님의 성령을 근심하게 하지 말라 그 안에서 너희가 구속의 날까지 인치심을 받았느니라"(엡 4:30)

바다나 나무를 해하지 말라는 말씀은 곧 성도를 해하지 말라는 말씀입니다. 인치시기까지란 하나님께서 오래 참으셔서 택한 백성들이 구원받기를 기다리시는 사랑입니다.

"혹 네가 하나님의 인자하심이 너를 인도하여 회개케 하심을 알지 못하여 그의 인자하심과 용납하심과 길이 참으심의 풍성함을 멸시하느뇨"(롬 2:4)

(7: 4) 내가 인 맞은 자의 수를 들으니 이스라엘 자손의 각 지파 중에서 인 맞은 자들이 십 사만 사천이니

(7: 5) 유다 지파 중에 인 맞은 자가 일만 이천이요 르우벤 지파 중에 일만 이천이요 갓 지파 중에 일만 이천이요

(7: 6) 아셀 지파 중에 일만 이천이요 납달리 지파 중에 일만 이천이요 므낫세 지파 중에 일만 이천이요

(7: 7) 시므온 지파 중에 일만 이천이요 레위 지파 중에 일만 이천이요 잇사갈 지파 중에 일만 이천이요

(7: 8) 스블론 지파 중에 일만 이천이요 요셉 지파 중에 일만 이천이요 베냐민 지파 중에 인 맞은 자가 일만 이천이라

인 맞은 자의 수는 구원받은 하나님의 자녀들의 수입니다. 그 수가 이스라엘 각 12지파에서 12000명씩 도합 144,000명입니다. 이 수는 절대로 자연수가 아니며 의미수입니다. 12는 택함을 받은 자의 수이며 12에 1000을 곱하면 12000명이 되는데 1000이라는 수는 많다는 수요, 셀 수 없는 무한한 수를 의미합니다. 그러므로 이스라엘의 택함을 받은 12지파의 무한한 수이며 이는 우리 구원받은 성도의 수를 의미합니다.

구원받은 성도의 실제의 수는 오직 주님 외에는 누구도 알지 못하며 성경은 그러한 수를 알려주지 않습니다.

혹 144,000의 수를 이렇게 생각할 수도 있습니다. 즉 구약의 12지파와 신약을 12제자의 수를 곱한 것에 1000을 곱하면 144,000이 됩니다. 곱한다는 것은 많다는 것의 의미가 됩니다.

"하나님이 세상을 이처럼 사랑하사 독생자를 주셨으니 이는 저를 믿는 자마다 멸망치 않고 영생을 얻게 하려 하심이니라" (요 3:16)

(7: 9) 이 일 후에 내가 보니 각 나라와 족속과 백성과 방언에서 아무라도 능히 셀 수 없는 큰 무리가 흰 옷을 입고 손에 종려가지를 들고 보좌 앞과 어린 양 앞에 서서

(7: 10) 큰 소리로 외쳐 가로되 구원하심이 보좌에 앉으신 우리 하나님과 어린 양에게 있도다 하니

(7: 11) 모든 천사가 보좌와 장로들과 네 생물의 주위에 섰다가 보좌 앞에 엎드려 얼굴을 대고 하나님께 경배하여

(7: 12) 가로되 아멘 찬송과 영광과 지혜와 감사와 존귀와 능력과 힘이 우리

하나님께 세세토록 있을찌로다 아멘 하더라

　이 일 후에 보는 것은 144,000명의 이마에 인을 치고 난 후에라는 것이며 이 일 후에 보는 것은 능히 셀 수 없는 많은 무리입니다. 이들은 앞에서 설명한 바와 같은 구원받은 백성들로서 각 나라와 민족과 방언에서 나오는 자들입니다. 즉 구원은 어느 한 민족에게 국한된 것이 아니라 전 세계적이며 누구든지 저를 믿으면 멸망치 않고 영생을 얻게 된다는 말씀입니다.

　144,000명의 성도들은 흰옷을 입고 있으며 종려가지를 들고 있습니다. 이는 14절의 말씀과 같이 그리스도의 십자가에 흘리신 보혈의 피로 씻어 깨끗함을 받은 성도이며 종려가지는 승리의 표시입니다. 이 구원받은 백성들이 흰 옷을 입고 종려가지를 들고 어린 양이신 예수님과 하나님 앞에 서서 구원의 은총을 감사하며 찬양하고 있는 것입니다.

　마찬가지로 보좌에 있던 이십 사 장로들과 모든 생물들이 엎드려 하나님께 경배하고 찬송과 영광과 지혜와 감사와 존귀와 능력과 힘을 오직 하나님께 돌리고 있습니다.

　(7: 13) 장로 중에 하나가 응답하여 내게 이르되 이 흰 옷 입은 자들이 누구며 또 어디서 왔느뇨
　(7: 14) 내가 가로되 내 주여 당신이 알리이다 하니 그가 나더러 이르되 이는 큰 환난에서 나오는 자들인데 어린 양의 피에 그 옷을 씻어 희게 하였느니라
　(7: 15) 그러므로 그들이 하나님의 보좌 앞에 있고 또 그의 성전에서 밤 낮 하나님을 섬기매 보좌에 앉으신 이가 그들 위에 장막을 치시리니
　(7: 16) 저희가 다시 주리지도 아니하며 목마르지도 아니하고 해나 아무 뜨거운 기운에 상하지 아니할찌니
　(7: 17) 이는 보좌 가운데 계신 어린 양이 저희의 목자가 되사 생명수 샘으로 인도하시고 하나님께서 저희 눈에서 모든 눈물을 씻어 주실 것임이러라

　흰 옷 입은 성도들은 큰 환난에서 나왔다고 하였는데 큰 환난이란 십자가적인 신앙 생활입니다. 이는 어떤 난리에서 벗어났다는 것이 아니라 십자가적인 희생과 헌신과 봉사적인 신앙을 나타냅니다. 십자가적인 신앙

이란 죽음의 신앙입니다. 내가 죽고 내 속에 그리스도가 사는 것이요, 사단의 유혹과 시험을 물리치고 믿음을 지킨 생활입니다.

"내가 그리스도와 함께 십자가에 못 박혔나니 그런즉 이제는 내가 산 것이 아니요 오직 내 안에 그리스도께서 사신 것이라" (갈 2:20)

"염소와 황소의 피와 및 암송아지의 재로 부정한 자에게 뿌려 그 육체를 정결케 하여 거룩케 하거든 하물며 영원하신 성령으로 말미암아 흠 없는 자기를 하나님께 드린 그리스도의 피가 어찌 너희 양심으로 죽은 행실에서 깨끗하게 하고 살아계신 하나님을 섬기지 못하겠느뇨" (히 9:13-14)

"그러므로"는 앞에 말씀과 뒷 부분과의 연관성을 나타냅니다. 앞에 있는 부분이란 십자가적인 신앙으로서 큰 환난에서 믿음을 지킨 것이며 이러한 자에게 하나님의 은총이 주어진다는 것입니다.

이들은 하나님의 보좌 앞에 있게 됩니다. 이는 하나님께서 함께 하심이요 하나님과 함께 영광을 누리는 것입니다. 다음 이들은 밤 낮으로 하나님을 섬기는 일을 합니다.

천국 생활은 밤 낮으로 하나님을 섬기는 생활입니다. 이러므로 하나님께서는 그들에게 장막을 쳐 주십니다. 장막이란 뜨거움이나 추위나 바람을 막아 보호하시는 것이며 하나님의 축복이요 천국의 모습입니다. 이 천국은 궁극적으로는 물론 하늘나라에서 이루어지는 것이지만 현실에서도 하나님의 은혜와 사랑을 받고 사는 생활이 곧 이와 같은 천국입니다.

하나님의 장막 안에 있는 자는 주리거나 목마르거나 어떠한 해함을 받지 아니하며 슬픔과 고통이 사라지고 어린 양이신 예수님께서 생명수 강가로 인도하여 영원한 낙원의 삶을 살게 하시는 것입니다.

7장까지 계시록 1부가 끝납니다. 1부의 말씀을 요약하면 로마의 박해를 받는 교회를 향하여 위로와 소망을 주시는 말씀으로서 사단이 득세하여 성도들이 환난을 당하나 어린 양이신 예수 그리스도의 승리로 성도를 구원하신다는 말씀입니다. 사단과 성령의 싸움이라고 표현한다면 이는 초기에는 사단의 세력이란 언제나 제한적이고 일부적인 반면에 성령의 역사는 전체적이고 완전하여 사단을 완전히 소멸하고 최후의 승리를 이룩하게 됩니다.

제8장 일곱 나팔의 재앙

(8: 1) 일곱째 인을 떼실 때에 하늘이 반시 동안쯤 고요하더니
(8: 2) 내가 보매 하나님 앞에 시위한 일곱 천사가 있어 일곱 나팔을 받았더라

계시록의 제2부가 시작되는 장면입니다. 하늘이 반시쯤 고요한 것은 마치 연극을 할 때 제1막에서 제2막으로 넘어갈 때 잠시 공간이 있는 것과 같습니다. 새로운 일이 시작될 때의 준비하는 시간과 같은 현상입니다. 일곱째 인을 뗄 때 새로운 양상으로 전환됩니다. 즉 일곱 천사가 일곱 나팔을 불기 위하여 나타납니다. 1부에서는 어린 양(예수님)이 인을 떼면서 어떤 사건이 일어나게 됩니다. 그러나 2부에서는 천사가 나팔을 불면서 사건이 일어나게 됩니다. 이 사건은 서로 다른 것이 아니라 다 같은 하나님의 주권 하에서 이루어지는 것입니다. 천사의 역할은 곧 성령의 사역이며 성령의 사역은 곧 예수 그리스도의 사역이요 또한 하나님의 사역입니다.

(8: 3) 또 다른 천사가 와서 제단 곁에 서서 금 향로를 가지고 많은 향을 받았으니 이는 모든 성도의 기도들과 합하여 보좌 앞 금단에 드리고자 함이라
(8: 4) 향연이 성도의 기도와 함께 천사의 손으로부터 하나님 앞으로 올라가는지라
(8: 5) 천사가 향로를 가지고 단 위의 불을 담아다가 땅에 쏟으매 뇌성과 음성과 번개와 지진이 나더라

천사의 금 향로는 성도의 기도를 담은 그릇이요 향연이 가득한 것은 성도의 기도가 충만한 것을 의미합니다. 천사가 금 향로에 향연을 기도와 함께 담아서 하나님 앞에 올려 드릴 때에 하나님께서는 하늘 제단에 있는 불을 담아 주며 천사는 이 불을 담아다가 땅에 쏟으매 뇌성과 음성과 번개와 지진이 일어났습니다. 이는 성도의 기도가 하나님께 상달되면 하나님께서는 성령을 선물로 주셔서 그 성령이 임하시면 권능을 받게 된다는 말씀입니다. 불은 성령이요 뇌성과 음성과 번개와 지진은 능력을 나타냅니다.

"홀연히 하늘로부터 급하고 강한 바람 같은 소리가 있어 저희 앉은 온 집에 가득하며 불의 혀 같이 갈라지는 것이 저희에게 보여 각 사람 위에 임하여 있더니" (행 2:2-3)

"내가 또 너희에게 이르노니 구하라 그러면 너희에게 주실 것이요 찾으라 그러면 찾을 것이요 문을 두드리라 그러면 너희에게 열릴 것이니 구하는 이마다 받을 것이요 찾는 이가 찾을 것이요 두드리는 이에게 열릴 것이니라 너희 중에 아비된 자 누가 아들이 생선을 달라 하면 생선 대신에 뱀을 주며 알을 달라 하면 전갈을 주겠느냐 너희가 악할지라도 좋은 것을 자식에게 줄줄 알거든 하물며 너희 천부께서 구하는 자에게 성령을 주시지 않겠느냐 하시니라" (눅 11:9-12)

기도의 응답은 성령을 선물로 주시는 것입니다. 이 성령을 받으면 권능을 얻게 되며 복음적 승리가 이루어집니다. 성령의 능력은 하나님의 능력이요 예수 그리스도의 능력이며 십자가의 능력입니다.

"십자가의 도가 멸망하는 자들에게는 미련한 것이요 구원을 얻는 우리에게는 하나님의 능력이라" (고전 1:18)

"오직 성령이 너희에게 임하시면 너희가 권능을 받고 예루살렘과 온 유대와 사마리아 땅끝까지 이르러 내 증인이 되리라 하시니라" (행 1:8)

일부에서는 인을 떼는 사건이 일어나기 전 하늘 보좌의 모습을 보여주며 그 보좌로부터 능력이 나타남을 보여주었습니다. 이는 마치 어떤 군부대가 싸우러 나갈 때 후방에서 그 부대를 지원하는 사령부가 막강한 힘을 가지고 있으니 염려할 것이 없다는 안심을 시키기 위한 목적과 같은 것입니다.

2부에서도 마찬가지로 일곱 나팔의 사건에 앞서서 성도의 기도가 하늘에 상달되면 성령의 능력이 함께 하심으로 어떠한 사단의 도전에도 대응할 수 있는 무한한 능력이 있음을 과시하는 표현입니다.

(8: 6) 일곱 나팔 가진 일곱 천사가 나팔 불기를 예비하더라

(8: 7) 첫째 천사가 나팔을 부니 피 섞인 우박과 불이나서 땅에 쏟아지매 땅의 삼분의 일이 타서 사위고 수목의 삼분의 일도 타서 사위고 각종 푸른 풀도 타서 사위더라

피 섞인 우박과 불은 자연계를 파괴하는 현상으로서 성도에게 제한적이고 부분적이며 욥의 모든 것은 빼앗아 가도 생명만은 손대지 못한 것과 같은 의미입니다. 이는 사단이 성도에게서 고난은 주어도 구원은 빼앗아 가지 못한다는 것이며 구원은 택한 백성에게 절대적인 것입니다.

"모세가 하늘을 향하여 지팡이를 들매 여호와께서 뇌성과 우박을 보내시고 불을 내려 땅에 달리게 하시니라 여호와께서 우박을 애굽땅에 내리시매 우박의 내림과 불덩이가 우박에 섞여 내림이 심히 맹렬하니 애굽 전국에 그 개국 이래로 그같은 것이 없던 것이라" (출 9:23-24)

이 천재지변으로 말미암아 땅의 삼분의 일과 수목의 삼분의 일이 타서 파괴됩니다.

이는 사단의 세력은 삼분의 일 즉 전체가 못되는 일부를 파괴하는 세력이며 이는 1부에서도 나타난 바와 같이 큰 고난이 임한다는 것입니다. 그러나 결국은 성령의 승리가 이루어집니다.

(8: 8) 둘째 천사가 나팔을 부니 불 붙는 큰 산과 같은 것이 바다에 던지우매 바다의 삼분의 일이 피가 되고

(8: 9) 바다 가운데 생명 가진 피조물들의 삼분의 일이 죽고 배들의 삼분의 일이 깨어지더라

첫째 나팔을 불 때는 땅에 환난이 임하였고 이번에는 바다에 임하게 됩니다. 이번 역시 삼분의 일이 파괴되는 현상입니다. 바다에 있는 모든 생물이 삼분의 일이 죽으며 배들도 삼분의 일이 파괴됩니다. 삼분의 일의 의미는 앞서 설명한 바와 같습니다.

(8: 10) 세째 천사가 나팔을 부니 횃불같이 타는 큰 별이 하늘에서 떨어져 강들의 삼분의 일과 여러 물샘에 떨어지니

(8: 11) 이 별 이름은 쑥이라 물들의 삼분의 일이 쑥이 되매 그 물들이 쓰게 됨을 인하여 많은 사람이 죽더라

 이번에는 강에 파괴가 일어납니다. 별이 이 강의 삼분의 일과 여러 물샘에 떨어져 많은 사람이 죽게 됩니다. 이 별의 이름이 쑥이며 쑥은 쓴 고통을 나타냅니다. 떨어진 별은 적그리스도와 같으며 사단의 역사입니다.

 첫번째와 두번째 나팔을 볼 때에 땅이나 바다의 모든 생물이 삼분의 일이 죽는데 이번에는 사람이 죽는다고 표현되었습니다. 이 문맥은 앞에서 생물이란 사람을 의미하는 것입니다.

 "그러므로 만군의 여호와 이스라엘의 하나님 내가 말하노라 보라 내가 그들 곧 이 백성에게 쑥을 먹이며 독한 물을 마시우고 그들과 그들의 조상이 알지 못하던 열국 중에 그들을 헤치고 진멸되기까지 그 뒤로 칼을 보내리라 하셨느니라" (렘 9:15-16)

(8: 12) 네째 천사가 나팔을 부니 해 삼분의 일과 달 삼분의 일과 별들의 삼분의 일이 침을 받아 그 삼분의 일이 어두워지니 낮 삼분의 일은 비췸이 없고 밤도 그러하더라

 이번에는 해와 달과 별들의 삼분의 일이 침을 받아 어두워집니다. 땅과 바다와 강물과 하늘에 큰 파괴 현상이 일어나는 모습이 나타나 있습니다. 이 파괴는 사단의 역사요 그 당시 교회와 성도에게 주어진 박해입니다. 이 박해가 겉으로 보기는 대단한 것 같아도 삼분의 일에 해당하는 것이요 이는 일부요 제한적이며 부분적입니다.

 이러한 현상은 자연계가 앞으로 그렇게 되는 심판을 한다는 것이 아니라 자연계가 파괴되었을 때의 일어나는 환난을 비유로 해서 사단이 우리를 시험하고 유혹하여 범죄케 만들었을 때 우리의 영적으로 받는 고통을 의미합니다.

 하나님께서 이스라엘 백성들을 앗수르를 들어서 심판하실 것을 아래와 같이 표현하고 있습니다.

"여호와의 날 곧 잔혹히 분냄과 맹렬히 노하는 날이 임하여 땅을 황무케 하며 그 중에서 죄인을 멸하리니 하늘의 별들과 별 떨기가 그 빛을 내지 아니하며 해가 돋아도 어두우며 달이 그 빛을 비취지 아니할 것이로다"(사 13:9-10)

(8: 13) 내가 또 보고 들으니 공중에 날아가는 독수리가 큰소리로 이르되 땅에 거하는 자들에게 화, 화, 화가 있으리로다 이 외에도 세 천사의 불 나팔 소리를 인함이로다 하더라

독수리는 신성을 나타내는 새이며 하늘을 높이 힘있게 나르는 새로서 천사의 상징으로 나타나기도 합니다. 이 독수리가 화, 화, 화가 있으리라는 것은 다음 나팔을 불 때 더 가공할 만한 일들이 일어날 것을 예고하는 것입니다.

"나의 애굽 사람에게 어떻게 행하였음과 내가 어떻게 독수리 날개로 너희를 업어 내게로 인도하였음을 너희가 보았느니라" (출 19:4)

제9장 다섯째와 여섯째 나팔의 재앙

(9: 1) 다섯째 천사가 나팔을 불매 내가 보니 하늘에서 땅에 떨어진 별 하나가 있는데 저가 무저갱의 열쇠를 받았더라

하늘에서 떨어진 별은 적그리스도요 타락한 천사요 사단입니다. 이사야서에는 하나님의 백성을 괴롭히고 교만해진 바벨론을 떨어진 별로 표현하고 있습니다. 이 별은 교회를 박해하는 로마와 같은 것이며 적그리스도요 사단입니다.

"너 아침의 아들 계명성이여 어찌 그리 하늘에서 떨어졌으며 너 열국을 엎은 자여 어찌 그리 땅에 찍혔는고 네가 네 마음에 이르기를 내가 하늘에 올라 하나님의 뭇별 위에 나의 보좌를 높이리라 내가 북극 집회의 산 위에 좌정하리라" (사 14:12-13)

무저갱은 어둡고 무시무시하고 깊은 굴입니다. 이는 사단의 거처이며 특정한 장소가 아니라 의미적인 것입니다. 무저갱의 열쇠를 받았다는 것은 사단의 모든 권세를 관장하는 귀신의 왕과 같으며 사단의 대장입니다. 사단의 대장이란 사단의 세력이 강함을 의미하는 것이지 대장 사단이 따로 있다는 것은 아닙니다.

"예수께서 네 이름이 무엇이냐 물으신즉 가로되 군대라 하니 이는 많은 귀신이 들렸음이라 무저갱으로 들어가라 하지 마시기를 간구하더니" (눅 8:30-31)

"하나님이 범죄한 천사들을 용서치 아니하시고 지옥에 던져 어두운 구덩이에 두어 심판 때까지 지키게 하셨으며" (벧후 2:4)

(9: 2) 저가 무저갱을 여니 그 구멍에서 큰 풀무의 연기 같은 연기가 올라오매 해와 공기가 그 구멍의 연기로 인하여 어두워지며

(9: 3) 또 황충이 연기 가운데로부터 땅위에 나오매 저희가 땅에 있는 전갈의 권세와 같은 권세를 받았더라

떨어진 별 곧 사단이 무저갱을 여니 그 구멍에서 큰 풀무의 연기 같은 연기가 올라왔습니다. 연기는 심판의 모습입니다.

"이에 땅이 진동하고 산의 터도 요동하였으니 그의 진노를 인함이로다 그 코에서 연기가 오르고 입에서 불이 나와 사름이여 그 불에 숯이 피었도다"(시 18:7-8)

연기로 인하여 어두워지는 것은 사단의 역사로 진리가 가리워지고 왜곡되어지는 현상입니다. 이 연기 가운데서 황충이 올라오며 이 황충은 전갈과 같은 권세를 받았습니다. 전갈은 사막에 많이 사는 독있는 곤충입니다. 전갈이 쏘면 온 몸에 독이 퍼져서 큰 고통을 당하다가 죽게 됩니다.

"내 부친이 너희로 무거운 멍에를 메게 하였으나 이제 나는 너희의 멍에를 더욱 무겁게 할지라 내 부친은 채찍으로 너희를 징치 하였으나 나는 전갈로 하리라 하소서"(대하 10:11)

(9: 4) 저희에게 이르시되 땅의 풀이나 푸른 것이나 각종 수목은 해하지 말고 오직 이마에 하나님의 인 맞지 아니한 사람들만 해하라 하시더라

황충은 사단으로서 전갈과 같은 권세를 가지고 사람을 고통스럽게 하는 것입니다. 이 황충이 풀이나 각종 수목은 해하지 말고 이마에 인 맞지 아니한 사람들만 해하게 됩니다. 이 문맥에서 수목이나 풀은 사람의 대칭입니다. 이마에 인 맞지 아니한 자는 성령으로 거듭나지 못한 자들이요 불신자들이며 타락하고 범죄한 자들입니다. 7장에서 144,000명만 이마에 인을 치게 되며 이는 성령으로 거듭난 구원받은 성도입니다. 그러므로 사단의 고통은 성령으로 거듭나지 못하고 죄악을 행하는 심령에 임하는 것이며 성령이 충만한 사람은 사단이 감히 침범하지 못하는 것입니다.

(9: 5) 그러나 그들을 죽이지는 못하게 하시고 다섯 달 동안 괴롭게만 하게 하시는데 그 괴롭게 함은 전갈이 사람을 쏠 때에 괴롭게 함과 같더라

황충이 사람을 괴롭게 할지라도 황충이 사람을 죽일 수 없으며 그 괴롭게 하는 고통은 다섯 달 동안입니다. 다섯이란 수는 열의 절반이요 열은 작은, 짧은, 약한 의미를 가지고 있습니다. 그러므로 다섯은 짧다는 의미인 열의 절반이므로 더욱 짧다는 의미입니다. 이것은 사단이 주는 고통은 하나님께서 주시는 영원한 영광에 비교하면 일순간적인 것이라는 뜻입니다.
"생각건대 현재의 고난은 장차 우리에게 나타날 영광과 족히 비교할 수 없도다" (롬 8:18)

(9: 6) 그 날에는 사람들이 죽기를 구하여도 얻지 못하고 죽고 싶으나 죽음이 저희를 피하리로다

그 날이란 어느 특정한 날이 아니라 범죄하고 타락한 날이며 이는 황충이 쏘아서 고통스러운 날입니다. 이 날은 앞으로 올 날이 아니라 과거 현재 미래 어느 때에나 임하는 날이며 범죄하고 타락하여 심판을 받는 날입니다.

죽고 싶으나 죽지 못하는 것은 심한 고통을 의미합니다. 그런데 이 고통은 육체적인 고통이 아니라 영적인 고통입니다. 즉 범죄하고 타락한 영의 고통은 비록 육적으로는 건강하고 부요하다 할지라도 죽고 싶어도 죽을 수 없는 정도의 고통입니다.

(9: 7) 황충들의 모양은 전쟁을 위하여 예비한 말들 같고 그 머리에 금 같은 면류관 비슷한 것을 썼으며 그 얼굴은 사람의 얼굴 같고

황충의 모양은 사단의 특성을 나타내는 것으로서 전쟁을 위하여 예비한 말들 같다는 것은 빠르고 강한 공격력을 의미합니다.

금 같은 면류관 비슷한 것은 면류관은 승리와 영광의 상징인데 진짜 금 면류관이 아니라 비슷한 것이라고 하였습니다. 이는 사단의 역사는 승리 같으나 참 승리가 아니요 영광 같으나 참 영광이 아니라는 것입니다.

사람의 얼굴 같다는 것은 사단의 지혜를 표현한 것입니다. 진짜 얼굴이 아니라 비슷한 얼굴이며 이는 사단의 지혜는 참 지혜가 될 수 없는 것입니다.

"너희 중에 지혜와 총명이 있는 자가 누구뇨 그는 선행으로 말미암아 지혜의 온유함으로 그 행함을 보일찌니라 그러나 너희 마음속에 독한 시기와 다툼이 있으면 자랑하지 말라 진리를 거스려 거짓하지 말라 이러한 지혜는 위로부터 내려온 것이 아니요 세상적이요 정욕적이요 마귀적이니 시기와 다툼이 있는 곳에는 요란과 모든 악한 일이 있음이니라" (약 3:13-16)

(9: 8) 또 여자의 머리털 같은 머리털이 있고 그 이는 사자의 이 같으며

여자의 머리는 아름다움의 상징으로서 사단의 모습은 겉으로는 아름답게 보입니다. 하와가 사단의 유혹을 받아 선악과를 볼 때 먹음직스럽고 보암직스러우며 지혜스럽기도 하였습니다.

"내 사랑 너는 어여쁘고도 어여쁘다 너울속에 있는 네 눈이 비둘기 같고 네 머리털은 길르앗산 기슭에 누운 무리 염소 같구나" (아 4:1)

사자의 이는 물어뜯는 잔인함입니다. 이것은 곧 사단의 잔인함을 나타냅니다.

"한 이족이 내 땅에 올라왔음이로다 그들은 강하고 무수하며 그 이는 사자의 이 같고 그 어금니는 암사자의 어금니 같도다" (욜 1:6)

(9: 9) 또 철흉갑 같은 흉갑이 있고 그 날개들의 소리는 병거와 많은 말들이 전장으로 달려들어가는 소리 같으며

철흉갑은 파괴력을 나타내고 날개는 날아가는 민첩함이며 그 소리가 전쟁을 하기 위하여 전장으로 달려가는 병거와 많은 말들의 소리 같다고 하였습니다. 이것은 요란하고 강압적이며 위협적인 사단의 세력을 말합니다.

(9: 10) 또 전갈과 같은 꼬리와 쏘는 살이 있어 그 꼬리에는 다섯 달 동안 사람들을 해하는 권세가 있더라

전갈은 독충으로서 사람을 쏘면 고통을 당하고 죽게 됩니다. 사단은 이러한 고통을 주는 특성을 가지고 있습니다. 꼬리는 거짓 선지자입니다.

"이러므로 여호와께서 하루 사이에 이스라엘 중에서 머리와 꼬리며 종려 가지와 갈대를 끊으시리니 머리는 곧 장로와 존귀한 자요 꼬리는 곧 거짓말을 가르치는 선지자라" (사 9:14-15)

(9: 11) 저희에게 임금이 있으니 무저갱의 사자라 히브리 음으로 이름은 아바돈이요 헬라 음으로 이름은 아볼루온이더라

임금은 부하를 거느리는 대장으로서 사단의 세력이 많은 군대와 같다는 것입니다. 임금은 곧 무저갱의 사자이며 그 이름은 히브리 음으로 아바돈이며 헬라 음으로 아볼루온인데 이 말은 파괴자라는 것입니다. 사단의 속성은 바로 파괴하는 일을 합니다. 범죄케 하여 한 심령을 파괴하며 한 가정이나 한 교회나 한 국가나 전 인류를 파괴하는 일을 합니다.

(9: 12) 첫째 화는 지나갔으나 보라 아직도 이 후에 화 둘이 이르리로다

첫째 화는 앞에 나타난 황충의 활동이며 화 둘은 다음에 나타나는 사건들입니다.

(9: 13) 여섯째 천사가 나팔을 불매 내가 들으니 하나님 앞 금단 네 뿔에서 한 음성이 나서

(9: 14) 나팔 가진 여섯째 천사에게 말하기를 큰 강 유브라데에 결박한 네 천사를 놓아 주라 하매

(9: 15) 네 천사가 놓였으니 그들은 그 년, 월, 일, 시에 이르러 사람 삼분의 일을 죽이기로 예비한 자들이더라

유브라데를 중심으로 큰 전쟁과 같은 환난이 일어나는 사건이 전개됩니다. 혹은 이 사건을 세계 3차대전이라고 하는 분들도 있으나 서론에서 말한바와 같이 계시록에 3차대전이 예언되어 있지 않습니다.

유브라데는 지역 이름으로서 그 지역이 갖는 어떤 특성을 나타내는 것입니다. 즉 유브라데에서 큰 전쟁이 일어난다는 것은 유브라데와 같은 곳에는 큰 환난이 일어난다는 것입니다.

유브라데는 메소포다미아 지역으로서 물이 풍부하고 토지가 비옥하여 많은 수확이 있어서 물질적으로 풍성한 곳입니다. 물질이 풍부하면 자연히 문화가 발달되고 죄악이 만연되기 마련입니다. 특히 옛날의 문화는 우상 숭배와 이방 종교의 의식이 중심이 되었습니다.

죄악은 영적인 면에서 3차대전 보다 더 큰 환난입니다. 여기에 나타난 네 천사는 결박되었던 천사로서 사단이나 다름없습니다. 이 사단은 그 년, 월, 일, 시에 사람 삼분의 일을 죽이기로 예비한 자들이라고 하였습니다 그 년, 월, 일, 시는 우리로서는 알 수 없는 때이며 그 때란 하나님의 절대적인 주권 하에서 이루어지는 때입니다.

삼분의 일이란 여러번 언급한바와 같이 일부 또는 제한적이라는 것입니다. 사단의 역사는 유브라데와 같은 세속주의, 욕심, 교만, 정욕등 불의한 속성을 가지고 있을 때 그러한 곳에서 역사하며 이 사단의 역사는 삼분의 일을 죽이는 세력이며 이는 사단이 아무리 강하다고 하더라도 하나님의 구원 역사에 절대로 도전할 수 없습니다.

이 말씀의 본질은 로마로부터 박해를 받는 교회와 성도들에게 위로와 소망을 주시는 말씀으로서 사단과 같은 로마가 아무리 강하더라도 하나님께서 성도들을 지키시고 인도하시며 구원하신다는 말씀입니다.

(9: 16) 마병대의 수는 이만만이니 내가 그들의 수를 들었노라

마병대는 전쟁을 하려는 세력으로서 사단의 세력이며 이만만이라는 숫자는 혹 이억이라고 계산을 하는 사람도 있으나 이는 무한히 많다는 의미입니다. 즉 천천이요 만만이라는 수는 무한히 많다는 것이며 이만만은 만만을 두배하는 것이며 엄청나게 무수한 마병대의 수요 사단의 세력을 의미합니다.

여러분들은 이억이나 되는 많은 군대가 전쟁을 하는 것이며 이 정도의 전쟁이란 세계 3차대전에 해당한다고 하나 사단이 주는 고통을 의미합니다. 계시록의 숫자는 의미적인 숫자요 자연수가 아닙니다.

(9: 17) 이같이 이상한 가운데 그 말들과 그 탄 자들을 보니 불빛과 자주빛과 유황빛 흉갑이 있고 또 말들의 머리는 사자 머리 같고 그 입에서는 불과 연기와 유황이 나오더라

(9: 18) 이 세 재앙 곧 저희 입에서 나오는 불과 연기와 유황을 인하여 사람 삼분의 일이 죽임을 당하니라

이만만의 마병들에게 불빛과 자주빛과 유황빛 흉갑이 있다고 하였습니다. 흉갑은 적을 격파시키는 철주먹이며 흉갑의 빛갈은 불빛 자주빛이라고 하였는데 이는 전쟁으로 인하여 파괴되고 불타는 현상입니다. 말들의 머리는 사자 머리 같다는 것은 사단의 세력이 사자처럼 포악함을 나타냅니다. 이 파괴력은 아무리 강한 것 같아도 삼분의 일을 죽이는 세력에 불과합니다.

(9: 19) 이 말들의 힘은 그 입과 그 꼬리에 있으니 그 꼬리는 뱀 같고 또 꼬리에 머리가 있어 이것으로 해하더라

꼬리가 뱀 같다는 것은 사단의 상징인 뱀을 나타내는 것이며, 꼬리에 머리가 있어 이것으로 해하더라는 말씀은 위선과 가증함이 가득한 사단의 유혹과 시험입니다.

"이러므로 여호와께서 하루 사이에 이스라엘 중에서 머리와 꼬리며 종려가지와 갈대를 끊으시리니 머리는 곧 장로와 존귀한 자요 꼬리는 곧 거짓말을 가르치는 선지자라" (사 9:14-15)

(9: 20) 이 재앙에 죽지 않고 남은 사람들은 그 손으로 행하는 일을 회개치 아니하고 오히려 여러 귀신과 또는 보거나 듣거나 다니거나 하지 못하는 금, 은, 동과 목석의 우상에게 절하고

(9: 21) 또 그 살인과 복술과 음행과 도적질을 회개치 아니하더라

환난을 당하여도 회개치 아니하는 강퍅한 심령들을 나타내고 있습니다. 택함을 받는 백성은 고난을 당할 때 즉시 회개하고 하나님 앞에 돌아오게 되지만 사단의 지배를 받는 심령은 오히려 더 강퍅해지게 됩니다.

제10장 요한이 먹은 작은 책

(10: 1) 내가 또 보니 힘센 다른 천사가 구름을 입고 하늘에서 내려오는데 그 머리 위에 무지개가 있고 그 얼굴은 해 같고 그 발은 불기둥 같으며

예수님께서 재림하실 때 구름을 타고 오시며 무지개는 하나님의 모습이었으며 해 같은 얼굴은 1장16절에 나오는 인자(예수님)의 모습이요 불기둥과 같은 발은 풀무에 단련된 빛난 주석과 같은 인자의 발과 같습니다. 힘센 천사란 능력 있는 천사요 하늘에서 내려오는 것은 위로부터 오는 성령의 모습입니다.

(10: 2) 그 손에 펴 놓인 작은 책을 들고 그 오른발은 바다를 밟고 왼발은 땅을 밟고

손에 펴 놓인 책은 어린 양이 하나님께로부터 받은 책과 같은 양상이며 오른발과 왼발을 각각 땅과 바다를 밟고 있는 모습은 온 땅에 하나님의 역사가 임하여 모든 것을 주관하시는 모습입니다.

(10: 3) 사자의 부르짖는 것같이 큰 소리로 외치니 외칠 때에 일곱 우뢰가 그 소리를 발하더라

사자의 부르짖는 것 같은 큰 소리와 일곱 우뢰소리는 장엄하고 위엄한 권위를 나타내 줍니다. 즉 힘센 천사는 하나님의 능력이요 성령의 역사요 복음적인 역사이며 그 권위는 마치 사자가 부르짖는 것과 같고 일곱 우뢰와 같다는 것입니다. 일곱은 완전함이요 우뢰는 가장 큰 소리입니다.

(10: 4) 일곱 우뢰가 발할 때에 내가 기록하려고 하다가 곧 들으니 하늘에서 소리 나서 말하기를 일곱 우뢰가 발한 것을 인봉하고 기록하지 말라 하더라

일곱 우뢰가 발하는 것을 기록하려고 할 때 기록하지 말라고 하였는데 이는 비밀이며 하나님의 능력 있는 복음이요, 기록할 것이 아니라 먹어야 할 것이며 먹어야 한다는 것 내 몸에 들어와 하나 되는 것이요 말씀의 생활화와 같은 것입니다.

**(10: 5) 내가 본 바 바다와 땅을 밟고 섰는 천사가 하늘을 향하여 오른손을 들고
(10: 6) 세세토록 살아 계신 자 곧 하늘과 그 가운데 있는 물건이며 땅과 그 가운데 있는 물건이며 바다와 그 가운데 있는 물건을 창조하신 이를 가리켜 맹세하여 가로되 지체하지 아니하리니**

힘센 천사가 오른손을 들고 하나님께 맹세를 하되 지체치 아니하리라고 합니다. 이는 오른손은 서약이나 맹세를 할 때 들게 되며 지체치 않겠다는 것은 반드시 속히 이루리라는 것이며 하나님의 뜻은 지체치 아니하고 반드시 속히 이루어진다는 말씀입니다.

(10: 7) 일곱째 천사가 소리 내는 날 그 나팔을 불게 될 때에 하나님의 비밀이 그 종 선지자들에게 전하신 복음과 같이 이루리라

일곱째 나팔을 불 때 하나님의 비밀이 복음과 같이 이루어진다고 하였습니다. 즉 하나님의 비밀은 곧 성경말씀에 나타난 대로며 이는 곧 예수 그리스도의 십자가로 하나님의 자녀들을 구원하신다는 것입니다.

성경의 모든 말씀을 요약하면 예수 그리스도를 믿음으로 구원을 얻는다는 말씀입니다.

"하나님이 세상을 이처럼 사랑하사 독생자를 주셨으니 이는 저를 믿는 자마다 멸망치 않고 영생을 얻게 하려 하심이니라" (요 3:16)

일곱째 나팔불 때란 그 부는 때가 어떤 특정한 때 즉 몇 년 몇 월 며칠 몇 시라는 것이 아니라 최종적 결과는 예수 그리스도를 통해서 우리를 구원하신다는 것입니다.

(10: 8) 하늘에서 나서 내게 들리던 음성이 또 내게 말하여 가로되 네가 가서

바다와 땅을 밟고 섰는 천사의 손에 펴 놓인 책을 가지라 하기로

(10: 9) 내가 천사에게 나아가 작은 책을 달라 한즉 천사가 가로되 갖다 먹어버리라 네 배에는 쓰나 네 입에는 꿀같이 달리라 하거늘

천사의 손에 있는 책을 갖다 먹으라는 음성이 들리며 그 책을 먹을 때에 입에는 꿀 같이 달고 배에서는 쓰다고 하였습니다. 책은 하나님의 말씀이며 하나님의 말씀을 들을 때는 은혜롭고 기쁜 말씀이지만 그 말씀이 배에서 소화될 때는 쓴 것처럼 말씀이 생활에서 실천되는 데는 희생과 고난이 따르게 됩니다.

(10: 10) 내가 천사의 손에서 작은 책을 갖다 먹어버리니 내 입에는 꿀같이 다나 먹은 후에 내 배에서는 쓰게 되더라

(10: 11) 저가 내게 말하기를 네가 많은 백성과 나라와 방언과 임금에게 다시 예언하여야 하리라 하더라

책을 먹었으면 즉 하나님의 말씀을 받았으면 온 세상에 나가서 복음을 전파하여야 하는 사명이 우리에게 있습니다.

제11장 두 증인의 활동

 (11: 1) 또 내게 지팡이 같은 갈대를 주며 말하기를 일어나서 하나님의 성전과 제단과 그 안에서 경배하는 자들을 척량하되
 (11: 2) 성전 밖 마당은 척량하지 말고 그냥 두라 이것을 이방인에게 주었은즉 저희가 거룩한 성을 마흔 두 달 동안 짓밟으리라

 지팡이와 같은 갈대는 잣대 척도의 기준입니다. 옛날에는 갈대를 가지고 잣대를 만들었으며 지팡이는 심판을 행하는 도구입니다. 모세가 애굽에 재앙을 일으킬 때 지팡이를 가지고 행합니다. 모세의 지팡이는 십자가의 모형입니다. 지팡이는 나무를 꺾어서 다듬어 만든 것으로서 말라 비틀어진 아무 능력이 없는 막대기에 불과합니다. 그러나 그 막대기로 천하에서 가장 강했던 바로의 세력을 대항하여 승리한 것과 같습니다. 이는 보잘것 없고 수치스런 십자가가 사망과 사단의 세력을 깨뜨리고 부활하여 승리하였습니다. " 십자가의 도가 멸망하는 자들에게는 미련한 것이요 구원을 얻는 우리에게는 하나님의 능력이라" (고전 1:18)고 하였습니다. 이는 곧 구원의 기준이 십자가 신앙이라는 의미입니다. 이 잣대를 가지고 하나님의 성전과 제단과 그 안에 경배하는 자들을 척량하라고 합니다. 성전은 주님의 몸이며 그 안에 경배하는 자들은 곧 성령으로 거듭나서 주님 안에 있는 성도들입니다.

 그러나 성전 밖 마당은 척량하지 말고 그냥 두라고 하였습니다. 그곳은 이방인에게 주었고 곧 이 거룩한 성을 마흔 두달 동안 짓밟으리라고 하였습니다 성전에는 왔어도 그 안에 들어가서 경배하는 자가 되지 못하는 것은 곧 이방인이요 불신자요 사단에게 내어 준 바와 같습니다.

 마흔 두 달은 천 이 백 육십 일, 삼 년 반, 한때 두때 반때, 사흘반과 같은 숫자로서 같은 의미를 가지고 있으며 이 수는 완전 수 7의절반으로서 완전에 미치니 못한, 불완전한, 약한, 일부, 일시적인, 반반의 또는 복합적인 의미를 가지고 있습니다.

(11: 3) 내가 나의 두 증인에게 권세를 주리니 저희가 굵은 베옷을 입고 일천 이백 육십 일을 예언하리라
(11: 4) 이는 이 땅의 주 앞에 섰는 두 감람 나무와 두 촛대니

두 증인은 두 감람나무 또는 두 촛대라고 하였습니다. 감람나무는 예수님을 의미하며 두 감람나무란 구약의 오실 예수님과 신약의 오신 예수님의 복음의 역사를 나타내며 이는 두 촛대로서 교회를 말하고 구약적 교회와 신약적 교회를 말합니다. 두 증인에게 권세를 주는데 그 권세는 굵은 베옷을 입고 일천 이백 육십 일을 예언하는 권세입니다. 굵은 베옷은 회개를 의미하며 회개는 성결을 나타내고, 권세란 능력의 표현으로서 성결할 때 성령 충만하여 성령 충만할 때 능력이 충만한 것입니다. 능력이 충만해야 복음을 증거 하는 예언을 하게 됩니다.

"오직 성령이 너희에게 임하시면 너희가 권능을 받고 예루살렘과 온 유대와 사마리아 땅 끝까지 이르러 내 증인이 되리라 하시니라" (행 1:8)

베옷에 대하여 논하고자 합니다. 베옷은 삼(대마)을 잘라서 뜨거운 불에 삶고 껍질을 벗긴 것으로 잘게 쪼개서 만든 천입니다. 이 천이 만들어진 과정은 희생으로 이루어집니다. 특별히 성결을 나타낼 때는 껍질을 벗긴다는 의미를 가지고 있습니다. 할례도 양피를 벗기는 예식으로서 하나님 앞에서 죄의 껍질을 벗긴다는 것과 같은 의식이며 죄를 속하는 제사도 모두가 짐승의 가죽을 벗기는 과정을 통해서 속죄제를 지내게 됩니다. 이것은 죽어지는 희생의 상징이며 죽어지므로 죄가 없어지고 성결해 집니다. 베옷은 곧 껍질을 벗기고 쪼개는 과정을 거쳐서 천이 만들어집니다.

예수님이 십자가에 죽으심으로 우리의 죄가 속해지고 의롭게 되어 구원을 얻게 됩니다. 구약에 보면 제사장의 옷이 세마포 옷이며 이는 그 직분이 거룩하고 성결함을 나타내 줍니다. 또한 회개할 때 베옷을 입고 재 가운데 앉아서 기도하는 것을 볼 수 있습니다. 베옷은 죽은 사람의 수의로 사용하며 상복으로 사용하게 되는데 이는 "나는 죄인입니다"는 의미를 가지고 있으며 겸손의 표시요 회개의 표시이며 회개하면 자연히 성결하게 되니까 이는 곧 성결의 의미를 가지고 있습니다.

두 증인이 일천 이백 육십 일을 예언한다는 것은 어느 특정한 기간을 의미하는 것이 아니라 앞서 이방인이 성전 마당을 마흔 두 달 동안 짓밟는 것에 비하여 대응적으로 두 증인이 예언 활동을 하게 됩니다. 이는 사단이 역사하는 반면에 성령의 역사도 그치지 않고 지속되는 것을 보여줍니다.

(11: 5) 만일 누구든지 저희를 해하고자 한즉 저희 입에서 불이 나서 그 원수를 소멸할찌니 누구든지 해하려 하면 반드시 이와 같이 죽임을 당하리라

두 증인의 활동은 복음의 역사요 성령의 역사로서 교회를 박해하고 없애려는 사단의 역사가 있을 때에는 언제나 성령의 능력이 이를 물리치고 승리하여 교회는 언제나 건재하다는 것을 말합니다. 로마의 박해를 받는 초대 교회가 마치 두 증인이 사단의 공격을 당하는 것과 같으나 하나님의 교회는 반드시 승리하게 된다는 것을 증거하는 위로와 소망의 말씀입니다.

(11: 6) 저희가 권세를 가지고 하늘을 닫아 그 예언을 하는 날 동안 비오지 못하게 하고 또 권세를 가지고 물을 변하여 피 되게 하고 아무 때든지 원하는 대로 여러 가지 재앙으로 땅을 치리로다

하늘을 닫아 비를 오지 않게 하거나 오게 하거나, 물을 변하여 피가 되게 하는 일들은 인위적으로는 할 수 없는 일이며 이러한 일은 특별한 능력으로만 가능하고 오직 하나님의 능력으로만 가능한 것이며 이러한 현상은 능력이 무한하심을 나타내는 것입니다.

"엘리야는 우리와 성정이 같은 사람이로되 저가 비오지 않기를 간절히 기도한즉 삼년 육개월 동안 땅에 비가 아니 오고 다시 기도한즉 하늘이 비를 주고 땅이 열매를 내었느니라" (약 5:17-18)

"모세와 아론이 여호와의 명하신대로 행하여 바로와 그 신하의 목전에서 지팡이를 들어 하수를 치니 그 물이 다 피로 변하고 하수의 고기가 죽고 그 물에서는 악취가 나니 애굽 사람들이 하수물을 마시지 못하며 애굽 온 땅에는 피가 있으나" (출 7:20-21)

(11: 7) 저희가 그 증거를 마칠 때에 무저갱으로부터 올라오는 짐승이 저희로 더불어 전쟁을 일으켜 저희를 이기고 저희를 죽일 터인즉

두 증인 곧 복음적 성령의 역사에 대응하여 무저갱으로부터 짐승이 올라와서 이기고 죽인다고 하였습니다. 무저갱으로부터 올라오는 짐승은 사단의 세력이며 이 사단의 세력이 성령의 세력을 이기는 것 같은 역사가 일어납니다.

(11: 8) 저희 시체가 큰 성 길에 있으리니 그 성은 영적으로 하면 소돔 이라고도 하고 애굽이라고도 하니 곧 저희 주께서 십자가에 못 박히신 곳이니라

두 증인의 죽은 시체가 소돔과 애굽이라는 곳에 있다는 것은 소돔이나 애굽의 실제적인 지역이 아니라 그 지역이 가지고 있는 의미를 나타내는 것으로서 소돔과 애굽은 죄악과 우상 숭배의 대명사입니다. 즉 죄악은 사단의 역사요 죄가 많은 곳에서 예수 그리스도의 십자가 사건이 일어나게 됩니다.

(11: 9) 백성들과 족속과 방언과 나라 중에서 사람들이 그 시체를 사흘반 동안을 목도하며 무덤에 장사하지 못하게 하리로다
(11: 10) 이 두 선지자가 땅에 거하는 자들을 괴롭게 한 고로 땅에 거하는 자들이 저희의 죽음을 즐거워하고 기뻐하여 서로 예물을 보내리라 하더라

백성들과 족속과 방언과 나라 중에서란 온 세상에서라는 것이요 시체를 무덤에 장사하지 못하게 하는 것은 심한 보복적인 행위로서 죽은 후에라도 시체에게 보복하는 것의 행위입니다. 마치 국가의 역적은 과격한 백성들이 그 무덤을 찾아서 시체를 꺼내어 찢어 발기는 것과 같습니다. 사흘반은 7의 반수로서 완전치 못한 불완전한 잠시 잠깐의 의미를 가지고 있으며 이 사단의 세력이 아무리 과격하다고 할지라도 일시적인 것이요 미약한 것에 불과하다는 의미입니다.

사단에 속한 자들은 두 증인의 죽임을 즐거워하여 서로 예물을 보내며 기뻐하는 모습을 보여줍니다.

(11: 11) 삼일 반 후에 하나님께로부터 생기가 저희 속에 들어가매 저희 발로 일어서니 구경하는 자들이 크게 두려워하더라

삼일 반 후에 두 증인에게 하나님의 생기가 들어가니 살아나게 되며 모든 사람들이 놀라게 됩니다. 이는 마치 예수님께서 죽은지 사흘만에 살아나심과 같이 성령의 역사는 일시적으로 약하고 패하는 것 같으나 반드시 오래가지 않고 승리하게 되며 놀라운 역사를 이루게 된다는 것입니다.

(11: 12) 하늘로부터 큰 음성이 있어 이리로 올라오라 함을 저희가 듣고 구름을 타고 하늘로 올라가니 저희 원수들도 구경하더라

하늘로부터 큰 음성이 들리는 것은 하나님의 능력과 권위의 상징이요 구름을 타고 올라가는 것은 영광의 승리입니다. 저희 원수들도 구경을 한다는 것은 승리가 분명하며 예수님께서 구름 타고 오실 때 그를 찌른 자들도 보리라는 말씀과 같은 의미를 지니고 있습니다.

(11: 13) 그 시에 큰 지진이 나서 성 십분의 일이 무너지고 지진에 죽은 사람이 칠천이라 그 남은 자들이 두려워하여 영광을 하늘의 하나님께 돌리더라

구름을 타고 하늘로 올라가는 때 즉 승리하는 때 성 십분의 일이 무너지며 칠천명이 죽는다는 기록입니다. 지금까지 사단의 역사로 파괴되거나 죽은 자의 수를 삼분의 일로 나타났지만 여기 성령의 승리로 원수가 파괴되는 수는 십분의 일 이하로 되어 있습니다. 수학적으로 보면 삼분의 일이 십분의 일보다 훨씬 많은 수입니다. 그러나 계시록의 수는 자연수가 아니라 의미 수입니다. 삼분의 일 이란 일부라는 것이지만 십분의 일이란 비록 작은 것이지만 전체라는 의미를 지닌 수입니다. 그러므로 십일조를 드리는 것은 비록 적은 것을 드리지만 나의 전폭을 드립니다는 감사의 수요 전체의 상징입니다. 또한 죽은 자가 칠천 이라는 것은 칠은 완전 수요 천은 무한한 상징적인 수로서 완전하고 무한하다는 것입니다. 즉 성령의 역사는 사단의 세력에 비교가 될 수 없으며 고난은 잠시 잠깐 당하게 되지만 승리는 영원한 것입니다. 이러한 현상을 본 자들이 하나님께 영광을 돌리지 않을 수 없는 것입니다.

(11: 14) 둘째 화는 지나갔으나 보라 세째 화가 속히 이르는 도다

둘째 화는 지금까지 설명한 화로서 두 증인이 무저갱으로부터 올라온 사단에 의하여 죽었다가 사흘반 만에 구름을 타고 하늘로 올라가는 것이며 이는 개인이나 단체나 국가나 전 인류에게 공통적으로 이루어지는 영적인 사건이지 이것이 꼭 어떤 대 전쟁을 말하는 것이 아닙니다. 핵전쟁 같은 3차대전이 일어나야만 화가 아니라 범죄케하는 사단의 역사가 곧 화입니다.

다음 세째 화가 남았는데 화가 세번 반복됩니다. 세번 반복된다는 것은 대단히 중요하고 강하며 거창한 의미입니다.

(11: 15) 일곱째 천사가 나팔을 불매 하늘에 큰 음성들이 나서 가로되 세상 나라가 우리 주와 그 그리스도의 나라가 되어 그가 세세토록 왕노릇 하시리로다 하니

마지막 나팔을 불때 마지막 대 사건이 일어나게 되는데 이는 예수 그리스도의 구원의 역사가 절정에 이르는 것을 나타냅니다. 부활하신 주님이 만왕의 왕이 되셔서 영원히 우리를 다스리시는 사건입니다. 이 사건은 주님께서 재림하시는 때 궁극적으로 성취되는 사건이지만 어제나 오늘이나 언제든지 믿음으로 사는 자에게 주어지는 축복입니다.

(11: 16) 하나님 앞에 자기 보좌에 앉은 이십 사 장로들이 엎드려 얼굴을 대고 하나님께 경배하여
(11: 17) 가로되 감사하옵나니 옛적에도 계셨고 시방도 계신 주 하나님 곧 전

능하신 이여 친히 큰 권능을 잡으시고 왕노릇하시도다

주님께서 우리를 구원하시는 승리를 모두가 찬양하고 경배하는 모습입니다.

(11: 18) 이방들이 분노하매 주의 진노가 임하여 죽은 자를 심판하시며 종 선지자들과 성도들과 또 무론 대소하고 주의 이름을 경외하는 자들에게 상 주시며 또 땅을 망하게 하는 자들을 멸망시키실 때로소이다 하더라

주님의 승리가 이루어질 때 원수들은 분노하고 이들은 심판을 받게 됩니다. 선지자들과 성도들 즉 주님의 이름을 경외하는 모든 사람들을 상 주시고 구원하시며 원수들은 심판을 하시는 때입니다.

(11: 19) 이에 하늘에 있는 하나님의 성전이 열리니 성전 안에 하나님의 언약궤가 보이며 또 번개와 음성들과 뇌성과 지진과 큰 우박이 있더라

하나님의 심판과 구원이 이루어지려고 할 때 하늘의 성전이 보이고 성전 안에 언약궤가 보이며 그곳으로부터 번개와 음성과 뇌성과 지진과 우박이 보입니다. 성전은 주님의 몸이요 하나님께서 임재해 계시는 곳이며 그곳으로부터 능력이 나타난다는 것입니다. 즉 구원과 심판의 권세가 오직 하나님과 예수님께 있다는 말씀입니다.

"정금으로 속죄소를 만들되 장이 이 규빗 반, 광이 일 규빗 반이 되게 하고 금으로 그룹 둘을 속죄소 두 끝에 쳐서 만들되 한 그룹은 이 끝에, 한 그룹은 저 끝에 곧 속죄소 두 끝에 속죄소와 한 덩이로 연하게 할찌며 그룹들은 그 날개를 높이 펴서 그 날개로 속죄소 덮으며 그 얼굴을 서로 대하여 속죄소를 향하게 하고 속죄소를 궤 위에 얹고 내가 네게 줄 증거판을 궤 속에 넣으라 거기서 내가 너와 만나고 속죄소 위 곧 증거궤 위에 있는 두 그룹 사이에서 내가 이스라엘 자손을 위하여 네게 명할 모든 일을 네게 이르리라" (출 25:17-22)

제12장 여자와 용의 대결

(12: 1) 하늘에 큰 이적이 보이니 해를 입은 한 여자가 있는데 그 발 아래는 달이 있고 그 머리에는 열두 별의 면류관을 썼더라

하늘에 한 여자가 보이는데 해와 달과 별의 영광을 가지고 나타납니다. 해와 달과 별은 밝은 빛을 발하는 것으로서 영광스러운 모습이요 신령한 것이며 성령의 역사를 나타냅니다.

(12: 2) 이 여자가 아이를 배어 해산하게 되매 아파서 애써 부르짖더라

이 여자가 누구냐는 해석이 분분합니다. 그러나 본 장에서 다 그 해석이 나오고 있습니다. 17절에는 여자의 남은 자손 곧 하나님의 계명을 지키며 예수의 증거를 가진 자로 나타냅니다. 여자는 교회요 성령의 역사입니다.

교회는 예수 그리스도의 신부로서 여자로 표현됩니다. 아이를 배어 해산하게 되매 고통스러워 부르짖게 되는데 이는 성도가 성령으로 거듭나는 것은 마치 새로 태어나는 것이요 해산의 수고를 거치는 것과 같아서 육이 죽고 영이 사는 것이며 어린 아이와 같이 변화되는 것입니다.

(12: 3) 하늘에 또 다른 이적이 보이니 보라 한 큰 붉은 용이 있어 머리가 일곱이요 뿔이 열이라 그 여러 머리에 일곱 면류관이 있는데

해를 입은 여자에 대응하여 하늘에 붉은 용이 나타나게 되는데 이는 말할 것도 없이 사단의 역사입니다. 이 사단의 모습은 사단의 속성을 나타냅니다. 붉은 용은 머리가 일곱이며 뿔이 열입니다. 머리는 지혜의 상징으로서 완전한 지혜를 말하고 사단에게 있어서 완전한 지혜란 교묘한 지혜요 우리를 타락케 만드는 지혜입니다.

예수님께서도 제자들을 전도하러 보내실 때 뱀같이 지혜로우라고 하셨습니다. 용은 뱀과 같은 사단을 용으로 묘사한 것은 바로 그 교묘한 것을 특성으로 나타냅니다. 그리고 뿔이 열개가 있는데 뿔은 구원의 능력을 나타내는 것이며 열이란 매우 약한, 적은, 작은, 짧은 등의 의미를 가지는 수입니다. 그러므로 사단은 그 능력이 강한것 같으나 실은 승리할 수 없는 세력입니다. 여러 머리에는 일곱 면류관이 있습니다. 사단의 모습은 승리한 자의 모습으로 보입니다. 그러나 그 승리는 일시적이며 영원한 패배가 되고 맙니다.

(12: 4) 그 꼬리가 하늘 별 삼분의 일을 끌어다가 땅에 던지더라 용이 해산 하려는 여자 앞에서 그가 해산하면 그 아이를 삼키고자 하더니

이 용은 꼬리로 별 삼분의 일을 끌어다가 땅에 던집니다. 꼬리를 이용하여 활동하는 것은 적그리스도와 거짓선지자의 활동을 나타냅니다. 별은 하나님의 종들이며 삼분의 일은 일부입니다. 그러니까 사단의 역사는 하나님의 종들을 타락케 하며 파멸시키나 그 세력은 일부에 불과한 약한 세력입니다.

삼분의 일에 해당하는 종들을 타락시킨다는 것이 아니고 어느 한 사람으로 말하면 그를 타락하게 하나 멸망케 하지 못하고 결국은 회개하고 다시 일어나게 하는 것을 나타냅니다. 마치 다윗이 잠시 간음죄와 살인죄를 짓게 되지만 결과는 하나님 앞에서 회개하고 더욱 새로워져 "이새의 아들 다윗을 만나니 내 마음에 합한 자"라고 인정받는 새 사람이 되어지는 것과 같습니다.

용이 여자가 낳은 아이를 삼키려고 하는 것은 사단은 성도를 시험하고 유혹하여 타락하고 멸망케 하려는 것과 같은 것입니다.

(12: 5) 여자가 아들을 낳으니 이는 장차 철장으로 만국을 다스릴 남자라 그 아이를 하나님 앞과 그 보좌 앞으로 올려 가더라

여자가 낳은 아들은 성령으로 거듭난 성도입니다. 성도는 주님과 함께 세상을 심판할 권세를 가지게 됩니다. 그러므로 성령으로 거듭난 성도는 하나님 앞과 보좌 앞으로 인도되어 보호와 양육을 받게 되며 이는 성도를 하나님께서 붙들고 계시며 지키시는 것을 말합니다.

"두려워 말라 내가 너와 함께 함이니라 놀라지 말라 나는 네 하나님이 됨이니라 내가 너를 굳세게 하리라 참으로 너를 도와 주리라 참으로 나의 의로운 오른손으로 너를 붙들리라 보라 네게 노하던 자들이 수치와 욕을 당할 것이요 너와 다투는 자들이 아무것도 아닌 것 같이 될 것이며 멸망할 것이라 네가 찾아도 너와 싸우던 자들을 만나지 못할 것이요 너를 치는 자들은 아무것도 아닌 것 같이, 허무한 것 같이 되리니 이는 나 여호와 너의 하나님이 네 오른손을 붙들고 네게 이르기를 두려워 말라 내가 너를 도우리라 할 것임이니라" (사 41:10-13)

(12: 6) 그 여자가 광야로 도망하매 거기서 일천 이백 육십 일 동안 저를 양육하기 위하여 하나님의 예비하신 곳이 있더라

광야에 일천 이백 육십 일을 양육하기 위하여 하나님의 예비하신 곳이 있으며 이곳으로 여자가 도망하게 됩니다. 앞서 5절에서는 아이를 하나님과 보좌 앞으로 올려 갔으며 여자는 광야로 갔다는 것은 다른 곳으로 갔다는 것이 아닙니다. 이는 하나님 앞과 보좌 앞이라는 부분과 광야에 하나님의 예비하신 곳이라는 부분이 같은 곳을 의미합니다.

여자가 광야로 가서 양육을 받는 것은 광야와 같은 환난속에 하나님의 보호와 인도하심이 함께 하고 있다는 것이며 십자가의 고난 속에서도 하나님께서 함께 하시고 그를 부활하게 하시는 능력이 함께 하심을 나타냅니다.

(12: 7) 하늘에 전쟁이 있으니 미가엘과 그의 사자들이 용으로 더불어 싸울쌔 용과 그의 사자들도 싸우나

(12: 8) 이기지 못하여 다시 하늘에서 저희의 있을 곳을 얻지 못한지라

미가엘은 천사장이며 성령의 역사입니다. 미가엘과 더불어 싸우는 용들은 사단의 역사입니다. 하늘에서 전쟁이 있다는 것은 영적인 전쟁이며 이 전쟁에서 사단이 이기지 못하고 쫓겨나게 됩니다.

(12: 9) 큰 용이 내어쫓기니 옛 뱀 곧 마귀라고도 하고 사단이라고도 하는 온 천하를 꾀는 자라 땅으로 내어쫓기니 그의 사자들도 저와 함께 내어쫓기니라

이 용은 에덴 동산에서 하와를 유혹하여 범죄케한 뱀이요 오늘도 우리들을 유혹하고 범죄케 만드는 마귀이며 사단입니다. 그의 사자들이란 그의 세력이 강함을 나타내고 있습니다.

(12: 10) 내가 또 들으니 하늘에 큰 음성이 있어 가로되 이제 우리 하나님의 구원과 능력과 나라와 또 그의 그리스도의 권세가 이루었으니 우리 형제들을 참소하던 자 곧 우리 하나님 앞에서 밤낮 참소하던 자가 쫓겨났고

하늘에서 들리는 큰 음성은 승리의 선포와 같습니다. 사단은 쫓겨났고 구원이 이루어지는 모습입니다. 우리 형제들을 참소하던 자란 욥기서에 나타난 바와 같이 사단은 우리를 참소하는 역할을 합니다.

(12: 11) 또 여러 형제가 어린 양의 피와 자기의 증거하는 말을 인하여 저를 이기었으니 그들은 죽기까지 자기 생명을 아끼지 아니하였도다

미가엘 천사와 용의 싸움에서 미가엘이 승리하였습니다. 이 승리를 여러 형제가 승리한 것으로 표현하였습니다. 이 형제들은 어린 양의 피와 자기의 증거 하는 말을 인하여 승리하였다고 하였습니다. 그러므로 미가엘과 그의 사자들이란 곧 성도요 성도에게 역사하는 성령의 역사입니다. 어린 양의 피로 이겼다는 것은 예수 그리스도의 십자가의 공로이며 자기의 증거란 복음을 증거하는 것이요 하나님의 말씀으로 사는 생활입니다.

(12: 12) 그러므로 하늘과 그 가운데 거하는 자들은 즐거워하라 그러나 땅과 바다는 화 있을찐저 이는 마귀가 자기의 때가 얼마 못된 줄을 알므로 크게 분내어 너희에게 내려갔음이라 하더라

하늘과 그 가운데 거하는 자는 즐거워하라는 말씀은 신령한 영적 생활을 하는 자들은 즐거워하라는 것입니다. 그러나 땅과 바다는 화가 있다고 하였는데 땅과 바다는 세상이요 육적인 삶을 의미합니다. 마귀가 크게 분내어 내려갔다는 것은 사단의 역사가 육적이고 죄악적인 삶에 더욱 역사한다는 것입니다.

"육체의 일은 현저하니 곧 음행과 더러운 것과 호색과 우상숭배와 술수와 원수를 맺는 것과 분쟁과 시기와 분냄과 당짓는 것과 분리함과 이단과 투기와 술취함과 방탕함과 또 그와 같은 것들이라 전에 너에게 경계한 것 같이 경계하노니 이런 일을 하는 자들은 하나님의 나라를 유업으로 받지 못할 것이요" (갈 5:19-21)

(12: 13) 용이 자기가 땅으로 내어쫓긴 것을 보고 남자를 낳은 여자를 핍박하는지라
(12: 14) 그 여자가 큰 독수리의 두 날개를 받아 광야 자기 곳으로 날아가 거기서 그 뱀의 낯을 피하여 한 때와 두 때와 반 때를 양육 받으매

용은 여자를 핍박하게 됩니다. 즉 사단은 교회를 박해하게 됩니다. 그러나 여자가 큰 독수리의 날개로 광야에 옮기게 됩니다. 이는 하나님의 신적인 권위의 능력으로 교회를 보호하고 지키시는 것이요 광야라 함은 십자가의 믿음으로 무장할 때 모든 사단의 권력으로부터 보호를 받는 것입니다.

십자가의 믿음이란 온유하고 겸손하여 희생과 헌신적인 삶을 살펴 형제를 사랑하고 용서하고 관용을 베풀고 봉사하는 생활입니다.

한때 두때 반 때는 세 때 반으로서 7의 반수입니다. 많은 분들이 전 삼년 반 후 삼년 반을 말하며 그 시기를 어느 특정한 년대에 맞추기도 하는데 이상으로 보면 사단의 역사가 7의 반을 차지하고 성령의 역사가 7의 반을 차지하는 내용으로 나옵니다. 이는 7은 완전의 수로서 전체의 기간이요 이는 창조로부터 예수님 재림시까지 이며 7의 반수는 절반의 기간이라는 것이 아니라 7의 반반으로서 같은 기간내 사단이 역사하는 반면에 성령의 역사가 함께 일어난다는 것입니다.

(12: 15) 여자의 뒤에서 뱀이 그 입으로 물을 강같이 토하여 여자를 물에 떠내려가게 하려 하되

뱀의 입에서 물이 강 같이 나와서 여자를 떠내려가게 하려는 것은 사단이 교회를 박해하는데 있어서 온갖 이적과 기적을 동원하는 모양입니다.

"거짓 그리스도들과 거짓 선지자들이 일어나 큰 표적과 기사를 보이어 할수만 있으면 택하신 자들도 미혹하게 하리라" (마 24:24)

"저런 사람들은 거짓 사도요 궤휼의 역군이니 자기를 그리스도의 사도로 가장하는 자들이니라 이것이 이상한 일이 아니라 사단도 자기를 광명의 천사로 가장하나니 그러므로 사단의 일군들도 자기를 의의 일군으로 가장하는 것이 또한 큰 일이 아니라 저희의 결국은 그 행위대로 되리라" (고후 11:13-15)

(12: 16) 땅이 여자를 도와 그 입을 벌려 용의 입에서 토한 강물을 삼키니

(12: 17) 용이 여자에게 분노하여 돌아가서 그 여자의 남은 자손 곧 하나님의 계명을 지키며 예수의 증거를 가진 자들로 더불어 싸우려고 바다 모래 위에 섰더라

사단의 역사는 강한 것 같으나 일시적이며 약한 것입니다. 결국 성령의 역사를 이기지 못합니다. 이 사단은 계속해서 여자의 남은 자손 곧 성도들을 공격하려고 합니다.

제13장 두 짐승의 활동

(13: 1) 내가 보니 바다에서 한 짐승이 나오는데 뿔이 열이요 머리가 일곱이라 그 뿔에는 열 면류관이 있고 그 머리들에는 참람한 이름들이 있더라

사단의 역사는 계속됩니다. 이번에는 더 강한 모습의 사단이 나타납니다. 바다에서 한 짐승이 올라옵니다. 지난번에는 무저갱에서 올라왔는데 이번에는 바다에서 올라오는데 바다는 무저갱에 비해서 훨씬 더 큰 모습입니다.

사단의 모습은 사단의 속성을 나타냅니다. 열은 약하다는 의미의 수요 일곱은 완전하다는 의미의 수입니다. 뿔이 열이요 머리가 일곱이며 그 뿔에는 열 면류관이 있고 머리들에는 참람한 이름들이 있다고 하였습니다. 열 뿔은 사단의 세력은 약하다는 것이며 일곱 머리는 사단의 지혜는 교묘하고 사단은 승리하는 것 같으나 결국은 패하고 만다는 것입니다. 참람한 이름들은 거짓 선지자의 속성을 의미합니다.

(13: 2) 내가 본 짐승은 표범과 비슷하고 그 발은 곰의 발 같고 그 입은 사자의 입 같은데 용이 자기의 능력과 보좌와 큰 권세를 그에게 주었더라

사단의 모습은 표범과 비슷한데 표범은 상대를 잔인하게 공격하고 물어뜯는 짐승의 속성이며, 곰의 발은 할퀴고 찢기에 강한 속성이며, 용이 이 짐승에게 자기의 권력을 인계해 줍니다. 마치 프로레슬링 선수가 싸우다 힘이 달리면 다음 선수에게 손바닥을 쳐서 인계하는 것과 같습니다.

(13: 3) 그의 머리 하나가 상하여 죽게 된 것 같더니 그 죽게 되었던 상처가 나으매 온 땅이 이상히 여겨 짐승을 따르고

(13: 4) 용이 짐승에게 권세를 주므로 용에게 경배하며 짐승에게 경배하여 가

로되 누가 이 짐승과 같으뇨 누가 능히 이로 더불어 싸우리요 하더라

머리 하나가 상하여 죽게 되는 것 같으나 회복하는 모습을 어떤 나라나 왕의 이름에 대칭하여 해석하는 경우가 있으나 이것은 분명히 사단의 역사 하는 모습을 표현한 것으로서 이 사단이 성령의 역사에 밀려 패배하는 모습이며 패배하였으나 포기하지 아니하고 또 다시 일어나는 모습입니다.

물론 요한 계시록이 그 당시 로마로부터 박해를 당하는 성도들에게 위로와 소망을 주되 예수 그리스도의 승리할 것을 예언하는 말씀입니다. 이 짐승은 로마를 지칭하는 것이나 그 한 부분 부분을 왕이나 어떤 지방에 연결해서 생각하는 것은 무리입니다. 짐승의 특성은 곧 포악하고 불의한 특성이요 이것은 사단의 특성이며 그 당시 로마의 세력과 같은 것임을 나타냅니다.

온 땅이 이상히 여기고 짐승을 따르는 것은 사람들이 불의를 버리지 못하고 지속하는 것과 같습니다.

짐승에게 경배하며 하는 말이 누가 이 짐승과 같으며 누가 능히 이로 더불어 싸우리요 하였는데 이는 사단에 대한 극찬이며 사람들의 심령이 완악해 짐을 나타냅니다.

(13: 5) 또 짐승이 큰 말과 참람된 말하는 입을 받고 또 마흔 두 달 일할 권세를 받으니라

사단은 큰 말과 참람된 말하는 입을 가졌는데 이는 거짓 선지자들의 외침과 같은 것이요 이는 겉으로는 큰 말 즉 능력이 있는 말과 같으나 결국은 쇠하고 마는 것입니다. 이 짐승도 마흔 두 달 일할 권세를 받았는데 마흔 두 달은 삼년 반으로서 7의 반 수입니다.

"나더러 주여 주여 하는 자마다 천국에 다 들어갈 것이 아니요 다만 하늘에 계신 내 아버지의 뜻대로 행하는 자라야 들어가리라 그 날에 많은 사람이 나더러 이르되 주여 주여 우리가 주의 이름으로 선지자 노릇하며 주의 이름으로 귀신을 쫓아내며 주의 이름으로 많은 권능을 행치 아니하였나이까 하리니 그때에 내가 저희에게 밝히 말하되 내가 너희를 도무지 알

지 못하니 불법을 행하는 자들아 내게서 떠나가라 하리라" (마 7:21-23)

(13: 6) 짐승이 입을 벌려 하나님을 향하여 훼방하되 그의 이름과 그의 장막 곧 하늘에 거하는 자들을 훼방하더라

사단의 하는 일을 나타내고 있습니다. 그 일은 하나님을 훼방하는 것과 성도들을 훼방하는 일입니다.

"뱀이 여자에게 이르되 너희가 결코 죽지 아니하리라 너희가 그것을 먹는 날에는 너희 눈이 밝아 하나님과 같이 되어 선악을 알 줄을 하나님이 아심이니라" (창 3:4-5)

(13: 7) 또 권세를 받아 성도들과 싸워 이기게 되고 각 족속과 백성과 방언과 나라를 다스리는 권세를 받으니
(13: 8) 죽임을 당한 어린 양의 생명책에 창세 이후로 녹명되지 못하고 이 땅에 사는 자들은 다 짐승에게 경배하리라

짐승은 성도들과 싸워 이기게 되고, 각 족속과 백성과 방언과 나라를 다스리는 권세를 받는 다는 것은 온 세상을 유혹하고 타락하게 하고 범죄케 하는 사단의 세력입니다. 어린 양의 생명책에 기록되지 못한 자들은 짐승에게 경배하리라는 말씀은 택함을 입지 못한 자들은 사단의 유혹과 시험에 넘어지고 악을 행하며 멸망의 길로 들어가게 된다는 말씀입니다.

(13: 9) 누구든지 귀가 있거든 들을찌어다
(13: 10) 사로잡는 자는 사로잡힐 것이요 칼에 죽이는 자는 자기도 마땅히 칼에 죽으리니 성도들의 인내와 믿음이 여기 있느니라

귀 있는 자는 들을지어다 라는 말씀은 신령한 영적인 면에서 이해하여야 할 것이라는 말씀입니다. 사로잡고 칼에 죽이는 자는 형제를 미워하고 시기하고 질투하는 자와 같은 것입니다.

그러나 성도의 인내와 믿음은 이러한 사단의 유혹과 시험에 넘어지지 아니하고 범죄치 아니함에 있는 것입니다.

(13: 11) 내가 보매 또 다른 짐승이 땅에서 올라오니 새끼 양같이 두 뿔이 있고 용처럼 말하더라

이번에는 땅에서 다른 짐승이 올라오는데 새끼 양의 모습을 하고 있습니다. 이는 곧 어린 양이신 예수님의 모습을 한 것으로서 두 뿔이 있고 용처럼 말하고 있습니다. 이 양은 예수님의 모습을 가장한 거짓 그리스도의 모형입니다. 그러나 어린 양은 일곱 뿔이 있고 눈이 일곱이 있습니다. 이 새끼 양은 용처럼 말한다고 했는데 곧 사단의 모습입니다.

(13: 12) 저가 먼저 나온 짐승의 모든 권세를 그 앞에서 행하고 땅과 땅에 거하는 자들로 처음 짐승에게 경배하게 하니 곧 죽게 되었던 상처가 나은 자니라

이 새끼 양이 먼저 나온 짐승의 모든 권세를 주 앞에서 행한다고 하였습니다. 즉 어린 양과 같이 가장을 한 거짓 그리스도가 많은 이적과 기적을 행하는 모습입니다.

"거짓 선지자들을 삼가라 양의 옷을 입고 너희에게 나아오나 속에는 노략질하는 이리라 그의 열매로 그들을 알찌니 가시나무에서 포도를 또는 엉겅퀴에서 무화과를 따겠느냐 이와 같이 좋은 나무마다 아름다운 열매를 맺고 못된 나무가 나쁜 열매를 맺나니 좋은 나무가 나쁜 열매를 맺을 수 없고 못된 나무가 아름다운 열매를 맺을 수 없느니라 아름다운 열매를 맺지 아니하는 나무마다 찍혀 불에 던지우니라 이러므로 그의 열매로 그들을 알리라" (마 7:15-20)

(13: 13) 큰 이적을 행하되 심지어 사람들 앞에서 불이 하늘로부터 땅에 내려오게 하고

(13: 14) 짐승 앞에서 받은 바 이적을 행함으로 땅에 거하는 자들을 미혹하며 땅에 거하는 자들에게 이르기를 칼에 상하였다가 살아난 짐승을 위하여 우상을 만들라 하더라

새끼 양의 짐승이 큰 이적을 행하여 불이 하늘로부터 땅에 내려오게 하는 일을 합니다. 이는 사단의 역사도 많은 기적과 이적을 일으킨다는 것입니다.

"저런 사람들은 거짓 사도요 궤휼의 역군이니 자기를 그리스도의 사도로 가장하는 자들이니라 이것이 이상한 일이 아니라 사단도 자기를 광명의 천사로 가장하나니 그러므로 사단의 일군들도 자기를 의의 일군으로 가장하는 것이 또한 큰 일이 아니라 저희의 결국은 그 행위대로 되리라" (고후 11:13-15)

"거짓 그리스도들과 거짓 선지자들이 일어나 큰 표적과 기사를 보이어 할 수만 있으면 택하신 자들도 미혹하게 하리라" (마 24:24)

(13: 15) 저가 권세를 받아 그 짐승의 우상에게 생기를 주어 그 짐승의 우상으로 말하게 하고 또 짐승의 우상에게 경배하지 아니하는 자는 몇이든지 다 죽이게 하더라

사단은 짐승의 우상에게 생기를 주어 그 짐승으로 말하게 하며 우상에게 경배하지 않는 자들은 다 죽게 하는 환난을 줍니다. 이는 우상숭배를 멀리하고 믿음을 지키는 자들에게 주어지는 박해이며 곧 로마의 황제를 섬기지 아니하는 초대교회의 성도들에게 주어진 박해이며 오늘도 불의를 멀리하고 믿음으로만 살려는 자에게 임하는 고난입니다.

(13: 16) 저가 모든 자 곧 작은 자나 큰 자나 부자나 빈궁한 자나 자유한 자나 종들로 그 오른손에나 이마에 표를 받게 하고

사단이 모든 자들의 오른 손이나 이마에 표를 받게 하는데 옛날에는 노예들을 그 이마나 손에 표식을 해서 분별하였습니다. 이는 사단의 속성이 가득한 죄악의 심령을 가진 자들입니다.

(13: 17) 누구든지 이 표를 가진 자 외에는 매매를 못하게 하니 이 표는 곧 짐승의 이름이나 그 이름의 수라

(13: 18) 지혜가 여기 있으니 총명 있는 자는 그 짐승의 수를 세어 보라 그 수는 사람의 수니 육백 육십 육이니라

　이 표를 가진 자만 매매를 하게 한다는 것은 매매를 통해서 경제적인 원만한 활동이 이루어지고 만족을 누리는 삶을 살 수 있는 것처럼 표를 가진 자는 마음껏 영화를 누릴 수 있다는 것이요 이 표란 사단의 속성을 가지고 있다는 것이요 욕심과 교만과 자만 같은 것이며 이름의 수란 같은 의미로서 이름은 신분과 인격을 나타내는 것으로서 사단의 속성을 말합니다. 이 표란 피부에 육안으로 식별할 수 있는 표가 아니라 심령의 상태요 죄악의 상태를 말합니다. 이 수를 사람의 수라고도 표현하였습니다. 여기 사람의 수는 신령한 하나님과의 비교에서 신령치 못한 육의 모습을 말합니다.

　이제 가장 호기심이 많고 논란이 많은 666에 대하여 생각해 보고자 합니다. 어떤 분은 이 수를 크레디드 카드에 표시된 수나 상품에 표시된 바코드라고도 하며 모든 컴퓨터에 해당하는 수라고도 합니다. 현대 경제의 수단으로 사용하는 신용카드를 이것이라고 하며 앞으로 이마나 손에 전자장치에 의하여 표식을 하면 눈에는 보이지 아니하나 자신의 고유번호에 의하여 신용카드와 같은 역할을 하게 되고 이 표가 있어야 물건도 살 수 있고 비행기나 기차도 탈 수 있는데 이런 것은 절대 받으면 안되고 만약 받으면 지옥에 간다는 해석을 한 분들이 많이 있습니다. 성경을 왜곡해도 이만 저만이 아닙니다.

　이 표를 받지 않으면 많은 고통을 받게 되는데 그래도 표를 받지 말아야 한다며 순교할 각오를 하여야 한다는 것입니다.

　그럼 먼저 이해를 돕기 위해서 이마에 인 맞은 144,000명에 대해서 어떻게 이해를 하여야 하겠는가 살펴보겠습니다. 이미 7장에서 강해를 하였습니다만 이는 성령으로 거듭난 자의 표현이요 성령으로 인치심을 받은 자로 이해를 하였습니다. 절대로 육체의 표식이 아님은 두말할 것도 없습니다. 그렇다면 666의 수도 이마에 표시한 것이 결코 육체의 피부에 한 것이 아니며 심령의 모습을 말하고 이 모습은 곧 짐승의 속성을 가지는 것을 말합니다.

"거룩한 것을 개에게 주지 말며 너희 진주를 돼지 앞에 던지지 말라 저희가 그것을 발로 밟고 돌이켜 너희를 찢어 상할까 염려하라" (마 7:6)

6이라는 수는 7에 못 미치는 불완전한 수이며 이는 짐승이나 사단이나 사람을 의미하는 수라는 것을 본문에서 설명하고 있습니다.

이 표를 가진 자만 매매를 할 수 있다는 것은 육적인 심령은 곧 세속적인 향락과 쾌락을 좋아하게 된다는 것입니다.

그러므로 절대로 이 표를 받지 말라는 것은 신용카드를 가지지 마라는 것이 아니라 짐승의 속성을 가지지 말고 성령으로 거듭난 새 사람이 되라는 말씀입니다.

제14장 천사가 낫으로 곡식과 포도송이를 거둠

(14: 1) 또 내가 보니 어린 양이 시온산에 섰고 그와 함께 십사만 사천이 섰는데 그 이마에 어린 양의 이름과 그 아버지의 이름을 쓴것이 있도다

 이전까지는 무저갱이나 바다나 땅에서 올라온 짐승들이 권세를 가지고 이기는 장면이었으나 이제는 마지막 절정의 장면으로서 어린 양이 승리하는 장면이 나옵니다. 어린 양이 시온산에 섰고 그와 함께 144,000명의 성도가 함께 있습니다. 이 성도들의 이마에는 어린 양의 이름과 하나님 아버지의 이름이 쓰여 있습니다. 이는 성령의 인치심을 받아 그리스도의 형상을 닮은 성도들입니다.

(14: 2) 내가 하늘에서 나는 소리를 들으니 많은 물소리도 같고 큰 뇌성도 같은데 내게 들리는 소리는 거문고 타는 자들의 그 거문고 타는 것 같더라

 하늘에서 나는 소리는 큰 뇌성과 같은 소리요 거문고 소리 같은 것으로서 큰 소리는 권위와 위엄이요 거문고 소리는 하나님을 찬양하는 아름다운 소리입니다.

(14: 3) 저희가 보좌와 네 생물과 장로들 앞에서 새 노래를 부르니 땅에서 구속함을 얻은 십 사만 사천 인밖에는 능히 이 노래를 배울 자가 없더라

 성도들이 부르는 노래는 새 노래라고 하였는데 이 새 노래란 가사가 새로운 노래를하라는 것이 아니라 새롭게 기쁨과 감사가 넘치는 노래라는 것이요 성도들이 기뻐하며 주님을 찬양하고 감사하는 모습입니다. 이는 구속함을 입은 144,000명의 성도밖에 이 노래를 부를 자격이 없는 것입니다.

(14: 4) 이 사람들은 여자로 더불어 더럽히지 아니하고 정절이 있는 자라 어

린 양이 어디로 인도하든지 따라가는 자며 사람 가운데서 구속을 받아 처음 익은 열매로 하나님과 어린 양에게 속한 자들이니

성도들은 여자로 더불어 더럽히지 아니하고 정절이 있는 자라고 하였는데 문자대로 하면 결혼도 안한 남자라는 것인데 그러한 뜻이 아니고 영적으로 성결한 성도를 말합니다. 성경에서 죄악이 관여하고 타락한 모습을 언제나 음란하고 패역한 세대라고 하였습니다. 성도들은 어린양이 어디로 인도하든지 따라가는 자들인데 이는 곧 주님께 순종하는 성도를 말하며, 처음 익은 열매란 추수에 비유해서 매우 귀중한 것이며 성도의 존귀함을 표현한 것입니다.

이들은 다 하나님과 어린 양에게 속한 자들입니다. 앞에서는 짐승에게 속한 자들이 있었으며 그들은 666의 표를 받은 자들이고 이들은 이마에 성령의 인치심을 받은 자들입니다.

(14: 5) 그 입에 거짓말이 없고 흠이 없는 자들이더라

성도들은 거짓이 없고 흠이 없는 자들입니다. 물론 의인은 없나니 하나도 없다고 하였습니다. 그러나 어린 양의 피로 씻어 정결함을 받은 자들이 흠이 없고 거짓이 없는 온전한 자들입니다.

"내가 너희에게 쓴 것에 음행하는 자들을 사귀지 말라 하였거니와 이 말은 이 세상의 음행하는 자들이나 탐하는 자들과 토색하는 자들이나 우상 숭배하는 자들을 도무지 사귀지 말라 하는 것이 아니니 만일 그리하려면 세상 밖으로 나가야 할 것이라"(고전 5:9-10)

(14: 6) 또 보니 다른 천사가 공중에 날아가는데 땅에 거하는 자들 곧 여러 나라와 족속과 방언과 백성에게 전할 영원한 복음을 가졌더라

(14: 7) 그가 큰 음성으로 가로되 하나님을 두려워하며 그에게 영광을 돌리라 이는 그의 심판하실 시간이 이르렀음이니 하늘과 땅과 바다와 물들의 근원을 만드신 이를 경배하라 하더라

천사가 공중에 날아가는 데 복음을 가지고 전파하는 말이 하나님을 두

려워하고 그에게 영광을 돌리라는 것입니다. 이는 성령을 통해서 복음이 온 땅에 전파되는 것이요 그 복음의 본질은 하나님을 영화롭게 하는 것입니다. 그의 심판하실 날이 이르렀으니 만물을 만드신 하나님께 경배하라는 것입니다.

여기 심판하실 기간이 이르렀다는 것은 일회적인 특정한 시간을 말하는 것이 아닙니다. 앞에서 사단의 역사가 있었고 그 사단의 역사에 대응하여 하나님께서 사단을 물리치고 성도에게 승리의 영광을 주실 시간이 이르렀다는 것이며 이 시간은 옛날이나 지금이나 장래에나 언제든지 나타나는 시간입니다.

심판에 대비하는 비결은 하나님께 경배하는 것이요 이는 곧 하나님을 경외하는 믿음을 말합니다.

(14: 8) 또 다른 천사 곧 둘째가 그 뒤를 따라 말하되 무너졌도다 무너졌도다 큰 성 바벨론이여 모든 나라를 그 음행으로 인하여 진노의 포도주로 먹이던 자로다 하더라

앞에서 세 독수리가 날아가며 화 화 화 세번을 외쳤고 세번의 환난이 있었습니다. 그러나 이제는 세 천사가 날아가면서 복음을 외치는데 이는 사단의 세력을 멸하는 심판을 이루는 장면입니다

둘째 천사의 외치는 소리는 바벨론 성이 무너졌다는 것이며 이 바벨론은 모든 나라를 음행하게 즉 범죄하게 만든 자라고 하였습니다. 그러니까 바벨론은 어느 특정한 나라가 아니라 범죄한 백성 또는 사단의 세력을 말합니다. 본래 바벨론은 하나님을 대적하고 교만하며 우상 숭배를 하는 대표적인 나라입니다.

"여호와여 왕이 주의 힘을 인하여 기뻐하며 주의 구원을 인하여 크게 즐거워하리이다 그 마음의 소원을 주셨으며 그 입술의 구함을 거절치 아니하셨나이다 (셀라) 주의 아름다운 복으로 저를 영접하시고 정금 면류관을 그 머리에 씌우셨나이다" (시 21:1-3)

이 말씀은 교만한 바벨론을 멸하신다는 말씀입니다.

(14: 9) 또 다른 천사 곧 세째가 그 뒤를 따라 큰 음성으로 가로되 만일 누구든지 짐승과 그의 우상에게 경배하고 이마에나 손에 표를 받으면

　세째 천사가 큰 음성으로 누구든지 짐승과 그의 우상에게 경배하고 이마에나 손에 표를 받으면 하나님의 진노의 포도주를 마시리라고 하였습니다. 이는 짐승에게 절하는 것은 사단과 연합하여 짐승의 속성을 가진 자요 그 표를 받은 자도 같은 속성을 가진 자들입니다. 이 말씀은 불신자에게 하나님의 심판이 있으리라는 말씀입니다.

(14: 10) 그도 하나님의 진노의 포도주를 마시리니 그 진노의 잔에 섞인 것이 없이 부은 포도주라 거룩한 천사들 앞과 어린 양 앞에서 불과 유황으로 고난을 받으리니

　하나님의 진노를 포도주에 비유했는데 불순물이 섞이지 않은 순수한 포도주란 하나님의 심판이 매우 무섭고 강한 심판이라는 것입니다. 천사들 앞과 어린 양 앞이란 사단과의 대응이 곧 천사와 어린양과의 대응이므로 그 앞이라고 하였습니다. 불과 유황은 뜨겁고 고통스러우며 견딜 수 없는 심판을 말합니다.

(14: 11) 그 고난의 연기가 세세토록 올라가리로다 짐승과 그의 우상에게 경배하고 그 이름의 표를 받는 자는 누구든지 밤낮 쉼을 얻지 못하리라 하더라

　고난의 연기가 세세토록 올라간다는 것은 하나님의 심판은 영원하고 확고하다는 것이며 이 고난은 불신자에게 주어지는 심판이요 밤낮 쉼을 얻지 못하는 것입니다.

(14: 12) 성도들의 인내가 여기 있나니 저희는 하나님의 계명과 예수 믿음을 지키는 자니라

　그러한 고난에서도 보호를 받고 영광을 누리도록 성도에게 축복을 주십니다. 그 이유는 인내하는 믿음을 지켰기 때문이요 그 인내란 짐승의 표를 받지 않았다는 것이며 이 표를 받지 않기 위하여 많은 고통을 당한 것입니다. 표를 받지 않았다는 것은 사단의 유혹과 시험을 물리치고 성결한 심령을 지킨 생활입니다.

(14: 13) 또 내가 들으니 하늘에서 음성이 나서 가로되 기록하라 지금 이후로 주 안에서 죽는 자들은 복이 있도다 하시매 성령이 가라사대 그러하다 저희 수고를 그치고 쉬리니 이는 저희의 행한 일이 따름이라 하시더라

큰 음성으로 기록하라고 합니다. 기록하라는 의미는 분명하고 확실하여 변할 수 없다는 것입니다. 즉 주안에서 죽는 자들은 복이 있다는 말씀은 확실한 구원이 주어진다는 것입니다. 성령이 그러하다고 동의하여 더욱 확실하게 나타납니다. 주 안에서 죽는 자란 믿음으로 산 자들이며 이마에 표를 받은 144,000명입니다. 이들은 환난과 박해를 당했으나 그 수고가 그치고 쉼을 얻는 평안과 기쁨을 얻게 됩니다.
"우리 중에 누구든지 자기를 위하여 사는 자가 없고 자기를 위하여 죽는 자도 없도다 우리가 살아도 주를 위하여 살고 죽어도 주를 위하여 죽나니 그러므로 사나 죽으나 우리가 주의 것이로라" (롬 14:7-8)

(14: 14) 또 내가 보니 흰 구름이 있고 구름 위에 사람의 아들과 같은 이가 앉았는데 그 머리에는 금 면류관이 있고 그 손에는 이한 낫을 가졌더라
사람의 아들 같은 이 즉 인자 같은 이가 흰 구름 위에 앉았는데 이분은 재림하시는 예수님을 연상케 하며 복음적 승리와 성령의 역사를 나타냅니다.

(14: 15) 또 다른 천사가 성전으로부터 나와 구름 위에 앉은 이를 향하여 큰 음성으로 외쳐 가로되 네 낫을 휘둘러 거두라 거둘 때가 이르러 땅에 곡식이 다 익었음이로다 하니
다른 천사가 성전으로부터 나와 구름 위에 앉은 이를 향하여 큰 음성으로 외치는데 이는 당시 박해를 받고 있는 교회가 곧 승리하게 된다는 의미를 갖고 있으며 모든 심판과 모든 구원의 능력이 교회로부터 나온다는 것입니다.

낫을 휘둘러 익은 곡식을 거두라고 합니다. 익은 곡식은 성도요 온유와 겸손의 성도요 열매를 맺은 성도입니다. 이 열매는 성령의 열매입니다. "오직 성령의 열매는 사랑과 희락과 화평과 오래 참음과 자비와 양선과 충성과 온유와 절제니 이 같은 것을 금지할 법이 없느니라" (갈 5:22-23)

(14: 16) 구름 위에 앉으신 이가 낫을 땅에 휘두르매 곡식이 거두어지니라

인자가 낫을 휘두르매 곡식이 거두어집니다. 이는 성도의 구원이요 천국에 들어가는 축복입니다. 이 때는 예수님께서 재림하실 때의 현상이며 이 현상은 항상 지금도 이루어지는데 곧 사단의 시험과 유혹을 이기는 믿음을 가질 때 이루어지는 것입니다.

(14: 17) 또 다른 천사가 하늘에 있는 성전에서 나오는데 또한 이한 낫을 가졌더라

또 다른 천사가 이한 낫을 가지고 성전으로부터 나옵니다. 이번에 나오는 천사는 불신자를 심판하는 천사입니다. 이 천사도 성전으로부터 나오는 데 이것은 모든 심판이 교회 즉 주께로부터 임한다는 것입니다.

(14: 18) 또 불을 다스리는 다른 천사가 제단으로부터 나와 이한 낫 가진 자를 향하여 큰 음성으로 불러 가로되 네 이한 낫을 휘둘러 땅의 포도송이를 거두라 그 포도가 익었느니라 하더라

앞에서는 익은 곡식을 거두는 성도의 구원이 있었으나 이번에는 잘 익은 포도를 거두는데 이는 불신자의 모습이며 포도송이로 표현한 것은 포도송이를 터뜨렸을 때 깨지는 모습과 피 같은 붉은 물이 터져나오는 것을 연상하고 이는 멸망의 상징입니다.

(14: 19) 천사가 낫을 땅에 휘둘러 땅의 포도를 거두어 하나님의 진노의 큰 포도주 틀에 던지매

　천사가 포도를 거두어 하나님의 진노의 큰 포도주를 틀에 던져서 짓이기게 되며 이는 파멸과 심판의 지옥 형벌을 나타냅니다.

(14: 20) 성 밖에서 그 틀이 밟히니 틀에서 피가 나서 말굴레까지 닿았고 일천 육백 스다디온에 퍼졌더라

　포도송이가 깨뜨려져 흘러나온 즙을 피로 표현했고 피는 죽음의 상징이요 심판인데 그 피의 양이 말굴레까지 차지며 일천 육백 스다니온에 퍼졌다고 하였습니다. 이는 온 땅에 가득한 모습이며 수레가 움직이지 못할 정도의 홍수와 같은 강을 이룬 모습이요 그 심판이 대단히 무섭고 엄한 것이며 하나님과 어린 양의 완전한 승리를 나타냅니다.

　이 승리는 궁극적으로는 예수님 재림하실 때에 완성되지만 지금도 그 승리는 이루어지고 있으며 내일도 이루어집니다. 뿐만 아니라 로마가 교회를 박해하던 그 시대에도 이루어진 것입니다. 이러한 하나님의 능력과 권세를 초대교회 성도들에게 보여주며 박해를 받는 고난에서 인내함으로 믿음을 지키라는 위로와 소망의 편지로 주어진 주님의 계시의 말씀입니다.

　결국 기독교는 콘스탄틴 대제때 로마의 국교가 되었고 신앙의 자유가 주어졌습니다. 이는 곧 성령의 대 승리요 복음의 승리며 어린 양의 승리입니다.

　14장에서 완전한 심판과 구원이 성취됩니다. 즉 성도는 익은 곡식으로서 거두어 곡간에 들이고 불신자는 포도송이가 진노의 틀에 들어가 깨지는 지옥의 심판으로 제2부가 완성되며 15장에서부터 제3부가 새롭게 시작됩니다.

제15장 일곱 재앙의 천사

(15: 1) 또 하늘에 크고 이상한 다른 이적을 보매 일곱 천사가 일곱 재앙을 가졌으니 곧 마지막 재앙이라 하나님의 진노가 이것으로 마치리로다

또 하늘에 크고 이상한 다른 이적을 보매 일곱 천사가 일곱 재앙을 가졌으니 곧 마지막 재앙이라 하나님의 진노가 이것으로 마치리로다

하늘에 이상한 이적이 보이는데 일곱 천사가 일곱 재앙을 가지고 나타납니다. 이는 마지막 재앙이며 구원의 역사입니다. 사단에게는 재앙이지만 그것이 성도에게는 구원이며 축복입니다.

(15: 2) 또 내가 보니 불이 섞인 유리 바다 같은 것이 있고 짐승과 그의 우상과 그의 이름의 수를 이기고 벗어난 자들이 유리 바닷가에 서서 하나님의 거문고를 가지고

불이 섞인 유리 바다는 하나님의 심판의 능력을 나타냅니다. 물로 죄를 씻고 불로 태우는 것으로서 성도를 성결케 만들고 죄를 소멸하는 것이며, 사단의 역사를 심판하는 것입니다. 짐승의 수를 이기고 벗어난 성도들이 이 바닷가에 서서 거문고를 가지고 노래를 부릅니다. 즉 하나님을 찬양합니다.

(15: 3) 하나님의 종 모세의 노래 어린양의 노래를 불러 가로되 주 하나님 곧 전능하신 이시여 하시는 일이 크고 기이하시도다 만국의 왕이시여 주의 길이 의롭고 참되시도다

(15: 4) 주여 누가 주의 이름을 두려워하지 아니하며 영화롭게 하지 아니 하오리이까 오직 주만 거룩하시니이다 주의 의로우신 일이 나타났으매 만국이 와서 주께 경배하리이다 하더라

성도들이 거문고를 가지고 부르는 노래는 모세의 노래요 곧 어린 양의 노래라고 하였습니다.

"이 때에 모세와 이스라엘 자손이 이 노래로 여호와께 노래하니 일렀으되 내가 여호와를 찬송하리니 그는 높고 영화로우심이요 말과 그 탄 자를 바다에 던지셨음이로다 여호와는 나의 힘이요 노래시며 나의 구원이시로다 그는 나의 하나님이시니 내가 그를 찬송할 것이요 내 아비의 하나님이시니 내가 그를 높이리로다 여호와는 용사시니 여호와는 그의 이름이시로다 그가 바로의 병거와 그 군대를 바다에 던지시니 그 택한 장관이 홍해에 잠겼고 큰 물이 그들을 덮으니 그들이 돌처럼 깊음에 내렸도다 여호와여 주의 오른손이 권능으로 영광을 나타내시니이다 여호와여 주의 오른손이 원수를 부수시니이다 주께서 주의 큰 위엄으로 주를 거스리는 자를 엎으시나이다 주께서 진노를 발하시니 그 진노가 그들을 초개 같이 사르니이다 주의 콧김에 물이 쌓이되 파도가 언덕 같이 일어서고 큰 물이 바다 가운데 엉기니이다 대적의 말이 내가 쫓아 미쳐 탈취물을 나누리라 내가 그들로 인하여 내 마음을 채우리라 내가 내 칼을 빼리니 내 손이 그들을 멸하리라 하였으나 주께서 주의 바람을 일으키시매 바다가 그들을 덮으니 그들이 흉용한 물에 납 같이 잠겼나이다 여호와여 신 중에 주와 같은 자 누구니이까 주와 같이 거룩함에 영광스러우며 찬송할 만한 위엄이 있으며 기이한 일을 행하는 자 누구니이까 주께서 오른손을 드신즉 땅이 그들을 삼켰나이다 주께서 그 구속하신 백성을 은혜로 인도하시되 주의 힘으로 그들을 주의 성결한 처소에 들어가게 하시나이다 열방이 듣고 떨며 블레셋 거민이 두려움에 잡히며 에돔 방백이 놀라고 모압 영웅이 떨림에 잡히며 가나안 거민이 다 낙담하나이다 놀람과 두려움이 그들에게 미치매 주의 팔이 큼을 인하여 그들이 돌 같이 고요하였사오되 여호와여 주의 백성이 통과하기까지 곧 주의 사신 백성이 통과하기까지였나이다 주께서 백성을 인도하사 그들을 주의 기업의 산에 심으시리이다 여호와여 이는 주의 처소를 삼으시려고 예비하신 것이라 주여 이것이 주의 손으로 세우신 성소로소이다 여호와여 다스리심이 영원무궁하시도다 하였더라"(출15:1-18)

(15: 5) 또 이 일 후에 내가 보니 하늘에 증거 장막의 성전이 열리며
(15: 6) 일곱 재앙을 가진 일곱 천사가 성전으로부터 나와 맑고 빛난 세마포 옷을 입고 가슴에 금띠를 띠고

성도의 노래가 있은 후 하늘에 증거 장막의 성전이 열리는데 증거 장막의 성전이란 법궤가 있는 성전이요 하나님의 모든 심판과 구원이 교회와 어린 양의 능력으로부터 나온다는 것입니다. 이 성전으로부터 나온 일곱 천사는 일곱 재앙을 가졌으며 맑고 빛난 세마포 옷을 입고 가슴에 금띠를 띠었습니다. 이 모습은 1장에 나타난 인자의 모습과 같으며 이는 성령의 역사요 복음의 역사를 나타냅니다.

(15: 7) 네 생물 중에 하나가 세세에 계신 하나님의 진노를 가득히 담은 금대접 일곱을 그 일곱 천사에게 주니
(15: 8) 하나님의 영광과 능력을 인하여 성전에 연기가 차게 되매 일곱 천사의 일곱 재앙이 마치기까지는 성전에 능히 들어갈 자가 없더라

네 생물은 보좌에서 하나님을 경배하고 봉사하는 생물로서 천사와 같으며 이는 성령의 역사입니다. 이 생물이 하나님의 진노를 가득히 담은 금대접 일곱을 일곱 천사에게 줍니다. 이때 하나님의 능력으로 성전에 연기가 가득 차게 되며 누구도 그 안에 들어갈 수 없다고 하였습니다. 이는 하나님의 심판하시는 능력이 연기로 묘사되고 있으며 성전에 들어갈 수 없다는 것은 누구도 하나님의 심판을 저지할 수 없다는 것입니다. 제1부에서는 하늘 보좌의 모습이 나타나며 그 보좌의 권능을 번개와 뇌성과 음성으로 보여 줬으며 제2부에서는 성도의 기도가 하늘에 올라가므로 성령인 불을 받아 이 불을 땅에 쏟으매 번개와 지진과 뇌성과 음성이 나는 권세와 능력이 보여졌고 지금 3부에서도 성전으로부터 천사들이 나와서 심판을 시작하기 전에 성전에 연기가 가득하여 누구도 침범할 수 없는 권세를 보여 주고 있습니다. 이는 원수를 제압하는 전초전과 같아서 박해를 당하고 있는 성도들에게 위로와 소망이 되는 말씀입니다.

제16장 일곱 대접의 재앙

(16: 1) 또 내가 들으니 성전에서 큰 음성이 나서 일곱 천사에게 말하되 너희는 가서 하나님의 진노의 일곱 대접을 땅에 쏟으라 하더라

(16: 2) 첫째가 가서 그 대접을 땅에 쏟으며 악하고 독한 헌데가 짐승의 표를 받은 사람들과 그 우상에게 경배하는 자들에게 나더라

첫째 재앙이 임하니 악하고 독한 헌데가 짐승의 표를 받은 자들과 우상숭배자들에게 나타납니다. 이들은 곧 이마나 오른손에 666을 받은 자와 같으며 짐승의 속성을 가진 자들입니다. 그러므로 재앙이란 모든 사람이 다 당하는 것이 아니라 잘 믿는 자에게는 재앙이 임하지 않는 것입니다. 물론 믿음을 지킨 자들도 고난을 당하지만 그 고난은 결코 재앙이 아니라 축복을 위한 수고와 같은 것입니다.

"그들이 풀무의 재를 가지고 바로 앞에 서서 모세가 하늘을 향하여 날리니 사람과 짐승에게 붙어 독정이 발하고"(출9:10)

모세를 통해서 애굽에 임하는 재앙은 애굽 사람들에게는 재앙이지만 이스라엘 백성들에게는 해방의 축복이 되었습니다.

(16: 3) 둘째가 그 대접을 바다에 쏟으매 바다가 곧 죽은 자의 피같이 되니 바다 가운데 모든 생물이 죽더라

(16: 4) 세째가 그 대접을 강과 물 근원에 쏟으매 피가 되더라

(16: 5) 내가 들으니 물을 차지한 천사가 가로되 전에도 계셨고 시방도 계신 거룩하신이여 이렇게 심판하시니 의로우시도다

(16: 6) 저희가 성도들과 선지자들의 피를 흘렸으므로 저희로 피를 마시게 하신 것이 합당하니이다 하더라

(16: 7) 또 내가 들으니 제단이 말하기를 그러하다 주 하나님 곧 전능하신이

시여 심판하시는 것이 참되시고 의로우시도다 하더라

둘째 대접을 쏟을 때 바다가 피 같이 변하여 모든 생물이 죽었습니다. 피는 죽음의 상징입니다. 모세가 지팡이를 들어 나일강 물을 칠 때 전국의 물이 피로 변하게 되었습니다. 그런데 이러한 사건은 앞으로 일어난다는 것이 아니요 하나님의 심판을 나타내는 사건으로서 과거에 있었던 사건이며 이는 오늘날 범죄한 사람들에게 화가 임한다는 계시의 말씀입니다. 즉 예를 들면 홍해가 갈라지는 사건은 앞으로도 홍해가 갈라진다는 것이 아니라 죽을 수밖에 없었던 상황에서 홍해가 갈라지므로 이스라엘 백성들이 구원을 받은 것처럼 죄로 인하여 멸망 받을 수밖에 없던 우리들이 길이요 진리요 생명이신 예수 그리스도로 말미암아 구원을 얻게 된다는 것과 마찬가지입니다.

하나님의 심판은 공의로우시며 정당한 것이라는 것을 천사가 동의하게 됩니다. 하나님은 결코 불의한 하나님이 아니라 공의로우신 분입니다. 이는 이로 눈은 눈으로라는 말을 잘 못 이해하면 사랑을 저버리는 행위 같으나 이는 불의한 사단의 행위에 대한 하나님의 심판과 같은 것입니다. 짐승들 즉 사단은 성도들과 선지자들의 피를 흘렸으므로 심판을 받는 것이 당연하고 이 행위는 공의로운 하나님의 행위입니다.

(16: 8) 네째가 그 대접을 해에 쏟으매 해가 권세를 받아 불로 사람들을 태우니
(16: 9) 사람들이 크게 태움에 태워진지라 이 재앙들을 행하는 권세를 가지신 하나님의 이름을 훼방하며 또 회개하여 영광을 주께 돌리지 아니하더라

넷째 천사가 대접을 쏟을 때에 해가 권세를 받아 불로 사람을 태우게 되는데 이는 앞으로 일어날 천재지변의 사건을 말하는 것이 아니라 하나님의 심판이 불로 멸하는 것과 같은 고통스러운 것이라는 의미요 이는 어제나 오늘이나 내일도 계속되는 불의에 대한 하나님의 심판입니다. 불의한 자들은 환난을 당해도 회개할 줄 모르고 계속 하나님을 원망하고 악을 행하는 속성을 가지고 있습니다.

"저가 음부에서 고통 중에 눈을 들어 멀리 아브라함과 그의 품에 있는 나사로를 보고 불러 가로되 아버지 아브라함이여 나를 긍휼히 여기사 나사로를 보내어 그 손가락으로 끝을 물에 찍어 내 혀를 서늘하게 하소서 내가 이 불꽃 가운데서 고민하나이다 아브라함이 가로되 얘 너는 살았을 때에 네 좋은 것을 받았고 나사로는 고난을 받았으니 이것을 기억하라 이제 저는 여기서 위로를 받고 너는 고민을 받느니라 이뿐 아니라 너희와 우리 사이에 큰 구렁이 끼어 있어 여기서 너희에게 건너가고자 하되 할 수 없고 거기서 우리에게 건너 올 수도 없게 하였느니라"(눅16:23-26)

(16: 10) 또 다섯째가 그 대접을 짐승의 보좌에 쏟으니 그 나라가 곧 어두워지며 사람들이 아파서 자기 혀를 깨물고
(16: 11) 아픈 것과 종기로 인하여 하늘의 하나님을 훼방하고 저희 행위를 회개치 아니하더라

다섯째 대접을 짐승의 보좌에 쏟으니 어두워지며 고통이 심하여 혀를 깨물면서도 회개치 아니하고 하나님을 훼방하게 됩니다. 이는 그 마음이 강퍅하고 완악함을 보여주며 당연히 심판을 받을 수밖에 없다는 것이 나타납니다.

(16: 12) 또 여섯째가 그 대접을 큰 강 유브라데에 쏟으매 강물이 말라서 동방에서 오는 왕들의 길이 예비되더라

여섯째 대접을 쏟을 때 유브라데 강물이 말라서 동방에서 오는 왕들의 길이 예비되었습니다. 이 왕들은 큰 전쟁을 일으킬 왕들이며 이 큰 전쟁은 큰 환난을 나타냅니다. 더러는 이 부분을 제 3차 세계 대전이라고 하여 세상의 종말이 온다고 하는 분들도 있으나 성경의 진리는 시한부적인 진리를 절대로 말하지 않습니다. 시한부적이란 특정한 시간을 알려주고 그 시간에 종말이 온다는 것으로서 이러한 것은 절대로 성경에 나타나 있지 않습니다. 유브라데에 대하여는 9장에서도 나타난 바와 같이 여섯째 천사가 나팔을 불 때 비슷한 현상이 일어나게 됩니다. 계시록은 3개 부분으로 되어 있어서 각 부분이 동일한 의미와 양상을 가지고 있으며 반복적이며 점점 확대되어지는 양상이라고 앞서 언급하였습니다. 이 사건도 앞서 9장에 있는 사건과 별개의 사건이 아니라 같은 사건을 재 반복하여 나타낸 것입니다.

(16: 13) 또 내가 보매 개구리 같은 세 더러운 영이 용의 입과 짐승의 입과 거짓 선지자의 입에서 나오니
(16: 14) 저희는 귀신의 영이라 이적을 행하여 온 천하 임금들에게 가서 하나님 곧 전능하신 이의 큰 날에 전쟁을 위하여 그들을 모으더라

유브라데강의 물이 말라 동방에서 오는 왕들이 오게 되고 이들이 짐승, 용, 거짓 선지자로 묘사되고 이들에게서 개구리 같은 더러운 영이 나온다고 하였습니다. 개구리는 이방에서 신격화하여 섬기던 이방 신의 상징입니다. 모세가 애굽에서 개구리 재앙을 일으킨 것도 이방 신을 타파하는 재앙이었습니다. 용이나 짐승이나 거짓 선지자를 동격으로 표현하고 있는데 이는 용이나 짐승은 거짓 선지자를 나타내는 짐승이라는 것입니다. 이들을 귀신의 영이라고 하였습니다. 귀신에 대하여 구구한 말이 많이 있으나 단순하게 생각하여야 합니다. 예수님께서 광야에서 기도하시고 사단에게 시험을 받으실 때 마귀에게 시험을 받으러 광야로 갔다고 했으며 예수님께서 이 마귀를 책망하실 때 사단아 물러가라고 하셨습니다. 그러므로 마귀와 사단이 동일한 것입니다. 다음 예수님께서 벙어리 귀신 들린 자를 고쳐 주실 때 바리새인들이 귀신의 왕 즉 바알세불의 힘을 입어서 쫓아낸다고 하였습니다. 이때 주님께서 말씀하시기를 "스스로 분쟁하는 나라마다 황폐하여질 것이요 스스로 분쟁하는 동네나 집마다 서지 못하리라 사단이 만일 사단을 쫓아내면 스스로 분쟁하는 것이니 그리하고야 저의 나라가 어떻게 서겠느냐 또 내가 바알세불을 힘입어 귀신을 쫓아내면 너희 아들들은 누구를 힘입어 쫓아내느냐"(마 12:25-27)고 하셨습니다. 이 말씀에서 귀신을 사단이라고 표현하셨습니다. 그러므로 주님의 말씀을 살펴볼 때 사단, 마귀, 귀신, 악령 모두 동일한 것으로 취급하고 있습니다. 그러므로 본 강해에서는 혼란을 피하기 위하여 사단이라는 한가지 용어로만 사용하고 있습니다. 이 사단은 하나님을 대적하기 위하여 전쟁을 준비하려고 온 땅의 임금들을 모은다고 하였습니다. 온 땅의 임금들이란 불의한 사단의 세력을 의미합니다.

"우리의 씨름은 혈과 육에 대한 것이 아니요 정사와 권세와 이 어두움의 세상 주관자들과 하늘에 있는 악의 영들에게 대함이라"(엡 6:12)

(16: 15) 보라 내가 도적같이 오리니 누구든지 깨어 자기 옷을 지켜 벌거벗고 다니지 아니하며 자기의 부끄러움을 보이지 아니하는 자가 복이 있도다

본 구절은 앞 뒤의 구절과 연결성이 없는 돌연적인 문구와 같습니다. 그러나 주님께서 도적같이 오신다는 것은 불의한 세력을 물리치고 심판하신다는 것이며 깨어서 주님을 기다리고 의의 옷을 입고 성결한 생활을 살아가는 자들이 복이 있다는 말씀입니다. 옷은 허물을 감추는 것으로서 허물과 죄를 가리웠다는 것이요 이는 회개하고 성결하다는 것입니다. 하나님은 거룩하시다는 것을 옷자락이 길다는 것으로 묘사합니다. 예수님도 거룩하시고 성결하신 모습을 나타낼 때 발에 끌리는 옷을 입으신 것으로 표현하였습니다.

"그 때에 두 사람이 밭에 있으매 하나는 데려감을 당하고 하나는 버려둠을 당할 것이요 두 여자가 매를 갈고 있으매 하나는 데려감을 당하고 하나는 버려둠을 당할 것이니라 그러므로 깨어 있으라 어느 날에 너희 주가 임할는지 너희가 알지 못함이니라 너희도 아는 바니 만일 집 주인이 도적이 어느 경점에 올 줄을 알았더면 깨어 있어 그 집을 뚫지 못하게 하였으리라 이러므로 너희도 예비하고 있으라 생각지 않은 때에 인자가 오리라"(마 24:40-44)

(16: 16) 세 영이 히브리 음으로 아마겟돈이라 하는 곳으로 왕들을 모으더라

세 영 즉 용, 짐승, 거짓 선지자의 영이 아마겟돈으로 왕들을 모으게 되는데 이는 전쟁을 준비한 모습입니다. 아마겟돈이라는 지역은 이스라엘의 대 평지요 아프리카 대륙과 아시아 대륙이 서로 교차하는 지점입니다.

사방에는 계곡으로 되어 있어서 혹 양대 강국이 전쟁을 하게 되면 자연히 이곳에서 대처하게 됩니다. 그러므로 아마겟돈 지역은 전쟁이 일어날 수밖에 없는 필연적인 지형 조건을 가지고 있습니다. 그런데 현대에 일어날 큰 전쟁을 이 아마겟돈에서 일어난다고 하고 있는 것은 성경을 잘못 이해하는 것입니다. 아마겟돈 지역은 당시 큰 나라의 대상들이 왕래하는 통상로였으며 전쟁시는 격전지가 되었습니다. 이 지역의 의미는 물질적인 풍부와 싸움의 상징입니다. 즉 물질적인 풍부는 욕심이 가득한 죄악의 상징이며 죄악이 가득한 곳에는 환난의 심판이 있기 마련입니다. 본 구절의 말씀은 욕심이 잉태한즉 죄를 낳고 죄가 장성한즉 사망을 낳는다는 말씀과 같이 죄악이 가득한 곳에 파멸이 온다는 말씀입니다.

(16: 17) 일곱째가 그 대접을 공기 가운데 쏟으매 큰 음성이 성전에서 보좌로부터 나서 가로되 되었다 하니
(16: 18) 번개와 음성들과 뇌성이 있고 또 지진이 있어 어찌 큰지 사람이 땅에 있어 옴으로 이같이 큰 지진이 없었더라

 일곱째 대접은 마지막 대접으로서 이 대접을 쏟을 때 최고의 절정에 이르게 됩니다. 큰 음성이 성전에서 나오고 번개와 음성과 뇌성이 있고 지진이 있어 그 동안 보지 못했던 큰 사건이며 최고의 절정의 사건입니다. 이러한 사건들은 이미 수차에 걸쳐 언급한 바와 같이 하나님의 무한하신 구원의 능력과 권세를 나타내는 사건들입니다. 결코 천재지변이 언제 일어날 것이라는 자연계의 종말을 예언하는 것이 아닙니다. 반복하여 말씀드리지만 아무리 큰 환난이라도 성도에게는 구원의 축복이요 불신자에게는 심판입니다.

(16: 19) 큰 성이 세 갈래로 갈라지고 만국의 성들도 무너지니 큰 성 바벨론이 하나님 앞에 기억하신 바 되어 그의 맹렬한 진노의 포도주 잔을 받으매
(16: 20) 각 섬도 없어지고 산악도 간데 없더라

큰 성 바벨론이 세 갈래로 무너지는 모습은 어떤 특정한 도시가 파괴된다는 것이 아닙니다. 바벨론은 우상숭배의 나라요 교만과 불의가 가득한 나라의 상징으로서 하나님의 심판이 마치 큰 도시를 멸하는 것같이 바벨론과 같은 죄악성을 파멸하시고 성도를 구원하시는 구속사입니다. 이 사건은 어느 국가나 단체에게만 국한된 것이 아니라 바로나 개인의 심령 속에 교만과 악독과 정욕을 성령의 역사로 녹여 버리고 그리스도를 영접하게 하시는 구원의 역사가 다 포함됩니다.

(16: 21) 또 중수가 한 달란트나 되는 큰 우박이 하늘로부터 사람들에게 내리매 사람들이 그 박재로 인하여 하나님을 훼방하니 그 재앙이 심히 큼이러라

무게가 한 달란트 즉 약 백근이나 되는 우박이 하늘에서 떨어져서 사람들을 파멸하는 사건이 일어나는데 이는 기상 이변으로 오는 자연계의 파괴가 아니라 하나님께서 사단의 권세와 죄악을 소멸하시는 성령의 역사를 표현할 때 큰 능력의 사건으로 표현한 것입니다. 이러한 환난을 당하면서도 회개치 아니하고 하나님을 훼방하는 자들이 있습니다.

제17장 큰 음녀와 짐승의 활동

(17: 1) 또 일곱 대접을 가진 일곱 천사 중 하나가 와서 내게 말하여 가로되 이리 오라 많은 물 위에 앉은 큰 음녀의 받을 심판을 네게 보이리라

물 위에 앉은 큰 음녀의 받을 심판을 보인다고 하셨는데 이 음녀가 무엇이냐가 매우 호기심을 갖게 합니다. 그러나 계시록의 흐름은 언제나 일관되어 있습니다. 즉 하나님의 역사와 사단 마귀의 역사의 대결이며 일시적으로는 사단이 승리하는 것 같으나 결국은 성령의 역사가 승리하게 되는 흐름입니다. 이 음녀는 곧 사단이며 그 모습은 사단의 속성입니다. 앞에서 어린양을 대칭하는 새끼 양이 나타났고 이번에는 해를 입고, 남자 아이를 낳은 여자를 대칭하는 음녀가 나타나게 됩니다. 이리가 어린 양의 가죽을 쓰고 나타나는 것과 같습니다.

(17: 2) 땅의 임금들도 그로 더불어 음행하였고 땅에 거하는 자들도 그 음행의 포도주에 취하였다 하고

땅의 임금들이나 거하는 자들이 이 음녀로 인하여 음행의 포도주에 취하였다고 하였는데 이는 우리를 음란하게 만드는 사단의 역사를 나타냅니다.

(17: 3) 곧 성령으로 나를 데리고 광야로 가니라 내가 보니 여자가 붉은빛 짐승을 탔는데 그 짐승의 몸에 참람된 이름들이 가득하고 일곱 머리와 열 뿔이 있으며

광야는 여자를 양육하기 위하여 예비된 곳이었습니다. 그 광야에 가보니 음녀인 여자가 붉은 빛 짐승을 탔는데 그 짐승의 모습은 이렇습니다. 붉은 빛은 피의 상징으로서 죽임을 뜻하며 이는 많은 사람들을 죽이는 사단의 세력이며 몸에는 참람된 이름들이 가득하고 일곱 머리와 열 뿔이 있습니다. 이미 앞에서 여러번 설명 드린바 있지만 반복해서 설명합니다. 참람된 이름들은 가증스런 거짓 선지자의 상징이요 일곱 머리는 교묘한 사단의 지혜며 열뿔은 강한 듯하나 결국은 패할 수 밖에 없는 사단의 연약한 세력입니다.

(17: 4) 그 여자는 자주빛과 붉은빛 옷을 입고 금과 보석과 진주로 꾸미고 손에 금잔을 가졌는데 가증한 물건과 그의 음행의 더러운 것들이 가득하더라
　음녀가 단장한 모습으로 나타나고 있는데 그 모습은 사단의 속성을 나타내는 것입니다. 자주빛과 붉은빛 옷을 입고 각종 보석으로 꾸민 것은 화려한 치장으로서 위선적인 것이며, 금잔을 가졌는데 그 속에는 가증한 것과 그의 음행의 더러운 것들이 가득하다는 것은 잔은 마시는 물을 담는 것으로서 음녀의 생활상을 나타내고 온갖 더럽고 불의한 것들이라는 것입니다.

(17: 5) 그 이마에 이름이 기록되었으니 비밀이라, 큰 바벨론이라, 땅의 음녀들과 가증한 것들의 어미라 하였더라
　이마에 기록된 이름은 그 사람의 신분과 인격을 나타내는데 비밀이라고 하였으나 그 비밀이 곧 큰 바벨론이며 땅의 음녀들과 가증한 것들의 어미라고 하였습니다. 바벨론은 교만과 우상숭배등 죄악의 상징이며 어미는 모체로서 악의 근원이라는 말입니다. 즉 이 음녀는 가장 불의한 사단의 세력을 나타냅니다.

(17: 6) 또 내가 보매 이 여자가 성도들의 피와 예수의 증인들의 피에 취한지라 내가 그 여자를 보고 기이히 여기고 크게 기이히 여기니
　음녀가 성도들의 피와 예수의 증인들의 피에 취한다고 하였는데 이는 성도들을 박해하는 사단의 세력이 극치에 달하는 모습입니다. 여자를 보고 기이히 여기는 것은 그의 행동이 신기하다는 것이며 사단의 세력은 신비스러운 일들이 많이 일어납니다.

"거짓 그리스도들과 거짓 선지자들이 일어나 큰 표적과 기사를 보이어 할 수만 있으면 택하신 자들도 미혹하게 하리라"(마 24:24)

"저런 사람들은 거짓 사도요 궤휼의 역군이니 자기를 그리스도의 사도로 가장하는 자들이니라 이것이 이상한 일이 아니라 사단도 자기를 광명의 천사로 가장하나니 그러므로 사단의 일군들도 자기를 의의 일군으로 가장하는 것이 또한 큰 일이 아니라 저희의 결국은 그 행위대로 되리라"(고후 11:13-15)

(17: 7) 천사가 가로되 왜 기이히 여기느냐 내가 여자와 그의 탄 바 일곱 머리와 열 뿔 가진 짐승의 비밀을 네게 이르리라

비밀을 밝힌다는 것은 그의 속성을 드러낸다는 것입니다. 이 비밀이 어떤 나라나 인물이라는 것을 말한다는 것이 아닙니다.

(17: 8) 네가 본 짐승은 전에 있었다가 시방 없으나 장차 무저갱으로부터 올라와 멸망으로 들어갈 자니 땅에 거하는 자들로서 창세 이후로 생명책에 녹명되지 못한 자들이 이전에 있었다가 시방 없으나 장차 나올 짐승을 보고 기이히 여기리라

요한이 본 짐승은 전에 있었다가 지금은 없으나 장차 무저갱으로부터 올라와 멸망으로 들어갈 자라고 하였는데 이 짐승은 곧 사단입니다. 전에 있다가 지금은 없다는 것은 사단이 일시적으로는 승리하였으나 패함을 말하고 그러나 또 계속해서 사단은 역사하게 되며 결국은 패망하고 만다는 것입니다. 이 짐승을 보고 생명책에 기록되지 못한 자들 즉 불신자들이 기이히 여기게 됩니다. 기이히 여기는 것은 신비스럽게 여기는 것으로서 불신자들은 사단의 세력 곧 불의한 세력을 신비스럽게 선호하게 됩니다.

(17: 9) 지혜 있는 뜻이 여기 있으니 그 일곱 머리는 여자가 앉은 일곱 산이요

(17: 10) 또 일곱 왕이라 다섯은 망하였고 하나는 있고 다른 이는 아직 이르지 아니하였으나 이르면 반드시 잠깐동안 계속하리라

본 구절을 가지고 너무 신비스럽게 생각하여 엉뚱한 해석을 하는 경우가 많이 있습니다. 계시록은 언제나 단순합니다. 불의한 짐승은 언제나 사단으로 보면 틀림이 없고 그 모습이 요란하고 이상할지라도 그것은 사단의 속성을 나타내는 것이지 어떤 특정인이나 국가를 지적하는 것이 아닙니다. 물론 사단의 역할을 하는 인물이 이 짐승과 같은 것이지 이 짐승이 그 사람이라는 것은 아닙니다. 예를 든다면 사과는 빨갛고 둥글고 달콤한 것입니다. 그렇다고 빨간 것이 다 사과이거나 둥근 것이 무조건 사과이거나 달콤한 것이 전부 사과일 수는 없습니다. 초대교회를 박해하던 로마정권이 이 음녀나 짐승에 속하는 사단의 세력이라는 것은 두말할 여지가 없습니다. 그러나 이 음녀가 로마며 그 머리는 황제라는 해석은 매우 다른 의미를 가지는 것입니다. 머리는 지혜이며 우두머리 즉 왕권을 상징합니다. 그러므로 일곱 머리는 음녀가 앉은 일곱 산이며 일곱 왕이라고 표현한 것은 본 구절 자체에서 해석을 하고 있습니다. 즉 산이란 요동치 않는 것으로서 세력을 말하고 왕이란 머리가 되는 권력을 말합니다. 다섯은 망하였고 하나는 있고 다른 이는 아직 이르지 아니하였으나 이르면 반드시 잠간 동안 계속하리라고 하였습니다. 이는 사단의 세력이 이미 다섯은 망한 것처럼 약화되고 그러나 끝나지도 않고 계속되며 계속될지라도 그 세력은 잠간에 불과한 약함을 나타내는 말씀입니다.

(17: 11) 전에 있었다가 시방 없어진 짐승은 여덟째 왕이니 일곱 중에 속한 자라 저가 멸망으로 들어가리라

전에 있었다가 지금은 없어진 짐승은 그 세력이 약한 사단의 역사를 말하며 이는 일곱 머리에 속한 자며 결국은 멸망으로 들어가는 사단의 세력입니다.

(17: 12) 네가 보던 열 뿔은 열 왕이니 아직 나라를 얻지 못하였으나 다만 짐승으로 더불어 임금처럼 권세를 일시동안 받으리라

이 구절에 대한 해석은 이미 앞에서 여러번 나왔으나 반복하여 말씀드리면 열은 약한 것이며, 뿔은 세력이며, 아직 나라를 얻지 못한 왕이란 이름만 왕이지 나라를 얻지 못한 왕이란 아무 힘이 없는 왕입니다. 그러므로 열 뿔은 사단의 세력이 왕 같은 세력 같으나 실은 나라를 얻지 못한 왕 같은 무력한 세력이라는 것이며 다만 짐승으로 더불어 잠깐동안 임금처럼 행세할 뿐이라는 것입니다.

(17: 13) 저희가 한 뜻을 가지고 자기의 능력과 권세를 짐승에게 주더라
(17: 14) 저희가 어린 양으로 더불어 싸우려니와 어린 양은 만주의 주시요 만왕의 왕이시므로 저희를 이기실 터이요 또 그와 함께 있는 자들 곧 부르심을 입고 빼내심을 얻고 진실한 자들은 이기리로다

열 뿔의 왕들이 힘을 모아 능력과 권세를 짐승에게 주어서 어린 양과 더불어 싸우게 하지만 반드시 어린 양이 이기실 것이요 그와 함께한 성도들이 이기게 된다는 말씀입니다.

(17: 15) 또 천사가 내게 말하되 네가 본 바 음녀의 앉은 물은 백성과 무리와 열국과 방언들이니라

음녀의 앉은 물은 백성과 무리와 열국과 방언들이라고 하였는데 사단의 역사가 미치는 범위는 온 세상 만민들에게 라는 말씀입니다.

(17: 16) 네가 본 바 이 열 뿔과 짐승이 음녀를 미워하여 망하게 하고 벌거벗게 하고 그 살을 먹고 불로 아주 사르리라

열 뿔과 짐승은 같은 사단의 역사로서 서로 분쟁하여 스스로 망하는 사단의 속성을 나타냅니다.

(17: 17) 하나님이 자기 뜻대로 할 마음을 저희에게 주사 한 뜻을 이루게 하시고 저희 나라를 그 짐승에게 주게 하시되 하나님 말씀이 응하기까지 하심이니라
(17: 18) 또 내가 본 바 여자는 땅의 임금들을 다스리는 큰 성이라 하더라

모든 것은 하나님의 섭리에 의하여 이루어지며 하나님의 말씀대로 이루어집니다. 여자를 땅의 임금들을 다스리는 큰 성이라고 하였는데 큰 성은 바벨론으로 나타나고 바벨론은 교만하고 악독하며 우상을 숭배하고 하나님을 거역하는 사단의 불의한 세력을 말합니다.

제18장 큰 성 바벨론의 멸망

(18: 1) 이 일 후에 다른 천사가 하늘에서 내려오는 것을 보니 큰 권세를 가졌는데 그의 영광으로 땅이 환하여지더라

이 일 후라는 것은 앞의 사건과 연관성을 부각시키는 단어로서 앞의 사건은 사단 즉 음녀가 짐승과 더불어 서로 죽이는 사단의 역사이며 이 일에 연관하여 하늘에서 천사가 내려와 큰 권세를 가지고 대응하는 면을 나타내 줍니다.

(18: 2) 힘센 음성으로 외쳐 가로되 무너졌도다 무너졌도다 큰 성 바벨론이여 귀신의 처소와 각종 더러운 영의 모이는 곳과 각종 더럽고 가증한 새의 모이는 곳이 되었도다

천사가 큰 소리로 외치기를 무너졌도다 무너졌도다 큰 성 바벨론이여 라고 합니다. 큰 성 바벨론은 음녀요 악한 사단인데 이 사단의 역사가 하나님 앞에서 파괴되고 무너지는 것입니다. 바벨론은 더러운 영의 모이는 곳이요, 각종 더럽고 가증한 새의 모이는 곳이라고 하였는데 이는 사단의 소굴이라는 표현과 같습니다.

(18: 3) 그 음행의 진노의 포도주를 인하여 만국이 무너졌으며 또 땅의 왕들이 그로 더불어 음행하였으며 땅의 상고들도 그 사치의 세력을 인하여 치부하였도다 하더라

음행의 진노의 포도주는 하나님의 심판으로 이루어지는 피와 같은 것으로서 하나님의 심판으로 모든 불의한 세력이 무너지고 파괴됨을 말합니다.

(18: 4) 또 내가 들으니 하늘로서 다른 음성이 나서 가로되 내 백성아 거기서

나와 그의 죄에 참여하지 말고 그의 받을 재앙들을 받지 말라

(18: 5) 그 죄는 하늘에 사무쳤으며 하나님은 그의 불의한 일을 기억하신지라

하나님이 택한 백성들에게는 하나님의 복음이 전해지므로 멸망의 자리에서 회개하고 구원을 얻게 된다는 것입니다. 곧 음녀가 받을 재앙을 받지 않게 하신다는 것입니다. 음녀의 죄는 하늘에 사무칠 정도로 커서 하나님께서 그 불의한 일을 기억하신다는 것입니다.

(18: 6) 그가 준 그대로 그에게 주고 그의 행위대로 갑절을 갚아 주고 그의 섞은 잔에도 갑절이나 섞어 그에게 주라

(18: 7) 그가 어떻게 자기를 영화롭게 하였으며 사치하였든지 그만큼 고난과 애통으로 갚아 주라 그가 마음에 말하기를 나는 여황으로 앉은 자요 과부가 아니라 결단코 애통을 당하지 아니하리라 하니

행한대로 보응하시는 하나님께서 사단의 역사를 보응하시되 갑절이나 보응하십니다. 음녀는 세상에서 부귀와 향락에 도취된 생활을 한 만큼 고난으로 심판을 받게 됩니다.

(18: 8) 그러므로 하루 동안에 그 재앙들이 이르리니 곧 사망과 애통과 흉년이라 그가 또한 불에 살라지리니 그를 심판하신 주 하나님은 강하신 자이심이니라

하루 동안에 재앙이 이른다는 것은 재앙이 순식간에 이르리라는 것이며 그 재앙은 사망과 애통과 흉년이며 불에 살라지는 심판입니다. 이것은 곧 범죄한 자에게 주어지는 고난이며 영적인 심판입니다.

(18: 9) 그와 함께 음행하고 사치하던 땅의 왕들이 그 불 붙는 연기를 보고 위하여 울고 가슴을 치며

(18: 10) 그 고난을 무서워하여 멀리 서서 가로되 화 있도다 화 있도다 큰 성, 견고한 성 바벨론이여 일시간에 네 심판이 이르렀다 하리로다

죄악의 심판이 얼마나 무섭고 큰 것인가를 잘 나타내 주는 말씀입니다. 음녀와 함께 음행하며 사치하던 땅의 왕들이란 불의한 죄악의 사람들이요

이들이 사단의 멸망을 보고 두려워하는 모습이 나타나 있습니다.

(18: 11) 땅의 상고들이 그를 위하여 울고 애통하는 것은 다시 그 상품을 사는 자가 없음이라
(18: 12) 그 상품은 금과 은과 보석과 진주와 세마포와 자주 옷감과 비단과 붉은 옷감이요 각종 향목과 각종 상아 기명이요 값진 나무와 진유와 철과 옥석으로 만든 각종 기명이요
(18: 13) 계피와 향료와 향과 향유와 유향과 포도주와 감람유와 고운 밀가루와 밀과 소와 양과 말과 수레와 종들과 사람의 영혼들이라

땅의 상고들이 울고 애통하는 것은 다시 그 상품을 사는 자가 없기 때문이었는데 그 상품은 음녀가 치장하고 단장하는 보석들이며 향락과 쾌락을 즐기기 위한 물품이며 이는 영적으로는 사람의 영혼을 멸망케 하는 것입니다. 간단하게 말하여 온 땅이 슬퍼하고 애통하는 하나님의 심판이 이루어진다는 말씀입니다.

(18: 14) 바벨론아 네 영혼의 탐하던 과실이 네게서 떠났으며 맛있는 것들과 빛난 것들이 다 없어졌으니 사람들이 결코 이것들을 다시 보지 못하리로다
(18: 15) 바벨론을 인하여 치부한 이 상품의 상고들이 그 고난을 무서워하여 멀리 서서 울고 애통하여
(18: 16) 가로되 화 있도다 화 있도다 큰 성이여 세마포와 자주와 붉은 옷을 입고 금과 보석과 진주로 꾸민 것인데
(18: 17) 그러한 부가 일시간에 망하였도다 각 선장과 각처를 다니는 선객들과 선인들과 바다에서 일하는 자들이 멀리 서서
(18: 18) 그 불붙는 연기를 보고 외쳐 가로되 이 큰 성과 같은 성이 어디 있느뇨 하며
(18: 19) 티끌을 자기 머리에 뿌리고 울고 애통하여 외쳐 가로되 화 있도다 화 있도다 이 큰 성이여 바다에서 배 부리는 모든 자들이 너의 보배로운 상품을 인하여 치부하였더니 일시간에 망하였도다

큰 성 바벨론이 망하는 모습을 보고 온 세상이 놀라고 두려워하며 애통하는 모습입니다. 이는 어느 특정한 나라나 도시가 망한다는 것이 아니라 우리 속에 죄악의 속성이 곧 사단의 역사와 같은 것으로서 하나님의 성령의 역사로 말미암아 죄악이 녹아지고 새 사람이 되어지는 모습과 같은 것입니다.

(18: 20) 하늘과 성도들과 사도들과 선지자들아 그를 인하여 즐거워하라 하나님이 너희를 신원하시는 심판을 그에게 하셨음이라 하더라
바벨론의 멸망으로 하늘과 성도들과 사도들과 선지자들은 즐거워하고 기뻐하는 모습이요 이는 죄를 멀리하고 회개하며 새사람이 되어질 때에 기쁨을 말합니다.

(18: 21) 이에 한 힘센 천사가 큰 맷돌 같은 돌을 들어 바다에 던져 가로되 큰 성 바벨론이 이같이 몹시 떨어져 결코 다시 보이지 아니하리로다
맷돌은 무거운 돌덩어리로서 바다에 던졌을 때 가라앉게 되고 뜨지 못하는 것처럼 사단의 멸망은 완전한 것이라는 말씀입니다.
"누구든지 나를 믿는 이 소자 중 하나를 실족케 하면 차라리 연자맷돌을 그 목에 달리우고 깊은 바다에 빠뜨리우는 것이 나으리라"(마18:6)

(18: 22) 또 거문고 타는 자와 풍류하는 자와 퉁소 부는 자와 나팔 부는 자들의 소리가 결코 다시 네 가운데서 들리지 아니하고 물론 어떠한 세공업자든지 결코 다시 네 가운데서 보이지 아니하고 또 맷돌 소리가 다시 네 가운데서 들리지 아니하고

(18: 23) 등불 빛이 결코 다시 네 가운데서 비취지 아니하고 신랑과 신부의 음성이 결코 다시 네 가운데서 들리지 아니하리로다 너의 상고들은 땅의 왕족들이라 네 복술을 인하여 만국이 미혹되었도다

(18: 24) 선지자들과 성도들과 및 땅 위에서 죽임을 당한 모든 자의 피가 이 성중에서 보였느니라 하더라

사단의 역사는 완전히 파멸되어 다시는 일어나지 못하리라는 것이며 이 사단의 역사는 거문고 타는 자와 풍류하는 자와 퉁소 부는 자와 나팔 부는 자들의 소리와 같은 향락적인 생활을 말하며, 세공업자들이 보이지 않는다는 것은 다시 우상을 만들지 못하리라는 말씀이며, 맷돌소리가 들리지 않는 다는 것은 정상적인 생활이 파괴되는 것이요, 등불이 비춰지 아니하고 신랑과 신부의 음성이 들리지 않는다는 것은 삶의 기쁨이 없어진다는 표현과 같습니다. 이렇게 바벨론이 망하게 된 원인은 선지자들과 성도들과 죽임을 당한 모든 자의 피가 이 성중에서 보였기 때문이라는 것이며 이는 사단이 교회를 핍박하고 성도를 박해하였기 때문이라는 것입니다. 자주 언급되는 이야기지만 이는 결코 어떤 특정한 도시나 국가의 멸망이 아니라 불의한 세력은 반드시 하나님께서 심판하신다는 것이요 이는 장차에 되어질 사건이 아니라 옛날이나 지금이나 장래에나 언제든지 하나님께서 심판과 구원을 이루시되 죄에 대하여 심판하시고 의에 대하여 구원하신다는 진리입니다. 이는 개인이나 단체나 국가나 민족이나 전 인류나 모두에게 공통적인 말씀입니다.

제19장 어린 양의 혼인 잔치와 짐승의 심판

(19: 1) 이 일 후에 내가 들으니 하늘에 허다한 무리의 큰 음성 같은 것이 있어 가로되 할렐루야 구원과 영광과 능력이 우리 하나님께 있도다

이 일 후란 하나님께서 불의한 세력 곧 큰 성 바벨론을 망하게 하신 후라는 것이요 이는 곧 죄악을 소멸하시고 의롭게 만드신 후라는 것입니다. 이때에 하늘에 허다한 무리가 큰 음성으로 할렐루야 구원과 영광과 능력이 우리 하나님께 있도다고 외칩니다. 즉 죄를 회개하고 나면 기쁨이 충만하다는 것입니다.

(19: 2) 그의 심판은 참되고 의로운지라 음행으로 땅을 더럽게 한 큰 음녀를 심판 하사 자기 종들의 피를 그의 손에 갚으셨도다 하고

(19: 3) 두번째 가로되 할렐루야 하더니 그 연기가 세세토록 올라가더라

(19: 4) 또 이십 사 장로와 네 생물이 엎드려 보좌에 앉으신 하나님께 경배하여 가로되 아멘 할렐루야 하니

(19: 5) 보좌에서 음성이 나서 가로되 하나님의 종들 곧 그를 경외하는 너희들아 무론 대소하고 다 우리 하나님께 찬송하라

(19: 6) 또 내가 들으니 허다한 무리의 음성도 같고 많은 물소리도 같고 큰 뇌성도 같아서 가로되 할렐루야 주 우리 하나님 곧 전능하신 이가 통치하시도다

본 구절의 말씀은 일일이 단어마다 해석할 필요가 없는 말씀으로서 하나님의 심판과 구원은 정당하며 공의롭고 자비로우며 이 일에 대하여 모든 이들이 찬양하고 경배하며 영광을 돌리는 말씀입니다.

(19: 7) 우리가 즐거워하고 크게 기뻐하여 그에게 영광을 돌리세 어린양의 혼인 기약이 이르렀고 그 아내가 예비하였으니

(19: 8) 그에게 허락 하사 빛나고 깨끗한 세마포를 입게 하셨은즉 이 세마포는 성도들의 옳은 행실이로다 하더라

　어린 양의 혼인 잔치가 준비되며 신부는 깨끗한 세마포를 입었는데 이 세마포는 성도의 옳은 행실이라고 하였습니다. 혼인 즉 결혼은 둘이서 하나 되어지는 것입니다. 생사 고락을 같이하는 것이며 영혼과 정신과 육체가 하나 되어지는 것입니다. 성도가 죄를 씻고 깨끗한 행실이 되면 예수님의 신부가 되는 자격을 가지게 되며 이는 곧 주님과 하나 되어 주님과 함께 영광을 누리게 됩니다.

(19: 9) 천사가 내게 말하기를 기록하라 어린 양의 혼인 잔치에 청함을 입은 자들이 복이 있도다 하고 또 내게 말하되 이것은 하나님의 참되신 말씀이라 하기로
(19: 10) 내가 그 발 앞에 엎드려 경배하려 하니 그가 나더러 말하기를 나는 너와 및 예수의 증거를 받은 네 형제들과 같이 된 종이니 삼가 그리하지 말고 오직 하나님께 경배하라 예수의 증거는 대언의 영이라 하더라

　천사가 말하기를 어린 양의 혼인 잔치에 청함을 받은 자들이 복이 있다고 하였습니다. 이는 곧 주 안에서 죽은 자들로서 육신의 정욕을 십자가에 못 박아 죽이고 이제는 그리스도의 새 사람으로 거듭난 자의 모습입니다. 이것은 하나님의 참되신 말씀이라고 하였는데 이 말씀은 변할 수 없는 진리요 하나님의 보증이 있는 확실한 말씀이라는 것입니다. 요한이 천사에게 경배하려고 할 때 오직 하나님께만 경배하라고 하며 천사는 너(요한)와 및 예수의 증거를 받은 네 형제들과 같이 된 종이라고 하였습니다. 이 말씀은 성도는 곧 천사와 같은 존재가 되며 천사와 같이 하나님의 영광에 동참하고 하나님을 위하여 영광을 돌리는 존재라는 것입니다. 경배는 오직 하나님께서만 받으실 수 있습니다.

(19: 11) 또 내가 하늘이 열린 것을 보니 보라 백마와 탄 자가 있으니 그 이름은 충신과 진실이라 그가 공의로 심판하며 싸우더라

　하늘이 열리고 백마 탄 자가 보이며 이름이 충신과 진실이며 공의로 심판하고 싸우더라고 하였는데 이는 예수 그리스도의 모습이며 성령의 역사입니다. 충신과 진실은 예수 그리스도의 속성이며 성령의 속성입니다.

(19: 12) 그 눈이 불꽃같고 그 머리에 많은 면류관이 있고 또 이름 쓴 것이 하나가 있으니 자기밖에 아는 자가 없고

불꽃같은 눈은 1장에서 나타난 인자 같은 이의 모습이며 그 머리에 많은 면류관이 있다는 것은 승리의 예수님을 나타내며 그 이름 쓴 것이 있으니 자기밖에 아는 자가 없다는 것은 예수님의 절대적인 권세를 표현합니다.

(19: 13) 또 그가 피 뿌린 옷을 입었는데 그 이름은 하나님의 말씀이라 칭하더라

피 뿌린 옷을 입었다는 것은 십자가의 보혈을 표현함이요 그 이름은 하나님의 말씀이라고 하였는데 이 말씀이 육신이 되어 우리 중에 오신 분이 예수 그리스도입니다.

(19: 14) 하늘에 있는 군대들이 희고 깨끗한 세마포를 입고 백마를 타고 그를 따르더라

희고 깨끗한 세마포를 입고 백마를 타고 따르는 군대는 성도요 144,000명이요 여자로 더불어 더럽히지 아니한 자요 환난에서 나온 자들이요 행위가 깨끗한 자들입니다.

(19: 15) 그의 입에서 이한 검이 나오니 그것으로 만국을 치겠고 친히 저희를 철장으로 다스리며 또 친히 하나님 곧 전능하신 이의 맹렬한 진노의 포도주 틀을 밟겠고

입에서 이한 검이 나오는 모습은 1장에서의 인자의 모습과 같으며 이는 말씀의 능력을 나타냅니다. 하나님의 말씀이 온 땅을 심판하고 죄악을 소멸하리라는 말씀입니다.

"하나님의 말씀은 살았고 운동력이 있어 좌우에 날선 어떤 검보다도 예리하여 혼과 영과 및 관절과 골수를 찔러 쪼개기까지 하며 또 마음의 생각과 뜻을 감찰하나니 지으신 것이 하나라도 그 앞에 나타나지 않음이 없고 오직 만물이 우리를 상관하시는 자의 눈앞에 벌거벗은 것같이 드러나느니라"(히 4:12-13)

(19: 16) 그 옷과 그 다리에 이름 쓴 것이 있으니 만왕의 왕이요 만주의 주라 하였더라

옷은 신분을 나타내며 다리는 권세를 나타냅니다. 이 옷과 다리에 쓰인 이름이 만왕의 왕이요 만주의 주라고 하였으니 이는 곧 예수님이 우리의 만왕의 왕이 되시며 만주의 주가 되시는 것입니다.

(19: 17) 또 내가 보니 한 천사가 해에 서서 공중에 나는 모든 새를 향하여 큰 음성으로 외쳐 가로되 와서 하나님의 큰 잔치에 모여

(19: 18) 왕들의 고기와 장군들의 고기와 장사들의 고기와 말들과 그 탄 자들의 고기와 자유한 자들이나 종들이나 무론대소하고 모든 자의 고기를 먹으라 하더라

(19: 19) 또 내가 보매 그 짐승과 땅의 임금들과 그 군대들이 모여 그 말 탄 자와 그의 군대로 더불어 전쟁을 일으키다가

(19: 20) 짐승이 잡히고 그 앞에서 이적을 행하던 거짓 선지자도 함께 잡혔으니 이는 짐승의 표를 받고 그의 우상에게 경배하던 자들을 이적으로 미혹하던 자라 이 둘이 산 채로 유황불 붙는 못에 던지우고

(19: 21) 그 나머지는 말 탄 자의 입으로 나오는 검에 죽으매 모든 새가 그 고기로 배불리우더라

천사가 해에 서서 공중의 새들에게 큰 음성으로 하나님의 큰 잔치에 모여 왕들의 고기와 장군들의 고기와 장사들의 고기와 말들과 그 탄 자들의 고기와 자유한 자들이나 종들이나 무론 대소하고 모든 자의 고기를 먹으라고 합니다. 하나님의 큰 잔치란 하나님께서 불의의 죄악을 소멸하시고 의로운 승리를 이루시는 잔치며 이 잔치의 고기는 모든 사람의 죽은 살이라고 하였는데 그 살이란 실제로 육체의 살이 아니라 전쟁에서의 죽은 자의 시체를 연상하는 것입니다. 백마 탄 자와 짐승의 군대가 전쟁을 하되 짐승이 잡히고 패하게 되는데 이들은 거짓 선지자와 짐승의 표를 받고 우상에게 경배하던 자들을 이적으로 미혹하던 자라고 하였습니다. 이는 간단히 말하여 사단의 역사입니다. 이들이 산채로 유황불 붙는 못에 던지우고 그 나머지는 말 탄 자의 입으로 나오는 검에 죽으매 새가 그 고기를 먹게 됩니다. 이는 사단의 역사를 물리친 성령의 승리요 하나님의 승리며 천국의 잔치입니다. 여기에 나타난 새들은 특별히 무엇이라고 할 수 없으나 이는 승리의 한 장면을 묘사한 것입니다.

제20장 대 심판과 천년왕국

(20: 1) 또 내가 보매 천사가 무저갱 열쇠와 큰 쇠사슬을 그 손에 가지고 하늘로서 내려와서

(20: 2) 용을 잡으니 곧 옛 뱀이요 마귀요 사단이라 잡아 일천 년 동안 결박하여

(20: 3) 무저갱에 던져 잠그고 그 위에 인봉하여 천 년이 차도록 다시는 만국을 미혹하지 못하게 하였다가 그 후에는 반드시 잠간 놓이리라

천사가 무저갱의 열쇠와 쇠사슬을 가지고 하늘로부터 내려와서 용을 잡게 됩니다. 열쇠는 권한을 말하며 쇠사슬은 결박할 수 있는 힘을 나타냅니다. 즉 사단의 세력이란 하나님 앞에 굴복할 수밖에 없는 연약한 세력입니다. 용은 옛 뱀이요 마귀요 사단이라고 하였는데 앞에서도 설명한바 있습니다만 이는 마귀를 말하며 에덴 동산에서 아담과 하와를 타락케 하던 마귀요 앞으로 주님 오실 때까지 유혹하고 시험하는 일을 계속할 것입니다. 천사가 이 사단을 잡아 무저갱에 넣고 잠그고 그 위에 인봉하여 천년 동안 활동을 못하게 하는데 무저갱에 넣고 잠그고 인봉하였다는 것은 천사의 허락 없이 절대로 활동할 수 없다는 것입니다. 그 연한을 천년이라고 하였는데 천년이란 무한한 긴 기간을 말함이지 일정한 천년을 말하는 것은 아닙니다. 우리가 어떤 상황에 따라 일년을 천년 같다고 표현할 수 있으며 또는 1분을 천년 같다고 할 수도 있습니다. 그 후에는 반드시 잠간 놓이리라는 것은 사단의 세력이 성령의 세력에 비하여 천년 동안 활동하지 못하고 잠깐 활동하는 것에 불과하다는 것입니다. 결론은 사단의 세력이란 대단히 미약하다는 것입니다.

(20: 4) 또 내가 보좌들을 보니 거기 앉은 자들이 있어 심판하는 권세를 받았더라 또 내가 보니 예수의 증거와 하나님의 말씀을 인하여 목 베임을 받은 자의

영혼들과 또 짐승과 그의 우상에게 경배하지도 아니하고 이마와 손에 그의 표를 받지도 아니한 자들이 살아서 그리스도로 더불어 천년 동안 왕노릇하니

(20: 5) (그 나머지 죽은 자들은 그 천년이 차기까지 살지 못하더라)이는 첫째 부활이라

　보좌에 앉은 자들은 이십 사 장로들과 성도들이며 이들도 하나님과 함께 심판의 권세를 가집니다. 다음 예수의 증거와 하나님의 말씀을 인하여 목베임을 받은 자 즉 순교적인 신앙을 가진 성도들과 우상에게 경배하지도 아니하고 이마와 손에 그의 표 즉 666을 받지도 아니한 자들이 살아서 그리스도로 더불어 천년 동안 왕노릇 한다고 하였습니다. 간단히 요약하면 믿음을 굳게 지킨 성도들이며 이들은 주님과 함께 영원히 영광을 누린다는 말씀입니다. 본 구절에서 천년 왕국의 단어가 나옵니다. 이미 말씀드린 바와 같이 천년은 긴, 영원한, 무한한 의미를 가집니다. 그러므로 성도가 천년 왕국에서 왕노릇한다는 것은 천년 동안만이 아니라 영원한 영광을 누리게 된다는 것입니다. 나머지 죽은 자들이란 믿지 아니한 자들이며 이들은 천년 동안 살지 못한다고 하였습니다. 살지 못한다고 해서 지옥에 간 자들이 죽어 있는 상태가 아니라 지옥은 살아서 영원히 고통을 당하는 곳입니다. 만약에 지옥이 죽어 버리는 곳이라면 지옥이 아닐 것입니다.

(20: 6) 이 첫째 부활에 참여하는 자들은 복이 있고 거룩하도다 둘째 사망이 그들을 다스리는 권세가 없고 도리어 그들이 하나님과 그리스도의 제사장이 되어 천년 동안 그리스도로 더불어 왕노릇 하리라

　첫째 부활에 참여하는 자들은 복이 있고 거룩하다고 하였습니다. 첫째 부활은 지옥에 들어가지 않고 구원을 받아 천년 왕국에서 왕노릇하는 생활입니다. 첫째란 귀하고 소중하며 아름다운 것을 의미합니다. 둘째 사망이 그들을 다스리는 권세가 없다는 것은 지옥의 형벌을 받지 않는다는 것이며 이들은 하나님과 그리스도의 제사장이 되어 천년 동안 그리스도로 더불어 왕노릇 하리라고 하였습니다. 제사장이 된다는 것은 최고의 축복을 의미하며 이미 앞에서 자세한 설명을 하였으므로 생략합니다.

(20: 7) 천년이 차매 사단이 그 옥에서 놓여
(20: 8) 나와서 땅의 사방 백성 곧 곡과 마곡을 미혹하고 모아 싸움을 붙이리니 그 수가 바다 모래 같으리라

　천사가 용을 잡아 무저갱에 가두고 인봉하였다는 내용이 앞서 있습니다. 그 옥에서 천년이 차매 잠시 놓이게 되고 나와 모든 백성을 미혹하고 싸움케 만드는 데 그 수가 바다의 모래와 같다고 하였습니다. 천년이 차면 잠깐 옥에서 놓이게 된다고 하였는데 이 부분을 잘 이해하여야 하겠습니다. 천년이라는 의미가 유한적인 천년이 아니라 의미적이고 무한한, 영원한 의미이므로 천년이 찬 후에 놓인다는 것은 무한한 성령의 역사가 이루어지는 동안 사단의 세력은 미약하게 복합적으로 진행된다는 것입니다. 그 사단의 역할은 곧 미혹하고 분쟁하게 만든다는 것이며 이는 모든 사람의 속에서 역사하는 것입니다.

(20: 9) 저희가 지면에 널리 퍼져 성도들의 진과 사랑하시는 성을 두르매 하늘에서 불이 내려와 저희를 소멸하고
(20: 10) 또 저희를 미혹하는 마귀가 불과 유황 못에 던지우니 거기는 그 짐승과 거짓 선지자들도 있어 세세토록 밤낮 괴로움을 받으리라

　사단이 지면에 널리 퍼져서 성도들을 공격하려고 하나 하늘에서 불이 내려와 저희를 소멸한다고 하였습니다. 이는 사단이 성도들을 유혹하고 타락케 하나 하나님의 성령이 역사 하셔서 회개하고 거듭나게 하며 죄를 멀리하고 성결하게 되어지는 모습입니다. 이 사단은 불과 유황 못에 던지우게 되고 거기서 모든 거짓 선지자들과 사단 마귀들이 영원토록 고통을 당하게 됩니다.

(20: 11) 또 내가 크고 흰 보좌와 그 위에 앉으신 자를 보니 땅과 하늘이 그 앞에서 피하여 간 데 없더라

　크고 흰 보좌는 하나님의 보좌요 그 위에 앉으신 이는 하나님입니다. 그 앞에서는 누구도 설 수 없다는 것은 하나님의 권위와 위엄을 나타냅니다.

(20: 12) 또 내가 보니 죽은 자들이 무론대소하고 그 보좌 앞에 섰는데 책들이 펴 있고 또 다른 책이 펴졌으니 곧 생명책이라 죽은 자들이 자기 행위를 따라 책들에 기록된 대로 심판을 받으니

모든 죽은 자들이 하나님 앞에 섰고 하나님 앞에는 생명책이 있어 그 책에는 죽은 자들의 행위가 자세히 기록되어 있어 그 기록된 대로 심판을 받는다고 하였습니다. 책에 기록되었다는 것은 분명하고 자세하게 나타난다는 것이며 하나님께서는 행한 대로 보응하시게 됩니다.

(20: 13) 바다가 그 가운데서 죽은 자들을 내어 주고 또 사망과 음부도 그 가운데서 죽은 자들을 내어 주매 각 사람이 자기의 행위대로 심판을 받고

(20: 14) 사망과 음부도 불 못에 던지우니 이것은 둘째 사망 곧 불못이라

(20: 15) 누구든지 생명책에 기록되지 못한 자는 불못에 던지우더라

바다가 그 가운데서 죽은 자들을 내어 준다는 것은 바다 같이 넓고 깊은 곳에서라도 하나님의 낯을 피할 수 없다는 것입니다. 각 사람이 자기 행위대로 심판을 받게 됩니다. 다른 사람의 믿음으로 구원받을 수 없다는 것입니다. 심판을 받은 자들은 불 못에 던져지며 그곳에서 영원히 고통을 당하게 됩니다. 이들은 생명책에 기록되지 못한 자들입니다. 예수 그리스도의 보혈로 죄사함을 받아 성령으로 거듭나서 그 이마에 인침을 받은 144,000명 곧 택함을 받고 부름을 받은 하나님의 무한한 백성들은 다 생명책에 기록되어 있습니다.

제21장 새 하늘과 새 땅의 세계

(21: 1) 또 내가 새 하늘과 새 땅을 보니 처음 하늘과 처음 땅이 없어졌고 바다도 다시 있지 않더라

하나님께서 모든 것을 새롭게 하시는 때입니다. 물론 예수님께서 재림하실 때 이 세상은 어떠한 세상이 되려는지 몰라도 분명히 새로운 세상이 되며 우리가 죄를 회개하고 사단의 역사를 이기고 믿음으로 승리를 하면 하나님께서 우리의 모든 삶을 새 하늘과 새 땅으로 만들어 주십니다.

(21: 2) 또 내가 보매 거룩한 성 새 예루살렘이 하나님께로부터 하늘에서 내려오니 그 예비한 것이 신부가 남편을 위하여 단장한 것 같더라

거룩한 성 새 예루살렘이 하늘에서 내려오는데 그 아름답기가 신부처럼 아름다웠습니다. 예루살렘은 교회의 상징이요 성도의 상징입니다.

(21: 3) 내가 들으니 보좌에서 큰 음성이 나서 가로되 보라 하나님의 장막이 사람들과 함께 있으매 하나님이 저희와 함께 거하시리니 저희는 하나님의 백성이 되고 하나님은 친히 저희와 함께 계셔서

(21: 4) 모든 눈물을 그 눈에서 씻기시매 다시 사망이 없고 애통하는 것이나 곡하는 것이나 아픈 것이 다시 있지 아니하리니 처음 것들이 다 지나갔음이러라

보좌에서 큰 음성이 나는 것은 하나님의 권위와 절대적인 능력을 나타냅니다. 하나님의 장막이 사람들과 함께 있고 하나님과 함께 거하여 저희는 하나님의 백성이 되고 하나님께서는 성도들의 눈에서 눈물을 씻어 주시고 사망이나 고통이나 곡하는 것이나 아픈 것이 다시는 있지 않는다고 하셨습니다. 이것은 모든 환난이 지나가고 하나님과 함께하는 영광이 영원히 함께하는 모습입니다.

(21: 5) 보좌에 앉으신 이가 가라사대 보라 내가 만물을 새롭게 하노라 하시고 또 가라사대 이 말은 신실하고 참되니 기록하라 하시고

(21: 6) 또 내게 말씀하시되 이루었도다 나는 알파와 오메가요 처음과 나중이라 내가 생명수 샘물로 목마른 자에게 값없이 주리니

(21: 7) 이기는 자는 이것들을 유업으로 얻으리라 나는 저의 하나님이 되고 그는 내 아들이 되리라

하나님께서 만물을 새롭게 하신다고 하시며 이 말은 신실하고 참되니 기록하라고 하십니다. 하나님은 창조주입니다. 하나님만이 모든 것을 새롭게 창조하실 수 있습니다. 이것은 분명하고 확실한 것입니다. 기록하라는 것은 확실하다는 것입니다. 알파와 오메가 되시는 하나님께서 다 이루시고 생명수 샘물로 목마른 자에게 값없이 주시며 하나님께서 성도들의 하나님이 되시고 성도들은 하나님의 아들이 되는 아버지와 아들의 관계가 됩니다. 아버지와 아들의 관계는 끊을 수 없는 관계요 사랑의 관계입니다. 이것이 성도들에게 유업으로 주어진다는 것입니다. 하나님을 아버지로 믿는 자들은 이미 천국에 들어간 생활입니다.

(21: 8) 그러나 두려워하는 자들과 믿지 아니하는 자들과 흉악한 자들과 살인자들과 행음자들과 술객들과 우상 숭배자들과 모든 거짓말 하는 자들은 불과 유황으로 타는 못에 참여하리니 이것이 둘째 사망이라

두려워하는 자들이란 곧 불신자들이며 믿음이 없는 자들입니다. 이들은 불과 유황으로 타는 지옥불에 던져지리니 이것이 둘째 사망이라고 하였습니다. 첫째 사망은 누구나 육체적으로 죽는 죽음이지만 둘째는 영원히 심판을 받는 지옥의 심판입니다.

"불의한 자가 하나님의 나라를 유업으로 받지 못할 줄을 알지 못하느냐 미혹을 받지 말라 음란하는 자나 우상 숭배하는 자나 간음하는 자나 탐색하는 자나 남색하는 자나 도적이나 탐람하는 자나 술취하는 자나 후욕하는 자나 토색하는 자들은 하나님의 나라를 유업으로 받지 못하리라"(고전6:9-10)

(21: 9) 일곱 대접을 가지고 마지막 일곱 재앙을 담은 일곱 천사 중 하나가 나아와서 내게 말하여 가로되 이리 오라 내가 신부 곧 어린양의 아내를 네게 보이리라 하고

(21: 10) 성령으로 나를 데리고 크고 높은 산으로 올라가 하나님께로부터 하늘에서 내려오는 거룩한 성 예루살렘을 보이니

어린 양의 아내는 성도이며 이 성도의 모습이 하늘로서 내려오는 새 예루살렘으로 나타납니다. 이 예루살렘의 아름다움은 극치에 달하며 이 아름다움은 곧 성도의 믿음이요 영광의 모습입니다.

(21: 11) 하나님의 영광이 있으매 그 성의 빛이 지극히 귀한 보석 같고 벽옥과 수정같이 맑더라

새 예루살렘의 모습은 하나님의 영광이 가득하고 아름답고 귀한 보석으로 단장하였으며 다이아몬드나 크리스탈 같이 맑고 깨끗한 모습입니다. 이 보석의 의미는 성결함을 나타내며 성도들이 예수님의 십자가 보혈로 정결케 되어짐을 말합니다.

(21: 12) 크고 높은 성곽이 있고 열 두 문이 있는데 문에 열 두 천사가 있고 그 문들 위에 이름을 썼으니 이스라엘 자손 열 두 지파의 이름들이라

크고 높은 성곽은 외적이 함부로 침범할 수 없는 하나님의 보호와 사랑이 함께 하는 성도의 모습이며 열 두 문에는 열 두 천사가 지키고 있는데 이는 천사가 시중 드는 것이며 그 문들 위에 기록되어 있는 이스라엘의 열 두 지파의 이름은 곧 성도의 이름이요 우리들의 이름입니다. 문패의 이름은 그 집 주인을 나타내는 것이며 이는 성도의 모습을 나타내고 우리 자신들이 하나님의 모시는 거룩한 집이 됩니다.

"너희가 하나님의 성전인 것과 하나님의 성령이 너희 안에 거하시는 것을 알지 못하느뇨 누구든지 하나님의 성전을 더럽히면 하나님이 그 사람을 멸하시리라 하나님의 성전은 거룩하니 너희도 그러하니라"(고전 3:16-17)

열 둘의 숫자는 성도의 숫자입니다. 구약에서는 이스라엘의 택한 열 두 지파의 숫자요, 신약에서는 예수님의 열 두 제자의 숫자입니다.

(21: 13) 동편에 세 문,북편에 세 문,남편에 세 문,서편에 세 문이니
(21: 14) 그 성에 성곽은 열 두 기초석이 있고 그 위에 어린 양의 십 이 사도의 열 두 이름이 있더라

새 예루살렘 성은 동서남북 사방에 성문이 있고 그 성곽은 열두 기초석이 있는데 그 위에 열 두 사도의 이름이 있습니다. 기초석이란 머릿돌과 같아서 어느 건물을 튼튼히 받치고 있는 역할을 하는 돌입니다. 이는 믿음의 상징이며 그 위에 열 두 사도의 이름이 있다는 것은 열 두 사도의 믿음과 같은 믿음이라는 것입니다. 열 두 사도의 믿음은 주님을 따르고 순종하며 주님의 말씀을 땅 끝까지 전파하고 모두 순교한 믿음입니다.

(21: 15) 내게 말하는 자가 그 성과 그 문들과 성곽을 척량하려고 금 갈대를 가졌더라
(21: 16) 그 성은 네모가 반듯하여 장광이 같은지라 그 갈대로 그 성을 척량하니 일만 이천 스다디온이요 장과 광과 고가 같더라

성곽의 모든 것을 척량할 때 금 갈대로 척량하게 됩니다. 금은 예수 그리스도의 속성이며 갈대는 잣대로서 예수님의 인격화와 같은 의미입니다. 새 예루살렘의 성은 네모가 반듯하며 길이와 넓이가 똑 같은 규격입니다. 이는 틀어지지 않고 반듯한 모습이며 성도의 신앙이 온전함을 나타냅니다. 성을 척량하니 일만 이천 스다디온 이라고 하였는데 스다디온은 길이의 단위이며 일만 이천의 의미는 12에다 천을 승한 것으로서 12는 성도의 의미요 천은 많다는 것으로서 많은 무리의 성도들을 표현하는 것입니다.

(21: 17) 그 성곽을 척량하매 일백 사십 사 규빗이니 사람의 척량 곧 천사의 척량이라
(21: 18) 그 성곽은 벽옥으로 쌓였고 그 성은 정금인데 맑은 유리 같더라

그 성곽을 척량하니 일백 사십 사 규빗이라고 하였는데 144도 성도의 숫자입니다. 앞에서 성도의 숫자가 144,000명이었는데 같은 의미를 가지고 있습니다. 성곽은 벽옥으로 쌓였는데 벽옥은 4장에서 하나님의 모습을 나타내고 있는 보석으로서 거룩함을 나타내는 것이었습니다. 성도는 거룩하여야 합니다. 또 그 성은 정금으로 되었는데 맑은 유리 같다는 것은 정금은 예수 그리스도의 속성이요 맑은 유리는 깨끗함이요 거룩함입니다. 이는 곧 성도는 하나님과 예수 그리스도의 형상을 닮은 성결하고 아름다운 모습이라는 것입니다.

(21: 19) 그 성의 성곽의 기초석은 각색 보석으로 꾸몄는데 첫째 기초석은 벽옥이요 둘째는 남보석이요 세째는 옥수요 네째는 녹보석이요

(21: 20) 다섯째는 홍마노요 여섯째는 홍보석이요 일곱째는 황옥이요 여덟째는 녹옥이요 아홉째는 담황옥이요 열째는 비취옥이요 열한째는 청옥이요 열 두째는 자정이라

(21: 21) 그 열 두 문은 열 두 진주니 문마다 한 진주요 성의 길은 맑은 유리 같은 정금이더라

성곽과 성문의 모습은 가장 아름답고 귀한 보석으로 만들어져 있습니다. 이는 신부가 신랑을 위하여 단장한 아름다움의 표현이며 우리 성도가 우리의 신랑 되는 예수님을 위하여 믿음을 지키는 영적인 아름다움의 모습입니다.

(21: 22) 성 안에 성전을 내가 보지 못하였으니 이는 주 하나님 곧 전능하신 이와 및 어린 양이 그 성전이심이라

성 안에 건물로된 성전은 보이지 않지만 하나님과 예수님 자신이 곧 성전이므로 성 안에는 하나님과 예수님이 함께 계십니다. 이는 성도의 심령에는 하나님과 예수님이 성령으로 와 계시는 모습과 같습니다. 그러므로 우리가 이 죄악 세상에 살아도 믿음으로 살면 곧 천국을 이루는 생활이며 이는 지금도 우리가 천년 왕국에서 어린 양과 왕노릇하며 사는 것입니다.

(21: 23) 그 성은 해나 달의 비침이 쓸데 없으니 이는 하나님의 영광이 비취고 어린 양이 그 등이 되심이라

하나님과 예수님 자신의 영광이 충만하여 해나 달의 비침이 필요 없는 광명의 천국입니다.

(21: 24) 만국이 그 빛 가운데로 다니고 땅의 왕들이 자기 영광을 가지고 그리로 들어오리라

(21: 25) 성문들을 낮에 도무지 닫지 아니하리니 거기는 밤이 없음이라

(21: 26) 사람들이 만국의 영광과 존귀를 가지고 그리로 들어오겠고

(21: 27) 무엇이든지 속된 것이나 가증한 일 또는 거짓말하는 자는 결코 그리로 들어오지 못하되 오직 어린 양의 생명책에 기록된 자들 뿐이라

세상의 모든 성도들이 이 영광으로 들어오고 성문은 닫지 아니하며 밤이 없고 오직 기쁨과 감사와 찬양만이 있는 곳이며 이곳에는 속된 것이나 가증한 일 또는 거짓말하는 자는 결코 들어오지 못하며 어린양의 생명책에 기록된 십사만 사천명만 들어가는 천국입니다.

"내가 노하여 너를 쳤으나 이제는 나의 은혜로 너를 긍휼히 여겼은즉 이방인들이 네 성벽을 쌓을 것이요 그 왕들이 너를 봉사할 것이며 네 성문이 항상 열려 주야로 닫히지 아니하리니 이는 사람들이 네게로 열방의 재물을 가져오며 그 왕들을 포로로 이끌어 옴이라 너를 섬기지 아니하는 백성과 나라는 파멸하리니 그 백성들은 반드시 진멸되리라"(사 60:10-12)

제22장 영원한 승리

(22: 1) 또 저가 수정같이 맑은 생명수의 강을 내게 보이니 하나님과 및 어린 양의 보좌로부터 나서
(22: 2) 길 가운데로 흐르더라 강 좌우에 생명나무가 있어 열 두 가지 실과를 맺히되 달마다 그 실과를 맺히고 그 나무 잎사귀들은 만국을 소성하기 위하여 있더라

　보좌로부터 수정 같이 맑은 생명수의 강이 흘러나옵니다. 이 강물이 흘러 들어가는 강 좌우에 생명나무가 있어 열두 가지의 실과를 맺고 달마다 맺으며 그 잎사귀는 약재료가 되더라는 말씀입니다. 이 강물은 예수를 믿는 성도들이 받는 성령이며 이 성령의 역사는 새 생명과 번영과 기쁨과 축복을 주는 것입니다.

　"명절 끝날 곧 큰 날에 예수께서 서서 외쳐 가라사대 누구든지 목마르거든 내게로 와서 마시라 나를 믿는 자는 성경에 이름과 같이 그 배에서 생수의 강이 흘러 나리라 하시니 이는 그를 믿는 자의 받을 성령을 가리켜 말씀하신 것이라"(요7:37-39)

　하나님께서 창조하신 에덴 동산의 모습은 동산 중앙에서 네개의 강이 사방으로 흐르며 거기는 각종 실과가 있고 생명나무가 있어 실과를 맺으며 각종 보석이 있었습니다.(창2장) 이는 곧 성령이 충만한 곳이 곧 에덴 동산과 같은 천국이라는 것입니다.

　"이 강물이 이르는 곳마다 번성하는 모든 생물이 살고 또 고기가 심히 많으리니 이 물이 흘러 들어가므로 바닷물이 소성함을 얻겠고 이 강이 이르는 각처에 모든 것이 살 것이며…… 강 좌우 가에는 각종 먹을 실과나무가 자라서 그 잎이 시들지 아니하며 실과가 끊치지 아니하고 달마다 새 실과를 맺으리니 그 물이 성소로 말미암아 나옴이라 그 실과는 먹을만하고 그

잎사귀는 약 재료가 되리라"(겔47:9-12)

(22: 3) 다시 저주가 없으며 하나님과 그 어린 양의 보좌가 그 가운데 있으리니 그의 종들이 그를 섬기며
(22: 4) 그의 얼굴을 볼 터이요 그의 이름도 저희 이마에 있으리라

다시 저주가 없으며 라는 말씀은 에덴 동산에서 불순종으로 저주를 받아 쫓겨났지만 이제는 예수 그리스도로 말미암아 죄사함을 받고 구원을 받았으므로 이제는 영원토록 저주가 없는 천국의 생활입니다. 이 생활은 하나님과 예수님을 섬기는 생활이며 그 얼굴을 보게 되고 그 이름도 저희의 이마에 있으리라고 하였습니다. 얼굴을 본다는 것은 서로 화해하고 화목한 관계요 그 이마에 이름이 있다는 것은 이미 앞에서 나타난 이마에 인친 십사만 사천명의 성도의 모습입니다.

(22: 5) 다시 밤이 없겠고 등불과 햇빛이 쓸데없으니 이는 주 하나님이 저희에게 비취심이라 저희가 세세토록 왕노릇하리로다

밤이 없다는 것은 타락과 방탕의 범죄가 다시 있지 아니하고 영광스러운 일들만 이루어지며 이는 하나님의 진리의 말씀이 함께 하심이요 이렇게 하므로 왕권을 누리는 영광이 주어집니다.

(22: 6) 또 그가 내게 말하기를 이말은 신실하고 참된자라 주 곧 선지자들의 영의 하나님이 그의 종들에게 결코 속히 될 일을 보이시려고 그의 천사를 보내셨도다

지금까지 보여준 모든 것은 신실하고 참되다고 하였습니다. 주님의 말씀은 일점 일획도 가감하거나 변경시킬 수 없는 진리의 말씀입니다. 이 일들은 결코 속히 될 것이며 이 일을 보이시려고 천사를 보내셨다고 하셨습니다. 속히 된다는 것은 앞으로 되는 것이 아니고 지금 되고 있는 것입니다. 우리가 아무리 어려운 여건 속에 살아도 주님과 동행하는 믿음 즉 성령이 충만한 삶을 살아가면 이는 곧 천국의 삶이요 모든 영광을 누리는 왕권의 삶입니다.

(22: 7) 보라 내가 속히 오리니 이 책의 예언의 말씀을 지키는 자가 복이 있으리라 하더라

　주님은 속히 오시되 지금 오십니다. 우리는 장차 오실 예수님을 기다리는 것이 아니라 지금 오시는 예수님을 맞이하는 생활이 되어야 하며 이러한 삶을 살아가는 자가 복이 있는 것입니다.

(22: 8) 이것들을 보고 들은 자는 나 요한이니 내가 듣고 볼때에 이 일을 내게 보이던 천사의 발 앞에 경배하려고 엎드렸더니

(22: 9) 저가 내게 말하기를 나는 너와 네 형제 선지자들과 또 이 책의 말을 지키는 자들과 함께된 종이니 그리하지 말고 오직 하나님께 경배하라 하더라

　경배는 오직 하나님과 예수님께서만이 받으실 수 있으며 그분께만 경배를 드려야 합니다. 우리는 오직 하나님의 영광을 위해서 살아야 하며 그분을 영화롭게만 하여야 합니다.

　"우리가 살아도 주를 위하여 살고 죽어도 주를 위하여 죽나니 그러므로 사나 죽으나 우리가 주의 것이로라"(롬 14:8)

(22: 10) 또 내게 말하되 이 책의 예언의 말씀을 인봉하지 말라 때가 가까우니라

　인봉하지 말라는 것은 증거하라는 것이며 때가 가깝기 때문입니다. 주님께서 공생애를 출발하며 증거하신 첫마디는 "회개하라 천국이 가까왔느니라"고 하셨습니다.

(22: 11) 불의를 하는 자는 그대로 불의를 하고 더러운 자는 그대로 더럽고 의로운 자는 그대로 의를 행하고 거룩한 자는 그대로 거룩되게 하라

　주님의 심판이 임박하였으므로 언제 그 행동을 고칠 여유가 없다는 것입니다.

(22: 12) 보라 내가 속히 오리니 내가 줄 상이 내게 있어 각 사람에게 그의 일한 대로 갚아 주리라

주님이 속히 오시되 오셔서 행한대로 상을 주신다는 말씀입니다. 우리에게는 각각 달란트를 주셨습니다. 한 달란트, 두 달란트, 다섯 달란트를 주셨는데 배로 남겨서 주님께 드릴 때 그 모든 것이 다시 내게로 돌아오는 영광이 주어집니다.

(22: 13) 나는 알파와 오메가요 처음과 나중이요 시작과 끝이라

알파와 오메가는 처음과 끝이라는 것으로서 모든 것을 책임지고 지키시며 보호하심을 나타내고 이는 심판과 구원을 이루시는 분이라는 말씀입니다.

(22: 14) 그 두루마기를 빠는 자들은 복이 있으니 이는 저희가 생명나무에 나아가며 문들을 통하여 성에 들어갈 권세를 얻으려 함이로다

두루마기를 빠는 자들이 복이 있다는 말씀은 죄를 씻고 회개하는 것을 말하며 겉옷은 성도의 인격을 나타냅니다. 깨끗한 흰 옷을 7장에서는 어린 양의 피로 씻어 깨끗함을 받은 성도로 표현했고 19장에서는 성도의 옳은 행실이라고 하였습니다. 즉 예수를 믿어 회개하고 죄사함을 받은 자들이 천국에 들어갈 권세를 얻게 되는 것입니다.

(22: 15) 개들과 술객들과 행음자들과 살인자들과 우상 숭배자들과 및 거짓말을 좋아하며 지어내는 자마다 성 밖에 있으리라

불신자들은 성 밖에 있게 됩니다. 개들이란 죄악의 속성을 지닌 짐승과 같은 인격입니다.

"거룩한 것을 개에게 주지 말며 너희 진주를 돼지 앞에 던지지 말라 저희가 그것을 발로 밟고 돌이켜 너희를 찢어 상할까 염려함이라"(마 7:6)

(22: 16) 나 예수는 교회들을 위하여 내 사자를 보내어 이것들을 너희에게 증거하게 하였노라 나는 다윗의 뿌리요 자손이니 곧 광명한 새벽 별이라 하시더라
　예수님은 다윗의 자손으로서 이 땅에 육을 입고 오셔서 우리를 위하여 십자가에 돌아가신 우리의 구세주입니다. 곧 어둠을 밝히고 구원의 길을 비취는 광명한 새벽별과 같으신 분입니다.

(22: 17) 성령과 신부가 말씀하시기를 오라 하시는도다 듣는 자도 오라 할 것이요 목마른 자도 올 것이요 또 원하는 자는 값없이 생명수를 받으라 하시더라
　성령과 신부가 말씀하시는 것은 성령은 주님의 영이요 교회의 머리가 되시며 신부는 성도요 교회입니다. 주님께서는 교회와 성도들을 통하여 지금도 구원의 복음을 증거 하시고 계시며 누구든지 값없이 와서 생명수를 먹고 구원받기를 바라고 계십니다.
　"너희 목마른 자들아 물로 나아오라 돈 없는 자도 오라 너희는 와서 사먹되 돈 없이 값없이 와서 포도주와 젖을 사라"(사 55:1)

(22: 18) 내가 이 책의 예언의 말씀을 듣는 각인에게 증거하노니 만일 누구든지 이것들 외에 더하면 하나님이 이 책에 기록된 재앙들을 그에게 더하실 터이요
(22: 19) 만일 누구든지 이 책의 예언의 말씀에서 제하여 버리면 하나님이 이 책에 기록된 생명나무와 및 거룩한 성에 참여함을 제하여 버리시리라
　이 책의 예언의 말씀은 곧 성경 66권 전체의 말씀과 같으며 이 하나님의 말씀은 누구도 바꿀 수 없으며 가감할 수 없습니다. 만약 그렇게 한다면 하나님의 심판을 받게 된다는 것입니다. 말씀을 바꾼다는 것은 말씀에 불순종한다는 것입니다.

(22: 20) 이것들을 증거 하신 이가 가라사대 내가 진실로 속히 오리라 하시거늘 아멘 주 예수여 오시옵소서
(22: 21) 주 예수의 은혜가 모든 자들에게 있을찌어다 아멘
　최후의 말씀은 대단히 중요한 의미를 지니게 됩니다. 우리 기독교의 가장 핵심적인 진리는 주님이 곧 오신다는 것이며 깨어서 영접할 준비를 하여야 한다는 말씀입니다. 곧 오시는 것은 장래에 오시는 것이 아니라 지금 오시는 것입니다. 지금 주님이 오신다면 당신은 무엇을 하시겠습니까?

그러나 이러한 말씀을 오해를 하여 주님께서 몇년 몇월 몇일 몇시에 오신다는 시한부적인 신앙을 가지고 그 시간에 맞춰서 다 팔아 없애고 그때까지만 먹을 것을 남겨두는 등 비이성적인 행동을 하는 경향이 있습니다.

이렇게 생각해 봅시다. 주님께서 오실 때 우리가 구제를 하고 있다가 주님을 만나게 된다면 좋겠습니다. 그렇다면 구제하기 위해서 돈을 벌어야 하며 돈을 벌기 위해서 열심히 일을 하여야 하며 그러기 위해서는 직장이나 사업에 최선을 다하여야 합니다. 이렇게 사는 사람은 직장에서 근무를 하다 주님을 맞이해도 그것은 구제를 하다가 주님을 만나는 것이나 꼭 같습니다.

유명한 한마디 "내일 이 지구의 종말이 온다고 해도 나는 오늘 한 그루의 사과나무를 심겠다."는 이 말은 곧 성도의 생활상이 되어야 합니다.

우리의 신앙은 주님이 오시기를 기다리며 준비하는 생활이어야 합니다. 흔히들 지금 천국에 가면 부끄러워서 어떻게 합니까? 조금 더 있다가 준비 좀 하고 죽어야지요! 라고 말합니다. 우리는 언제 죽어도 하나님 앞에서 설 수 있는 준비 있는 생활이 되어야 하며 죽음을 두려워하지 말아야 합니다.

이제 계시록을 간추려 요약하고자 합니다. 서론에서도 언급하였습니다만 계시록은 역사적으로 로마의 박해를 받는 교회와 성도들에게 주어진 위로와 소망과 확신을 주시는 주님의 말씀이며 이는 지금도 우리에게 주시는 살아 있는 말씀이요 영원히 주님 오실 때까지 우리와 함께 하시는 말씀입니다.

이 말씀의 핵심은 사단의 역사가 일시적으로 득세를 하는 것 같으나 그 모든 것은 하나님의 주권 아래 있는 것으로서 반드시 예수 그리스도의 승리로 구원을 이루시며 영원한 영광을 누리게 하신다는 말씀입니다.

계시록에 나타난 짐승이나 숫자나 사건이나 인물은 어느 특정한 인물이

나 국가나 사건을 나타내는 것이 아니라 어느 특정한 인물이나 국가나 사건이 그러한 유에 속할 수 있는 것이며 사단이 우리 속에 들어와 범죄케 할 때 우리 자신도 바로 그러한 짐승과 같은 것입니다.

계시록은 거의 같은 내용이 1부, 2부, 3부로 구분되어 있으며 1부보다 2부가 2부보다 3부가 더 확대되어 강하고 실감나게 기록이 되었습니다. 마치 웅변가가 웅변을 할 때 목소리를 1단계 2단계 높이다가 3단계에서는 최고의 힘을 내서 외치는 것과 같습니다.

이 계시록에 기록된 년대는 특정한 년대를 나타냄이 아닙니다. 그러므로 계시록을 가지고 주님 오실 때를 계산해 내거나 지금 일어나고 있는 사건이 계시록의 몇째 나팔의 재앙이라는 등 시한부적으로 해석해서도 안 됩니다.

계시록의 사건들은 모든 시대에 이루어지고 있는 복합적인 사건들입니다. 예를 들면 백말 탄 자가 활동하는 반면에 붉은 말 탄 자도 함께 활동한다는 것이요 백말 탄 자의 활동이 끝난 후에 붉은 말 탄자의 활동이 시작된다는 것이 아닙니다. 이는 성령의 역사가 있는 반면에 사단의 역사도 함께 있다는 것입니다.

계시록의 모든 것은 언제나 지금 일어나고 있습니다. 그러나 궁극적으로는 예수님께서 재림하실 때 완전히 다 이루시게 됩니다. 주님은 기록된 대로 반드시 우리가 육안으로 볼 수 있도록 구름을 타고 오셔서 이 세상을 새 하늘과 새 땅으로 만드시고 우리를 영원한 천국으로 인도하십니다. 그러나 지금도 그 역사 즉 구원과 심판은 이루어지고 있습니다. 그러므로 지금 주님이 오시고 있는 것이며 우리는 언제나 지금 오시는 주님을 영접하는 생활이 되어야 합니다. 천국은 먼 훗날 죽어서 가는 것만 아니라 지금 천국에 들어간 생활이 되어야 먼 훗날의 천국이 연결되는 것입니다.

요한 계시록은 특별히 이상한 책이 아닙니다. 예수 그리스도가 우리의 구주이시며 그분이 사단의 세력을 물리치고 우리를 죄악에서 건지신 즉 십자가를 지신 분이라는 말씀입니다. 계시록의 주제는 "예수 그리스도의 승리"입니다.

주 예수의 은혜가 모든 분들에게 있기를 주님의 이름으로 축원합니다.

THE REVELATION COMMENTARY

김 윤 식 목사 著
(Rev. Immanuel Peter Kim Ph.D.)

월드미션센터(세계선교회)
World Mission Center

영문(English) 목 차

Preface -- 160
Introduction --- 162
Chapter 1 The revelation of Jesus Christ -------------------- 177
Chapter 2 Praise and admonition 1 --------------------------- 192
Chapter 3 Praise and admonition 2 --------------------------- 197
Chapter 4 God's throne and his glory ------------------------ 201
Chapter 5 King, as the ambassador to God -------------------- 208
Chapter 6 Opening of the seven seals ------------------------ 215
Chapter 7 Final victory ------------------------------------- 223
Chapter 8 Seven trumpet disaster ---------------------------- 229
Chapter 9 The fifth and the sixth trumpet disaster ---------- 235
Chapter 10 A little scroll eaten by John -------------------- 243
Chapter 11 Activity of two witnesses ------------------------ 246
Chapter 12 Fight of the woman with the dragon --------------- 255
Chapter 13 Activities of two beasts ------------------------- 262
Chapter 14 The angel gathers grapes and crops by sickle ----- 270
Chapter 15 Angles with seven plagues ------------------------ 278
Chapter 16 Seven bowls of plague ---------------------------- 282
Chapter 17 Activities of the great prostitute and the beast - 290
Chapter 18 falling of the great city Babylon ---------------- 296
Chapter 19 The wedding of the Lamb and the judgement of the beast -- 302
Chapter 20 The great judgement and the thousand year kingdom ---- 307
Chapter 21 A New heaven and a new earth --------------------- 312
Chapter 22 The eternal victory ------------------------------ 319

Preface

"I warn everyone who hears the words of the prophecy of this book: If anyone adds anything to them, God will add to him the plagues described in this book. And if anyone takes words away from this book of prophecy, God will take away from him his share in the tree of life and in the holy city, which are described in this book.(Rev.22:18~19) Fear comes first when we face these words.

But, if we approach with faith that God's words are based on his love for salvation, joy and gratefulness overtakes the fear. Through this exposition of the Revelation, we will discover the power and fervent love of the Lord.

In Korean proverb, there is a saying 'looking for the child for three years not noticing carrying it on one's back' We have prejudice that the Revelation is rather remote but will discover we had it on our back all the time. To untie a flour sack, one have to pull out the exact thread to open easily not massing up the whole knot by pulling from the opposite direction which will end up to tear up the whole seal.

Exposition of the Revelation is like a such thread which will untie by itself when taken within the context of the whole Bible. By pulling the tread of the Genesis, the book of the Revelation will be follow automatically and so the door to it as well. But, there are cases by just misinterpreting one word can mis-lead to a void wondering in wilderness.

A good key has nothing to do with size, color and quality of the material made from. Even with poor looking, it should fit exactly to the lock to open it. There are tendencies to interpret the Bible more extensively and splendid way. But, by doing so, often one loses the essence. They mobilize all kinds of learning, knowledge and talents to make a fascinating key.

Since the Bible has been written with the inspiration of the Holy Spirit, one can get right understanding with the prompting of the God's Spirit. Both speaker and hearer can experience common grace by the inspiration of the Holy Spirit. I hope the inspiration of the Holy Spirit that came upon John will come to everyone who reads this book.

Having taught biblical theology for many years at a seminary, I lectured the book of the Revelation several times, which enabled me refine the materials, now came to be this writing. The criteria of the exposition and all the bases of interpretation has been found within or always in line with the flow of the rest of the 65 books of the Bible. And the goal is always forwarded to the salvation of Jesus Christ.

I edited for easier reading and inserted all quoted Bible verses so that one could read without searching the Bible. I hope and trust that this book will enable readers to understand the Revelation, so to become a mediator who has the comfort, hope, gratitude, and joy of the Lord.

"Blessed is the one who reads the words of this prophecy, and blessed are those who hear it and take to heart what is written in it, because the time is near".(Rev. 1:3)

2025.07.01
Rev. Immanuel Peter Kim Ph.D.

Introduction

The Apostle John's Revelation is not another book but it is a part of the 66 books of the Bible. Every book of the Bible reveals Jesus Christ and suffering of the Christ and his glorification which denotes the cross and the resurrection. It is the word of God that tells us about the salvation by the faith in Jesus Christ.

"How foolish you are, and how slow of heart to believe all that the prophets have spoken! Did not the Christ have to suffer these things and then enter his glory?" And beginning with Moses and all the Prophets, he explained to them what was said in all the Scriptures concerning himself.(Lk 24:25~27)

"If you believed Moses, you would believe me, for he wrote about me."(Jn 5:46)

By mis-understanding the Revelation, a lots of confusion has been caused. Generally, many have prejudice about the Revelation and perceiving that it is mysterious, horrible, world of fantasy far from this real life.

But, the Revelation, being a part of 65 books of the Bible, the essence is not different and it contains the God's word, having the thread of connection to the truth.

Word 'revelation' is same to the word 'prophecy'. Word 'prophecy' and 'revelation' taken literally will have a tendency of taking it mysteriously or futuristic only. 'Revelation' create an illusion of hearing some voices or seeing some vision during last night's dream, word 'prophesy' is perceived as a fore-telling the future, for instance, what is going to happen tomorrow or the day after tomorrow. But, the biblical meaning for 'revelation' is 'God's word'.

Word 'Eternal life' can mean literally live forever without death but, the actual meaning is living with God. If God can live for one day only, living for one day is the eternal life. Eternal life is not living for a long time but, it is life with God. Likewise, word 'revelation' and 'prophesy' is not about the future but, it means God's word.

This word of revelation and prophesy is about Jesus Christ, death of Jesus Christ on the cross, the saviour who saves us from our sins by his resurrection, word that gives us salvation through the faith in Him. Therefore, all the word of the Old and the New testament are words of revelation or words of prophesy.

The Old testament is revelation about the coming Jesus and the New testament is revelation about Jesus who came. But, in Old testament, the word 'Jesus Christ' is not found nor any other direct mentioning about Him by just looking into written details. Still there are not a word that does not reveal about the Christ.

The Old testament can be classified briefly into law, history, psalms and prophesy. I will explain with an example. In Isaiah 7:14 writes, "The virgin will be with child and will give birth to a son, and will call him Immanuel." this is of course prophesy about the birth of Jesus Christ which records the fulfillment of that in the gospel of Matthew. But, I want to think about the actual situation when this word came.

It is necessary to understand the historical situation during the reign of king Ahaz, Judah's king. Being a proud king, unrighteous before God, the prophet Isaiah advised to Ahaz to seek for a sign from God which he meant was pray to God for his power to save. But, as Ahaz did not follow, so God give an unilateral sign. That sign was expressed with a virgin giving birth to a son. This incident did not occur during that time. That is even no virgin gives birth to a son, God will use Babylon and Assyria to punish and judge Israelites and afterwards, they will return from captivity, and this restoration is expressed as a virgin giving birth to a child called Emmanuel. It is not possible for a virgin to give birth to a son. Neither with power of science nor by any chance but, only with God, it is possible so the salvation is, which is an absolute matter possible only by God. This incident has been fulfilled in Jesus Christ and the virgin birth of Jesus was possible by the absolute power of God which tells that the salvation is done by God alone.

As written Isaiah 32:1, "See, a king will reign in righteousness" is a prophesy about Jesus but, for the contemporary, it meant the King Hezekiah. In actual it was prophesying about Jesus. A similar example can be taken from Abraham's life recorded in Genesis. It was not meant to introduce Abraham's life but, it was revealing Jesus.

The crossing of the Red Sea incident was not to introduce a mysterious miracle experienced by the Israelites during exodus but, by using the incident by God's power during that time, it tries to teach us that even today, it is by God's mighty power we are being saved which reveals about Christ. Being chased by the Egyptian army from behind and the Red Sea blocking in front, all of them were about to be killed until God intervened with opening of the Red Sea which saved the Israelites from death, which reveals Jesus who told us " I am the way and the truth and the life. No one comes to the Father except through me."

Therefore, all the revealed prophesy in the Bible, is about God's word to save us sinners through Jesus Christ thus, it is not meant to be taken as predicting something going to happen in the future. Surely revealing something that is going to be fulfilled in Jesus Christ but, still it was not bound only for the future, it is relevant both present and the future.

Likewise, the crucial key to interpret the Old testament, can be refer to the spoken word by Jesus himself

"'How foolish you are, and how slow of heart to believe all that the prophets have spoken! Did not the Christ have to suffer these things and then enter his glory?' And beginning with Moses and all the Prophets, he explained to them what was said in all the Scriptures concerning himself".(Lk 24:25~27)

"If you believed Moses, you would believe me, for he wrote about me".(Jn. 5:46)

The content of this word is what Jesus had spoken to the unbelieving disciples about his death on the cross and his resurrection on the third day. The conclusion of the expository given to them was about the suffering of Christ and entering into his glory. This facts have been revealed in the writing of Moses, the prophets, and other parts of the scripture. But, actually these are not written literally. Without the Holy Spirit's inspiration, one could not understand these words.

As mentioned above, to understand the revelation, one has to find the word that reveals Jesus Christ and the same method to be applied as to understand rest of 65 books of the Bible. The New and Old Testament Bible is God's word which testifies Jesus Christ.

Also in Rev. Chapter verse 2, the characteristics of Revelation is well explained "who testifies to everything he saw--that is, the word of God and the testimony of Jesus Christ.". This means what John saw and wrote down was about the "God's word and the testimony of Jesus Christ.

The mainstay of 65 books of the Bible is Jesus Christ- God's word being incarnated, dwelt among us, died on the cross, by his resurrection, overcame the power of death and the devil- they reveals the savior Jesus who saved us. The book of revelation also reveals victorious Jesus, who won over the battle against Satan and leads us to the wedding banquet of the lamb on the last day

The parent part of the Bible is the Pentateuch. All the teachings and preaching done by the prophets are the Old testament history books, poets and prophetical writings. Every teachings done by Jesus were from the Old testament. That is; nothing was new but, the Old Testament word taught in new teaching such a way that it is easier to understand.

"Do not think that I have come to abolish the Law or the Prophets; I have not come to abolish them but to fulfill them. I tell you the truth, until heaven and earth disappear, not the smallest letter, not the least stroke of a pen, will by any means disappear from the Law until everything is accomplished". (Math.5:17~18)

If the Pentateuch-the parental part-is uncertain with it's revelational characteristic(truth), it is a very serious problem. If the standard is shaken, everything else will be shaken become uncertain. That is why the Bible testifies cleary about the Pentateuch records.

"Listen to my words: "When a prophet of the LORD is among you, I reveal myself to him in visions, I speak to him in dreams. But this is not true of my servant Moses; he is faithful in all my house. With him I speak face to face, clearly and not in riddles; he sees the form of the LORD. Why then were you not afraid to speak against my servant Moses?"(Num 12:6~8)

And the core of the Pentateuch is the Ten commandment which

is written God himself, unchangeable word. "Moses turned and went down the mountain with the two tablets of the Testimony in his hands. They were inscribed on both sides, front and back. The tablets were the work of God; the writing was the writing of God, engraved on the tablets".(Ex.32:15~16)

"Moses was there with the LORD forty days and forty nights without eating bread or drinking water. And he wrote on the tablets the words of the covenant--the Ten Commandments". (Ex.34:28)

Likewise, the most fundamental words of the Bible was written God himself, or spoke clearly to Moses face to face without any error. This written word is the revelation about Jesus Christ.

"If you believed Moses, you would believe me, for he wrote about me".(Jn 5:46)

If the Pentateuch is just a writings of commandments, rules and regulations, it will not have much value. Bible has the value to be treasured, since it is God-who rules the history-spoke within the history. That is if God's word has no historicity, it is not the truth.

Even Jesus spoke with many words to love one another, without practicing love himself historically, by the death on the cross, it will be no different from words spoken by a philosopher. Even the Old testament teachings are good, without Jesus coming to this world, those words will not have any value. It will be no different from the code Hammurabi or other gentile religious sacred books.

God's word were given by using historical events as a medium which has been fulfilled in Jesus Christ. Therefore, if the Revelation is regarded as a remote fantasy having no connection with history, it can not be the truth. Therefore, for right understand the Revelation, one should understand the historical back ground of the Revelation to recover how God worked within that history. Prior to the expository of the main text of Revelation, I want to look into the historical back ground.

Depends on individual scholars, they say the book of Revelation was written between 95~96 AD. During that time, Roman occupied some parts of Europe and Whole Asia. So, all those subject countries seek to get out from Roman by rise an revolt.

It was imperative for Romans not to let go any of them, and to do so, they had to mobilize all kinds of political methods. Therefore, they can not help developing communication, traffic and unify their language, culture, and religion. Especially the religious policy was unusual.

A religious community having same religion will share common brethren sense for unity. By using this psychology, they asserted to make one religion, making emperor the god to be honored and worshiped. By doing so, naturally the Roman ruler, the emperor will be worshiped and no one dares to go against the Emperor's rule.

Since it was an uncivilized society, their religion was something like serve nature, or deify a chief of their clan. So, as they served an animal, trees and universe, serving the emperor as a deity was not a problem. And for those who worshiped the chief was no different from serving the emperor as a god.

But, for the Christianity, this policy was not applicable. God the creator of heavens and the earth and His only Son Jesus Christ savior to be the worshiped, and no other human can be deify for Christian truth. So, only Christians could not obey to the Roman's religious policy. The Christians were only to be persecuted. So, the Romans tried to annihilate Christianity by killing them so cruelly whenever they caught. Eaten by beasts, being thrown down from a high cliff wearing animal skin, killing them by martial art, tearing them to pieces by binding legs and arms to four horse running different directions. To avoid such persecution, some hid in catacomb-underground cemetery- died and buried there. It is said that there finds more than a million remains (corpses) in those catacomb.

Such persecution differed from emperors, and the most severer period was during reign of emperor Domitian. This was when the apostle John was persecuted and exiled to island Batmos. For those churches and Christians under such persecutions were forced to ponder various thoughts. That was, the almighty God, who loves us, who is righteous, who must judge uprighteousness but, how is it that God let all the saints to suffer so hard, and the unrighteous Romans practices flourish so much?

To the churches and the saints, the Lord gives words of encouragement, comfort and hope through John. And the writing were done with apocalyptic literature style.

All the events written in the book of Revelation, that is a war between the Lamb and the beasts is about church and the Roman relation which is relation of the Holy Spirit and the Satan today.

Jesus is express as a most feeble, innocent, Lamb and the Romans as a fierce beast. If the weak Lamb and the beast fights together, surely the beast will win. So, the beast would seems to acquire power to rule over the whole world and swallow up the Lamb but ends up the Lamb will win and the saints will be invited to the wedding banquet of the Lamb. This is a word of hope and comfort to the saints under persecution that even for the time being, the Satanic forces might seem to win, the Lord will guide his saints in the end.

This beast force called the devil is not pointing to a specific country nor any political force. This denotes the works of Satan who tempts and test each individuals to fall, by entering into one's hearts.

"The acts of the sinful nature are obvious: sexual immorality, impurity and debauchery; idolatry and witchcraft; hatred, discord, jealousy, fits of rage, selfish ambition, dissensions, factions and envy; drunkenness, orgies, and the like. I warn you, as I did before, that those who live like this will not inherit the kingdom of God".(Gal 5:19~21)

"Furthermore, since they did not think it worthwhile to retain the knowledge of God, he gave them over to a depraved mind, to do what ought not to be done. They have become filled with every kind of wickedness, evil, greed and depravity. They are full of envy, murder, strife, deceit and malice. They are gossips, slanderers, God-haters, insolent, arrogant and boastful; they invent ways of doing evil; they disobey their parents; they are senseless, faithless, heartless, ruthless".(Rom 1:28~31)

Likewise, even today Satan tempts us to fall. But, even we fall and commit sin, the Holy Spirit will prompt us to repent, relent, win over for salvation.

"No temptation has seized you except what is common to man. And God is faithful; he will not let you be tempted beyond what you can bear. But when you are tempted, he will also provide a way out so that you can stand up under it".(I Cor. 1:13)

The book of Revelation witnesses the salvation received by Jesus Christ, and it is not predicting about when the World war third will break out, nor which year, month and date the Lord will return. Regardless how spiritual expository it is, if dealing about the third World war or the time of Jesus' returning, it is a wrong exposition. Because, if the truth of 65 books of the Bible and the book of Revelation disagrees with truth, it is absolutely wrong. In the 65 books of the Bible does not predict the third World war nor time of Jesus' returning.

In the Bible, various areas are recorded like history, science, literature. But all these are just a media to reveal Jesus Christ. It is not an academic text book that explains history, science and literature principles.

Revelation of Christianity is about Jesus Christ himself and not any other things. So, revelation came upon me means, Christ' presence came to me so that I become Christlike character. This is revelation. Others are confused revelation with predicting things as fortune-tellers are doing. This is a serious error. But, the Satan and the devil is good at doing such things. By performing epochal mysterious miracles which is over our common sense, they confuses us. Therefore, the standard of the truth lies with the presence of Jesus Christ that is, personification, not with the mysterious miracle.

"For false Christs and false prophets will appear and perform great signs and miracles to deceive even the elect--if that were possible".(Math. 24:24)

Many will say to me on that day, 'Lord, Lord, did we not prophesy in your name, and in your name drive out demons and perform many miracles?' Then I will tell them plainly, 'I never knew you. Away from me, you evildoers!'(Math. 7:22~23)

Heresies perform various miracles like healing diseases, casting out demons, which they emphasize more than the name of Christ, gathering lots of naive followers, feathers their own nests under the guise of name of Christ. Not always a miracle is the truth but, the miracle can be found within the truth.

Prior to the expository, it will be useful to have some theological common knowledge about the revelation which we are going to look into briefly.

1. Revelation

Revelation is to know God. But, since we could not see God, Jesus is the essence of the revelation as he incarnated in human form and came among us.

"The Word became flesh and made his dwelling among us. We have seen his glory, the glory of the One and Only, who came from the Father, full of grace and truth."(Jn 1:14)

"Philip said, "Lord, show us the Father and that will be enough for us." Jesus answered: "Don't you know me, Philip, even after I have been among you such a long time? Anyone who has seen me has seen the Father. How can you say, 'Show us the Father'? Don't you believe that I am in the Father, and that the Father is in me? The words I say to you are not just my own. Rather, it is the Father, living in me, who is doing his work".(Jn 14:8~10)

The revelation has been fulfilled already. That is if some one born of a woman says he is the Messiah, you can assume to be wrong without go and check. These days there are many weird ones, who self declares to be the second coming Jesus or a brother to Jesus.

2. Inspiration

While supervising history, God revealed Christ within history so that we know God's only Son Jesus and believe in him. Those prophets was inspired by the Holy Spirit, saw this history and recorded, which is the Bible. This Bible reveals only Jesus Christ. This inspiration was given to those servants so that they could record the Bible. Even some others being inspired and write down messages, it could not be taken as the Bible any longer. If someone teaches other teaching above the authority of Bible, their teaching is heretical. The book of Mormon, the Principle sermon or any other teachings could become Bible.

The given word is the perfect reveled word, which not a dot nor a stroke will ever disappear from it. Within this revelation, those unknown matters are to be regarded hidden which is God's will and the truth.

"For prophecy never had its origin in the will of man, but men spoke from God as they were carried along by the Holy Spirit". (2 Pet 1:21)

"All Scripture is God-breathed and is useful for teaching, rebuking, correcting and training in righteousness, so that the man of God may be thoroughly equipped for every good work". (2 Tim 3:16~17)

3. Illumination

Since God already revealed Jesus Christ in the Bible, we need to go through the process of reading and understand the Bible. Not by means of hearing voices, vision nor dreams to get to know Jesus Christ, we have the given word with which, we find the Lord, come to believe in him and be saved. But, even many reads the Bible, they could not believe Jesus. Because, they did not find Jesus. That doesn't mean they did not see the name of Jesus, they simply did not experience the active working of the Holy Spirit. Therefore, the illumination is there to enable us with understanding so that we could realize and believe Jesus Christ as the Lord to be saved.

"and how from infancy you have known the holy Scriptures, which are able to make you wise for salvation through faith in Christ Jesus".(2 Tim 3:15)

"Now an angel of the Lord said to Philip, "Go south to the road--the desert road--that goes down from Jerusalem to Gaza." Now an angel of the Lord said to Philip, "Go south to the road--the desert road--that goes down from Jerusalem to Gaza." Now an angel of the Lord said to Philip, "Go south to the road--the desert road--that goes down from Jerusalem to Gaza." The Spirit told Philip, "Go to that chariot and stay near it." Then Philip ran up to the chariot and heard the man reading Isaiah the prophet. "Do you understand what you are reading?" Philip asked. "How can I," he said, "unless someone explains it to me?" So he invited Philip to come up and sit with him. The eunuch was reading this passage of Scripture: "He was led like a sheep to the slaughter, and as a lamb before the shearer is silent, so he did not open his mouth. In his humiliation he was deprived of justice. Who can speak of his descendants? For his life was taken from the earth." The eunuch asked Philip, "Tell me, please, who is the prophet talking about, himself or someone else?" Then Philip began with that very passage of Scripture and told him the good news about Jesus. As they traveled along the road, they came to some water and the eunuch said, "Look, here is water. Why shouldn't I be baptized?" And he gave orders to stop the chariot. Then both Philip and the eunuch went down into the water and Philip baptized him. When they came up out of the water, the Spirit of the Lord suddenly took Philip away, and the eunuch did not see him again, but went on his way rejoicing".(Act: 8:26~39)

This expository is nothing to do with may mythological, creative methods. It will try to remain within the boundary and will use the method as the revelation itself witnesses within 65 books of the Bible.

All the numbers, beast, animals recorded in the John's revelation has the apocalyptic meanings, and never to be taken literally as actual numbers, animal and incidents. Jewish apocalyptic literature were well known among the early church members to understand the John's revelation correctly. In the Old Testament, in the book of Ezekiel and Daniel, there are many recording are done in apocalyptic literature.

For example, number seven does not stands for natural number but it means the perfect number. So seven years of great tribulation does not denote 7 years tribulation period from a certain year but, it means a perfect period of time in a sense from the beginning until the end. Therefore, 7 years of great tribulation doesn't mean tribulation from beginning until the end but, the great tribulation is doing evil by not able to overcome the Satan's temptation and testing.

Then, from the time when God created the world should be taken as the beginning and the end will be when Jesus returns. Satan tempted Adam and Eve to fall at the garden of Eden and cause many people to sin up to this day, and he will continue to do so until Jesus returns. So, 7 years tribulation does not mean from year 1993 until year 2000 as some terminal end time followers teaches. Already we live in great tribulation time. Because the Satan's work continues regardless of era and is still going on.

Then, what is the thousand year kingdom? As I am going to explain more in detail with the actual text, number thousand does not denote natural thousand years but it is a number with a meaning. Thousands upon thousands and ten thousands upon ten thousands means a great number, unlimited a long period of time. The kingdom is Christ's kingdom where Jesus Christ being the King, living in his protection and grace. Protection of Christ denotes God's and the Holy Spirit's protection. Human beings are living in God's love, Jesus Christ's grace and work of the Holy Spirit after the creation at the garden of Eden, up to now, until the Lord returns. Therefore, if we live in faith, work closely with the Lord, we are living in the thousand year kingdom. The thousand year kingdom does not mean 1,000 years of time from year 2,000, as some terminal end time followers asserts.

So, it can be said that we are living both in the 7 year tribulation time and the thousand year kingdom. The 7 year tribulation period and the thousand year kingdom doesn't come in different era but, it is found to be in same historical period. Depends on being ruled by the Satan or by the Holy Spirit will decide whether we live in great tribulation or in thousand year kingdom.

Even those early church members who suffered tribulation under Roman's persecution, living in catacomb, still worked with the Lord in faith, were actually living in the thousand year kingdom. Of course ultimately, the eternal thousand year kingdom will be established. The Christian truth is not something about the distant future, it is from now until the eternal.

And to understand the book of Revelation easily, the first concept one should have is; the fight between the Satan and the Holy Spirit continues, the Satan's aspect and the origin appears not so good, and the Holy Spirit appears from heaven, the holy place and from light with good preconcept. Therefore, if one feels something wrong, one can presume it to be Satanic and devilish and for those which gives good sense can be taken as work of Holy Spirit.

Chapter 1 The revelation of Jesus Christ

(1:1) The revelation of Jesus Christ, which God gave him to show his servants what must soon take place. He made it known by sending his angel to his servant John,

All the word from the Bible reveals Jesus Christ. The Old Testament is revelation about the coming Jesus and the New Testament reveals about Jesus who came.

What must soon take place means, the salvation work of the Lord is inevitable and will not delay. "Must"means no saints will be failed to be saved nor forsaken by the Lord but will surely be saved. God never forsakes his children. "soon take place" meant was since God transcends time and space, then and now it will "soon" take place which applies that the salvation of the Lord is being accomplished right now.

This revelation about the salvation comes from God to Jesus to angel(work of the Holy Spirit) and to servant of the Lord and down to us all.

(1:2) who testifies to everything he saw--that is, the word of God and the testimony of Jesus Christ.

What John testifies is the word of revelation which is word of God and witness to Jesus Christ. This is the essence of the Revelation. That is God's word and witness to Jesus Christ. Bible is world of God and witness of Jesus Christ. Therefore the 65books of the Bible and the Revelation is one essentially.

(1:3) Blessed is the one who reads the words of this prophecy, and blessed are those who hear it and take to heart what is written in it, because the time is near.

The book of Revelation is told to be word of prophesy. Prophesy, as mentioned in the introduction is word of God. It is said; blessed to read this word and to do accordingly.

"Do not let this Book of the Law depart from your mouth; meditate on it day and night, so that you may be careful to do everything written in it. Then you will be prosperous and successful. Have I not commanded you? Be strong and courageous. Do not be terrified; do not be discouraged, for the LORD your God will be with you wherever you go."(Josh 1:8~9)

"If you fully obey the LORD your God and carefully follow all his commands I give you today, the LORD your God will set you high above all the nations on earth. All these blessings will come upon you and accompany you if you obey the LORD your God: You will be blessed in the city and blessed in the country. The fruit of your womb will be blessed, and the crops of your land and the young of your livestock--the calves of your herds and the lambs of your flocks. Your basket and your kneading trough will be blessed. You will be blessed when you come in and blessed when you go ou"t. (Deut 28:1~6)

Let's consider which time it is talking about when it is written "the time is near" The very first word spoken by Jesus was " "Repent, for the kingdom of heaven is near."(Math. 4:17) The kingdom of heaven is being accomplished by the judgement of sin and salvation of righteousness. This "time" is expressed many place in the Old Testament as " the Lord's day, the Jehovah's day, day of the Judgement, that day, that time" etc. the Jehovah's day is day when the judgement and salvation is being completed.

"Woe to you who long for the day of the LORD! Why do you long for the day of the LORD? That day will be darkness, not light. It will be as though a man fled from a lion only to meet a bear, as though he entered his house and rested his hand on the wall only to have a snake bite him. Will not the day of the LORD be darkness, not light--pitch-dark, without a ray of brightness?"(Amos 5:18~20)

"The great day of the LORD is near--near and coming quickly. Listen! The cry on the day of the LORD will be bitter, the shouting of the warrior there. That day will be a day of wrath, a day of distress and anguish, a day of trouble and ruin, a day of darkness and gloom, a day of clouds and blackness, a day of trumpet and battle cry against the fortified cities and against the corner towers".(Zeph. 1:14~16)

That day is not which a day of a certain month, it is always now not even tomorrow, it is time of realization for God's righteousness and mercy. God used Assyrian and Babylonians to punish the Israelites to judge the sin committed and by let them return from exile, work of salvation is being completed in the day of Jehovah. That is the time of judgement and salvation which will continue to be so ultimately until the returning of the Lord. "Near" means it is being accomplished now. Actually, even Jesus returns after few thousand years later, the time will be no different from "now" since God transcends time and space.

(1: 4)John, To the seven churches in the province of Asia: Grace and peace to you from him who is, and who was, and who is to come, and from the seven spirits before his throne,

Number 7 is the perfect number, 7 churches in Aisa means all the churches there are. All the churches are regionally all the churches there are and historically all the churches existed. All the churches in East and Western churches, and all the churches from past, present and future.

God the Father was before, now and will come in the future. Seven Spirit is expression of the Holy Spirit who is holy, abundance.

(1:5) and from Jesus Christ, who is the faithful witness, the firstborn from the dead, and the ruler of the kings of the earth. To him who loves us and has freed us from our sins by his blood,

Jesus expressed to be a faithful servant by death and resurrection. Faithfulness is being obedient upto death on the cross, witness is being re-born and renewed as resurrection, and the secret to become the ruler of the kings if the earth is to be faithful by the death on the cross, to be renewed with resurrection. Peace is being supplicated in the name of the Father and the Son.

"May the grace of the Lord Jesus Christ, and the love of God, and the fellowship of the Holy Spirit be with you all". (2 Cor 13:14)

"The blood of goats and bulls and the ashes of a heifer sprinkled on those who are ceremonially unclean sanctify them so that they are outwardly clean. How much more, then, will the blood of Christ, who through the eternal Spirit offered himself unblemished to God, cleanse our consciences from acts that lead to death, so that we may serve the living God!"(Heb 9:13~14)

(1: 6) and has made us to be a kingdom and priests to serve his God and Father--to him be glory and power for ever and ever! Amen.

Kingdom is we as God's people become the kingdom of God, priest is God took us to be most noble. Becoming a priest is the most noble blessing given to mankind. This priest is a representatives for God before people and represents people before God which reveals role of Jesus.

"Bless all his skills, O LORD, and be pleased with the work of his hands. Smite the loins of those who rise up against him; strike his foes till they rise no more."(Deut 33:11)

By the Jesus work on the cross, we received the rights and blessing to become God's people and priests, this is the prayer that the glory and power to be continued generation after generations. This should be also our prayer for the glory of Jesus.

(1: 7) Look, he is coming with the clouds, and every eye will see him, even those who pierced him; and all the peoples of the earth will mourn because of him. So shall it be! Amen.

Clouds in the Old testament appeared with God's presence as fullness of the Holy Spirit and symbol of God's glory. Coming with clouds means coming with glory and power in fullness of the Holy Spirit.

"At that time the sign of the Son of Man will appear in the sky, and all the nations of the earth will mourn. They will see the Son of Man coming on the clouds of the sky, with power and great glory. And he will send his angels with a loud trumpet call, and they will gather his elect from the four winds, from one end of the heavens to the other".(Math. 24:30~31)

"Then the cloud covered the Tent of Meeting, and the glory of the LORD filled the tabernacle. Moses could not enter the Tent of Meeting because the cloud had settled upon it, and the glory of the LORD filled the tabernacle".(Ex. 40:34~35)

"Every eye will see him" means everyone must stand before the judgement seat of the Lord. Lets' think about "even those who pierced him". Those who pierced him are those who crucified

Jesus on the cross. "They will see the Lord's coming" means the second coming will be before they die. But, until now the Lord did not come and those who pierced him all died. Then the revelation was fault or does it has another meaning? Of course, it has another meaning. No where in the Bible speaks Jesus's returning in terminal term. If his returning is before those who pierced him dies, it is terminal. This word means, those all who committed crime are going to stand before the Lord, and they will be judged, and there will be great mourning and grief. All those who committed crimes includes, every criminals from the time of garden of Eden until return of Jesus.

(1: 8) I am the Alpha and the Omega," says the Lord God, "who is, and who was, and who is to come, the Almighty."

Alpha and the Omega is the first and the last letter of Greek vowel. This means the first and the last which denotes God who is eternal, supervises history and everything else, God sho judges and saves.

(1: 9) I, John, your brother and companion in the suffering and kingdom and patient endurance that are ours in Jesus, was on the island of Patmos because of the word of God and the testimony of Jesus.

John called the saint "brother" In equal term, brethren are most close and intimate relation. During Domitian Emperor time, he was severely persecuted and was in exile to island Patmos where he was put into a prison. From historical point, he was suffering in a prison which was against his own will, God's intend was through this incident, he meant to grant God's word to witness Jesus Christ, so those saints who suffered will receive comfort and hope.

Joseph was sold to Egypt by his brother's hatred and envy but, God used bother's evil intention for salvation.

"And now, do not be distressed and do not be angry with yourselves for selling me here, because it was to save lives that God sent me ahead of you".(Gen 45:5)

Sufferings given to saints always comes with God's blessing. Therefore, we should be thankful during tribulation, bless those who caused us to suffer, pray for them to be blessed, when they are hungry, we should feed them; if they are thirsty, we should give them something to drink.

"Bless those who persecute you; bless and do not curse. Rejoice with those who rejoice; mourn with those who mourn. Live in harmony with one another. Do not be proud, but be willing to associate with people of low position. Do not be conceited. Do not repay anyone evil for evil. Be careful to do what is right in the eyes of everybody. If it is possible, as far as it depends on you, live at peace with everyone. Do not take revenge, my friends, but leave room for God's wrath, for it is written: "It is mine to avenge; I will repay," says the Lord. On the contrary: "If your enemy is hungry, feed him; if he is thirsty, give him something to drink. In doing this, you will heap burning coals on his head. "Do not be overcome by evil, but overcome evil with good". (Rom 12:14~21)

(1: 10) On the Lord's Day I was in the Spirit, and I heard behind me a loud voice like a trumpet,

As mentioned before, the day of the Lord is the day when God's judgement and salvation is being accomplished. God showed John this vision was, to show Lord's victory over the Satan's force to save the saints and that is the Lord's day when the salvation and judgement of the Lord is being achieved.

John was in the Holy Spirit and heard a loud voice like a trumpet. He did not hear with physical eardrum but by the inspiration of the Holy Spirit.

"For prophecy never had its origin in the will of man, but men spoke from God as they were carried along by the Holy Spirit."(2 Pet 1:21)

On the morning of the third day there was thunder and lightning, with a thick cloud over the mountain, and a very loud trumpet blast. Everyone in the camp trembled (Ex 19:16)

(1: 11) which said: "Write on a scroll what you see and send it to the seven churches: to Ephesus, Smyrna, Pergamum, Thyatira, Sardis, Philadelphia and Laodicea."

John was told to write on a scroll and send it to the seven churches, was to witness the truth in great detail. Write on a scroll was to be taken with much importance and in details to be treasured.

(1: 12) I turned around to see the voice that was speaking to me. And when I turned I saw seven golden lampstands.

When John heard a loud voice like a trumpet and turned and saw seven golden lampstands. This seven golden lampstands are- as mentioned in 1:20- seven churches which is all the churches. Gold symbolizes the characteristics of Jesus Christ which is the church built on faith, seven lampstands stands for the perfect light, light is the truth which denotes the church where God's truth abounds.

The light on the lampstand must supplied with the olive oil to be lighten up continually. Olive oil is the Holy Spirit and made by pressing the olive fruits. Pressing oil is sacrifice which denotes the cross of Jesus Christ, and the church is bought at the price of Jesus blood. Church is like the lampstand to shine forth the light of truth to this dark and sinful world.

You are the salt of the earth. But if the salt loses its saltiness, how can it be made salty again? It is no longer good for anything, except to be thrown out and trampled by men. "You are the light of the world. A city on a hill cannot be hidden. Neither do people light a lamp and put it under a bowl. Instead they put it on its stand, and it gives light to everyone in the house. In the same way, let your light shine before men, that they may see your good deeds and praise your Father in heaven". (Math 5:13~16)

"The true light that gives light to every man was coming into the world. He was in the world, and though the world was made through him, the world did not recognize him. He came to that which was his own, but his own did not receive him. Yet to all who received him, to those who believed in his name, he gave the right to become children of God-- Yet to all who received him, to those who believed in his name, he gave the right to become children of God--children born not of natural descent, nor of human decision or a husband's will, but born of God. The Word became flesh and made his dwelling among us. We have seen his glory, the glory of the One and Only, who came from the Father, full of grace and truth".(Jn 1:9~14)

(1: 13) and among the lampstands was someone "like a son of man," dressed in a robe reaching down to his feet and with a golden sash around his chest.

"someone like a son of man" is Jesus. In the gospels Jesus called himself son of man. Also in the book of Daniel, Jesus predicted as one like a son of man.

"In my vision at night I looked, and there before me was one like a son of man, coming with the clouds of heaven. He approached the Ancient of Days and was led into his presence. He was given authority, glory and sovereign power; all peoples, nations and men of every language worshiped him. His dominion is an everlasting dominion that will not pass away, and his kingdom is one that will never be destroyed".(Dan 7:13~14)

The son of man appears to be a very special one with all divine authority was given. Jesus' suffering and the sacrifice on the cross is being emphasized often with the expression of son of man.

"just as the Son of Man did not come to be served, but to serve, and to give his life as a ransom for many."(Math 20:28)

This means through the cross, God's authority and glory can be obtained and the authority and glory of saints comes only, by the sacrificial devotion with cross bearing faith.

"Dressed in robe reaching down to his feet" is a long priestly garment. Long garment is there to cover all transgressions, feet symbolizes filthiness, wearing a long garment is to cover the feet which means holiness. So, long garment denotes the holy one. A long garment is also used to express God's holiness.

"In the year that King Uzziah died, I saw the Lord seated on a throne, high and exalted, and the train of his robe filled the temple".(Isa 6:1)

The train of robe filled the temple expresses God's holiness. When a bride wears a long wedding robe, it symbolizes purity and cleanness as a bride.

Golden sash around his chest means kingship. Sash expresses the power and authority, gold denotes the characteristic of Jesus's divinity. Jesus has the divine kingship.

"He brought me out into a spacious place; he rescued me because he delighted in me".(Ps 18:19)

"Stand firm then, with the belt of truth buckled around your waist, with the breastplate of righteousness in place,"(Eph 6:14)

(1: 14) His head and hair were white like wool, as white as snow, and his eyes were like blazing fire.

White head and hair symbolizes glory, eyes blazing with fire symbolizes cleverness and wisdom by the fulfillment of the Holy Spirit which penetrates our hearts and minds of the Lord's judgment with discernment.

"'Priests must not shave their heads or shave off the edges of their beards or cut their bodies".(Lev. 21:5)

"Gray hair is a crown of splendor; it is attained by a righteous life".(Prov 16:31)

"The glory of young men is their strength, gray hair the splendor of the old".(Prov 20:29)

"In that day the Lord will use a razor hired from beyond the River--the king of Assyria--to shave your head and the hair of your legs, and to take off your beards also"(Isa 7:20)

Hair and beard symbolizes God's glory, so by expressing the Lord will shave head and the beard is to remove God's glory from Israelites.

"The LORD is in his holy temple; the LORD is on his heavenly throne. He observes the sons of men; his eyes examine them". (Ps 11:4)

"The eyes of the LORD are everywhere, keeping watch on the wicked and the good".(Prov 15:3)

(1: 15) His feet were like bronze glowing in a furnace, and his voice

was like the sound of rushing waters.

Feet symbolizes mastering over the enemy by trampling on. That feet is like bronze glowing in a furnace, once trampled by it, there will be no chance for survival. This is how Jesus is going to master the Satan.

"You will tread upon the lion and the cobra; you will trample the great lion and the serpent".(Ps 91:13)

"With God we will gain the victory, and he will trample down our enemies".(Ps 108:13)

"Voice like sound of rushing water symbolizes a loud voice which masters the opponent with authority and dignity".(Ref. 1:10)

"On the morning of the third day there was thunder and lightning, with a thick cloud over the mountain, and a very loud trumpet blast. Everyone in the camp trembled".(Ex 19:16)

(1: 16) In his right hand he held seven stars, and out of his mouth came a sharp double-edged sword. His face was like the sun shining in all its brilliance.

Right hand symbolizes righteousness, power and salvation, the seven stars are angels of the Lord that is God's people. Saints are God's people, the ones God justifies, protects with power and grants the grace for salvation.

"Your right hand, O LORD, was majestic in power. Your right hand, O LORD, shattered the enemy."(Ex 15:6)

Mouth is word and the sword is sharp power.

"For the word of God is living and active. Sharper than any double-edged sword, it penetrates even to dividing soul and spirit, joints and marrow; it judges the thoughts and attitudes of the heart. Nothing in all creation is hidden from God's sight

Everything is uncovered and laid bare before the eyes of him to whom we must give account".(Heb 4:12~13)

"His face was like the sun shining in all its brilliance" denotes the Lord's glory and power for salvation.

"Restore us, O LORD God Almighty; make your face shine upon us, that we may be saved".(Ps 80:19)

(1: 17) When I saw him, I fell at his feet as though dead. Then he placed his right hand on me and said: "Do not be afraid. I am the First and the Last.

Lord's appearance was holy, almighty, glorious, having authority and dignity of victor, defeating over all the enemies in an instant. When John saw the Lord, he was so shocked became like a dead.

When we first find the true appearance of the Lord, we can only bow before him with humbleness. When Peter caught a large number of fish as the Lord commanded, he found the Lord.

At first he called Jesus "Sir" but after he caught fishes he fell at Jesus' knees and said, "Go away from me, Lord; I am a sinful man!"(Lk 5:8)

Those who met God can not help becoming humble and meek. Moses saw God face to face. That is why "Moses was a very humble man, more humble than anyone else on the face of the earth".(Num 12:3)

The Lord placed his right hand and comforted saying "I am the First and the Last" This means the Lord's power for salvation is not working within a certain period of time, it is at work from the beginning of the world until the end time.

(1: 18) I am the Living One; I was dead, and behold I am alive for

ever and ever! And I hold the keys of death and Hades.

Dead one has no power but, the living one has power. Lord's saying that "I was dead" means, his death on the cross, and "I am the Living One" means by the resurrection he possesses the key to the power of death and Hades, and lives eternally.

"I will place on his shoulder the key to the house of David; what he opens no one can shut, and what he shuts no one can open". (Is 22:22)

(1: 19) "Write, therefore, what you have seen, what is now and what will take place later.

The word "therefore" has a very important meaning. This explains the context before and after. What happen before was, The Lord appeared, as the ruler of everything under the heavens and on the earth, as the almighty Lord who overrules the power of death and Hades, as the Lord of judgement and salvation. "Write, therefore, what you have seen, and what will take place later" means everything what you are going to see from now on, is going to be fulfilled by the almighty God's power, therefore nothing to worry about.

We have to get the gist of John's revelation for "what you have seen, what is now and what will take place later". There are some who interpret it, in terms of past present and future sense, taking the time when John received revelation as the standard, interpret 7 man, 7 trumpet and 7 bowl disasters, as they are going to happen successively. Connecting each incident with specific happenings, in terminal interpretation. But, this was not meant to be taken that way.

"What have seen"(1:20) is as shown, the Lord who holds seven stars in his right hand, who walks among the seven golden lampstans, is leading, guiding, protecting his church and saints with his almighty power. "Things what is now" is his word of praise and rebuke to the seven churches(all the churches) in Asia to comfort and to admonish, by saying that those who keep their faith will be saved.

"things to come" is a vision shown after chapter 4, which is the word of comfort, that the Lord is going to fight against Satan for his church, and that he is going to lead all the saints to heaven(wedding feast of the Lamb). That is why word after the Chapter 4 is not something going to happen after John's time but, it is a vision shown by the prompting of the Holy Spirit, what is to take place in the future after the Chapter 4. The content after the Chapter 4 is applicable in all time, since it is about Jesus, the Lamb is going to win over Satan. It is not limited to his second coming only. In the Bible, his second coming is not emphasized as to be in distant future, it takes importance of here and now, is as important as his second coming. He wants us always to be alert and keep the faith sternly.

(1: 20) The mystery of the seven stars that you saw in my right hand and of the seven golden lampstands is this: The seven stars are the angels of the seven churches, and the seven lampstands are the seven churches.

The mystery in the book of Revelation means written revelation which is the truth that Jesus holds protects, and guides all the churches and saints. Revelation truth is about our Jesus Christ's salvation work for us. It is not predicting about when the third world war or disasters going to take place.

Chapter 2 Praise and admonition 1

For Chapter 2~3, each churches characteristics will be summarized without verses exposition since the meaning is obvious by just reading them.

(2: 1) "To the angel of the church in Ephesus write: These are the words of him who holds the seven stars in his right hand and walks among the seven golden lampstands

(2: 2) I know your deeds, your hard work and your perseverance. I know that you cannot tolerate wicked men, that you have tested those who claim to be apostles but are not, and have found them false.

(2: 3) You have persevered and have endured hardships for my name, and have not grown weary.

(2: 4) Yet I hold this against you: You have forsaken your first love.

(2: 5) Remember the height from which you have fallen! Repent and do the things you did at first. If you do not repent, I will come to you and remove your lampstand from its place.

(2: 6) But you have this in your favor: You hate the practices of the Nicolaitans, which I also hate.

⟨Ephesus church⟩
Ephesian church was traditionally known for it's good deeds, endurance, doctrinal stability, orderly so, hating any form of evil. But, have lost the first love. As warned, If they do not recover their first love, their lampstand will be removed, which

actualized in A.D 262 when all the shrine and streets turned to be ruins which remains to be swamp area full of reeds up to this day. To those who overcomes, the rights to eat from the tree of life, which is in the paradise of God will be given.

(2: 7) He who has an ear, let him hear what the Spirit says to the churches. To him who overcomes, I will give the right to eat from the tree of life, which is in the paradise of God.

(2: 8) "To the angel of the church in Smyrna write: These are the words of him who is the First and the Last, who died and came to life again.

(2: 9) I know your afflictions and your poverty--yet you are rich! I know the slander of those who say they are Jews and are not, but are a synagogue of Satan.

(2: 10) Do not be afraid of what you are about to suffer. I tell you, the devil will put some of you in prison to test you, and you will suffer persecution for ten days. Be faithful, even to the point of death, and I will give you the crown of life.

(2: 11) He who has an ear, let him hear what the Spirit says to the churches. He who overcomes will not be hurt at all by the second death.

⟨Smyrna church⟩

No rebuking, but only praise was given to this poor yet a rich church. They have spiritual endurances, heavenly treasure has been promised to this church. They will suffer persecution for ten days means for a short while only. Sufferings of saints will last momentarily and their glory for eternity. The famous historical incident is Smyrna church was the martyrdom of Policarpus Episcope . In AD 155, for rejection of the emperor worship, he was arrested and was about to be burnt at the stake.

The executioners appeased him to deny Jesus and worship the emperor, Polycarpus replied "I served Jesus for 86 years and he never ever denied me. So, how can I deny him?" Finally, the last moment, just before was to be burnt at stake he offered prayer saying "I praise for your grace that took me worthy up to this time. Above all, thank you to allow me to partake among the martyr's number" and died.

"Be faithful, even to the point of death, and I will give you the crown of life".

And promises to those who overcomes the second death will not hurt them at all.

(2: 12) "To the angel of the church in Pergamum write: These are the words of him who has the sharp, double-edged sword.

(2: 13) I know where you live--where Satan has his throne. Yet you remain true to my name. You did not renounce your faith in me, even in the days of Antipas, my faithful witness, who was put to death in your city--where Satan lives.

(2: 14) Nevertheless, I have a few things against you: You have people there who hold to the teaching of Balaam, who taught Balak to entice the Israelites to sin by eating food sacrificed to idols and by committing sexual immorality

(2: 15) Likewise you also have those who hold to the teaching of the Nicolaitans.

(2: 16) Repent therefore! Otherwise, I will soon come to you and will fight against them with the sword of my mouth.

(2: 17) He who has an ear, let him hear what the Spirit says to the churches. To him who overcomes, I will give some of the hidden manna. I will also give him a white stone with a new name written on it, known only to him who receives it.

⟨Pergamum church⟩

They are praised to have been faithful in the midst of bad circumstances but they are rebuked for having accepted the heresies and their corrupted doctrine. To those who overcomes, some of the hidden manna and white stone was promised.

(2: 18) "To the angel of the church in Thyatira write: These are the words of the Son of God, whose eyes are like blazing fire and whose feet are like burnished bronze.

(2: 19) I know your deeds, your love and faith, your service and perseverance, and that you are now doing more than you did at first.

(2: 20) I have this against you: You tolerate that woman Jezebel, who calls herself a prophetess. By her teaching she misleads my servants into sexual immorality and the eating of food sacrificed to idols.

(2: 21) I have given her time to repent of her immorality, but she is unwilling.

(2: 22) So I will cast her on a bed of suffering, and I will make those who commit adultery with her suffer intensely, unless they repent of her ways.

(2: 23) I will strike her children dead. Then all the churches will know that I am he who searches hearts and minds, and I will repay each of you according to your deeds.

(2: 24) Now I say to the rest of you in Thyatira, to you who do not hold to her teaching and have not learned Satan's so-called deep secrets (I will not impose any other burden on you):

(2: 25) Only hold on to what you have until I come.

(2: 26) To him who overcomes and does my will to the end, I will give authority over the nations--

(2: 27) 'He will rule them with an iron scepter; he will dash them to pieces like pottery'--just as I have received authority from my Father.

(2: 28) I will also give him the morning star

(2: 29) He who has an ear, let him hear what the Spirit says to the churches.

⟨Thyatira church⟩

Their love and faith, service and perseverance was praised and their laxity in orderliness, acceptance Jezebel, who calls herself a prophetess, was rebuked. Jezebel appears in the Old testament as a gentile princess who became wife of King Ahab, killed many prophets. And same named person must have been acting as a prophet, and other details are unknown. The meaning of the name is "impure" which applies to be impure in faith. To those who overcome, the authority to rule the nations and the early morning star will be granted.

Chapter 3 Praise and admonition 2

(3: 1) "To the angel of the church in Sardis write: These are the words of him who holds the seven spirits of God and the seven stars. I know your deeds; you have a reputation of being alive, but you are dead.

(3: 2) Wake up! Strengthen what remains and is about to die, for I have not found your deeds complete in the sight of my God.

(3: 3) Remember, therefore, what you have received and heard; obey it, and repent. But if you do not wake up, I will come like a thief, and you will not know at what time I will come to you.

(3: 4) Yet you have a few people in Sardis who have not soiled their clothes. They will walk with me, dressed in white, for they are worthy.

(3: 5) He who overcomes will, like them, be dressed in white. I will never blot out his name from the book of life, but will acknowledge his name before my Father and his angels.

(3: 6) He who has an ear, let him hear what the Spirit says to the churches.

⟨Sardis church⟩

It is how a church about to be dead, appears to be. Only a few holds to the pure in faith, their deeds are not complete, like dead, receiving rebuke to be a church about to die. Outwardly they still bear the name to be alive in actual, there were many churches and saints who are dead. To those who overcomes white dress will be given to walk with the Lord, and their names will not be blot out from the book of life.

(3: 7) "To the angel of the church in Philadelphia write: These are the words of him who is holy and true, who holds the key of David. What he opens no one can shut, and what he shuts no one can open.

(3: 8) I know your deeds. See, I have placed before you an open door that no one can shut. I know that you have little strength, yet you have kept my word and have not denied my name.

(3: 9) I will make those who are of the synagogue of Satan, who claim to be Jews though they are not, but are liars--I will make them come and fall down at your feet and acknowledge that I have loved you.

(3: 10) Since you have kept my command to endure patiently, I will also keep you from the hour of trial that is going to come upon the whole world to test those who live on the earth.

(3: 11) I am coming soon. Hold on to what you have, so that no one will take your crown.

(3: 12) Him who overcomes I will make a pillar in the temple of my God. Never again will he leave it. I will write on him the name of my God and the name of the city of my God, the new Jerusalem, which is coming down out of heaven from my God; and I will also write on him my new name

(3: 13) He who has an ear, let him hear what the Spirit says to the churches.

⟨Philadelphia church⟩

Church doing mission work faithfully, despite feeble faith. They have kept the command of the Lord, and endured testing patiently, won over the crown, only to be praised without any admonition. To those who overcome, God promised them to make a pillar in the temple of God.

(3: 14) "To the angel of the church in Laodicea write: These are the words of the Amen, the faithful and true witness, the ruler of God's creation.

(3: 15) I know your deeds, that you are neither cold nor hot. I wish you were either one or the other!

(3: 16) So, because you are lukewarm--neither hot nor cold--I am about to spit you out of my mouth.

(3: 17) You say, 'I am rich; I have acquired wealth and do not need a thing.' But you do not realize that you are wretched, pitiful, poor, blind and naked.

(3: 18) I counsel you to buy from me gold refined in the fire, so you can become rich; and white clothes to wear, so you can cover your shameful nakedness; and salve to put on your eyes, so you can see.

(3: 19) Those whom I love I rebuke and discipline. So be earnest, and repent.

(3: 20) Here I am! I stand at the door and knock. If anyone hears my voice and opens the door, I will come in and eat with him, and he with me.

(3: 21) To him who overcomes, I will give the right to sit with me on my throne, just as I overcame and sat down with my Father on his throne.

(3: 22) He who has an ear, let him hear what the Spirit says to the churches."

〈Laodicea church〉

They have been rebuked to be lukewarm- neither cold nor hot-God is about to spit them out of his mouth. Outwardly they were splendid and rich but, in fact they were poor as the church was naked. Since they were spiritually blind, they do not see the reality that needs salve to put on their eyes.

The Lord said, "Here I am! I stand at the door and knock. If anyone hears my voice and opens the door, I will come in and eat with him, and he with me." and those who overcome the rights to sit with him on his throne will be given. Everytime he wrote to each church, he gave them token to mark his authority, words of comfort and admonition, together with appeal to be faithful until the end by promising them prize and salvation. And to those who have the ear to hear, he added those words were from the Holy Spirit. This meant that this was a special revelation that is to come to realize the truth of salvation through Jesus Christ.

Chapter 4 God's throne and his glory

(4: 1) After this I looked, and there before me was a door standing open in heaven. And the voice I had first heard speaking to me like a trumpet said, "Come up here, and I will show you what must take place after this."

"After this" means after all the praise and admonition of the Lord, and promise of hope given in Chapter 3~4. The things must take place, is after the promise given, the fulfillment will take place(ref.1:19). This "what must is take place after this" is the Lord will surely save the church and saints.

(4: 2) At once I was in the Spirit, and there before me was a throne in heaven with someone sitting on it.

Where God dwells is often appear to be the heavenly throne. Of course, God is not positioned at one place, it is epitomized place for human to fathom. This is seen with the Holy Spirit's inspiration, not seeing the actual but seeing within it's meaning.

"The LORD is in his holy temple; the LORD is on his heavenly throne. He observes the sons of men; his eyes examine them". (Ps. 11:4)

(4: 3) And the one who sat there had the appearance of jasper and carnelian. A rainbow, resembling an emerald, encircled the throne.

Jasper is diamond which is most pure and clear stone. This denotes sinlessness of God, without faults, pure in holiness.

Carnelian is ruby with reddish color, that of blood, meaning God's righteousness, a rainbow resembling an emerald is God's promise that never again he will judge with water which is merciful grace and love of God expressed in greenish color which is color of mercy.

This is to express God's holiness, righteousness and mercy.

"I have set my rainbow in the clouds, and it will be the sign of the covenant between me and the earth. Whenever I bring clouds over the earth and the rainbow appears in the clouds, I will remember my covenant between me and you and all living creatures of every kind. Never again will the waters become a flood to destroy all life".(Gen 9:13~16)

(4: 4) Surrounding the throne were twenty-four other thrones, and seated on them were twenty-four elders. They were dressed in white and had crowns of gold on their heads.

Here elders are not those who holds the office of elder. They are pronoun of faithful saints. 24 is not a natural number, it is number with meaning of 12 plus 12.

12 in Old Testament are God's chosen 12 tribes, and 12 disciples of Jesus who are called in New Testament. By adding both numbers, it will become 24, which means all the chosen and called saints in both ages, who are going to surround the throne of God to receive the blessing and to enjoy the glory together.

The white robe worn by the elders are appearance of saints who are washed in the precious blood of Jesus shed on the cross, which denotes righteous act of the saints.

Then one of the elders asked me, "These in white robes--who are they, and where did they come from?" I answered, "Sir, you know." And he said, "These are they who have come out of the great tribulation; they have washed their robes and made them white in the blood of the Lamb".(Rev. 7:13~14)

"Fine linen, bright and clean, was given her to wear." (Fine linen stands for the righteous acts of the saints.)(Rev 19:8)

Twenty four elders wore golden crown, which is worn by those who overcame the tribulation and persecution, a sign of Lord's glory given to those who have kept the faith.

"I have fought the good fight, I have finished the race, I have kept the faith. Now there is in store for me the crown of righteousness, which the Lord, the righteous Judge, will award to me on that day--and not only to me, but also to all who have longed for his appearing".(2 Tim 4:7~8)

"You welcomed him with rich blessings and placed a crown of pure gold on his head".(Ps 21:3)

"I will clothe his enemies with shame, but the crown on his head will be resplendent".(Ps 132:18)

(4: 5) From the throne came flashes of lightning, rumblings and peals of thunder. Before the throne, seven lamps were blazing. These are the seven spirits of God.

Flashes of lightning, rumblings and peals of thunder belongs to power and authority of God. These are not in man's power to produce, thunder strikes are fearful. This means God's power, not within man's ability to do.

"On the morning of the third day there was thunder and lightning, with a thick cloud over the mountain, and a very loud trumpet blast. Everyone in the camp trembled".(Ex 19:16)

"His lightning lights up the world; the earth sees and trembles". (Ps 97:4)

"Send forth lightning and scatter the enemies; shoot your

arrows and rout them".(Ps 144:6)

Lamp brightens the darkness, it is spiritual, 7 stands for perfect number, seven lamps are seven spirit of God, seven spirit is a holy spirit, perfect spirit, the characteristic of the Almighty.

"The Spirit of the LORD will rest on him--the Spirit of wisdom and of understanding, the Spirit of counsel and of power, the Spirit of knowledge and of the fear of the LORD--".(Is 11:2)

(4: 6) Also before the throne there was what looked like a sea of glass, clear as crystal. In the center, around the throne, were four living creatures, and they were covered with eyes, in front and in back.

Sea of glass, clear as crystal, it is clean water which denotes the needs to be cleansed by washing with water, no fitly sinner with contamination can stand before the Lord, only those who are cleansed with water of the Holy Spirit can dwell there.

"Elisha sent a messenger to say to him, "Go, wash yourself seven times in the Jordan, and your flesh will be restored and you will be cleansed".(2 Kgs 5:10)

"So he went down and dipped himself in the Jordan seven times, as the man of God had told him, and his flesh was restored and became clean like that of a young boy".(2 Kgs 5:14)

There were four living creatures, who are angels, worshiping and praising God, covered with eyes, in front and in back. Eye denotes intelligence, brightness or discerning, spiritual side. Person serving God must have clear and pure eyes. "Full of them" means abundance spiritually.

(4: 7) The first living creature was like a lion, the second was like an ox, the third had a face like a man, the fourth was like a flying eagle.

Lion is the king of beast. Ox is a typical animal for obedience. Face like a man express humanity and a flying eagle for divinity. A king loves his people even to die for them and a servant obeys for his master to the point even to die instead of him. Humanity is likeness of God's loving image that even dies for friend, divinity is characteristic of Jesus Christ who left the heavenly throne, came to this world to carry the cross in order to save mankind.

"A king's rage is like the roar of a lion, but his favor is like dew on the grass".(Prov. 19:12)

"Bring the bull to the front of the Tent of Meeting, and Aaron and his sons shall lay their hands on its head Slaughter it in the LORD'S presence at the entrance to the Tent of Meeting. Take some of the bull's blood and put it on the horns of the altar with your finger, and pour out the rest of it at the base of the altar". (Ex 29:10~12)

"'You yourselves have seen what I did to Egypt, and how I carried you on eagles' wings and brought you to myself".(Ex 19;4)

These four creatures shows characteristics of Jesus Christ which is common in love shown with the death on the cross

Four gospels witnesses Jesus Christ, each in their won ways, for the gospel of Matthew, kingship of Jesus, gospel of Mark, servant Jesus, gospel of Luke, Jesus as Son of man, John's gospel Jesus as the Son of God.

The qualification to fear, serve, and praise God will be given to those who become like Jesus Christ.

(4: 8) Each of the four living creatures had six wings and was covered with eyes all around, even under his wings. Day and night they never stop saying: "Holy, holy, holy is the Lord God Almighty,

who was, and is, and is to

Six wings has it's own use. We will consider as it is shown in the book of Isaiah.

"Above him were seraphs, each with six wings: With two wings they covered their faces, with two they covered their feet, and with two they were flying. And they were calling to one another: "Holy, holy, holy is the LORD Almighty; the whole earth is full of his glory".(Is 6:2~3)

Covering faces is humbleness, covering feet is covering transgression which is holiness, flying is serving. All they are praising is "Holy, holy, holy". The utmost noble way to express God is holy.

Being holy is being sinless and pure. This is noblest way to praise God. When we are washed and sanctified with the blood of Jesus Christ, being forgiven from our sins, we can mostly glorify God as a precious person before him.

"Exalt the LORD our God and worship at his holy mountain, for the LORD our God is holy".(Ps 99:9)

"Yet you are enthroned as the Holy One; you are the praise of Israel".(Ps 22:3)

(4: 9) Whenever the living creatures give glory, honor and thanks to him who sits on the throne and who lives for ever and ever,

Four creatures are there only to give glory, honor and thanks to him. By doing so, they come to enjoy the glory together which is same for us saints are to get the glory and honor only when we glorify God.

"the people I formed for myself that they may proclaim my praise".(Is 43:21)

(4: 10) the twenty-four elders fall down before him who sits on the throne, and worship him who lives for ever and ever. They lay their crowns before the throne and say:

The twenty-four elders fall down before him who sits on the throne, and worship him by laying their crowns before the throne. Crown symbolizes glory so, here they ascribe all the glory to God.

(4: 11) "You are worthy, our Lord and God, to receive glory and honor and power, for you created all things, and by your will they were created and have their being."

The whole creature and universe including mankind has been formed by God so, it is natural to praise and worship him.

In chapter 4, by showing the heavenly throne, God is giving hope and comfort to those persecuted saints that such almighty God who is holy, merciful, and righteous is protecting the church and the saints.

Chapter 5 King, as the ambassador to God

(5: 1) Then I saw in the right hand of him who sat on the throne a scroll with writing on both sides and sealed with seven seals.

Right hand is God's power and authority.

"Your right hand, O LORD, was majestic in power. Your right hand, O LORD, shattered the enemy".(Ex 15:6)

Book contains God's plan, writing on both side is plans written in details, sealed with seven seals is perfect secrete.

"your eyes saw my unformed body. All the days ordained for me were written in your book before one of them came to be". (Ps 139:16)

(5: 2) And I saw a mighty angel proclaiming in a loud voice, "Who is worthy to break the seals and open the scroll?"

(5: 3) But no one in heaven or on earth or under the earth could open the scroll or even look inside it.

Open the scroll and break the seals should be done by a person who knows God's secretes and able to carry them out and there are no one who is qualified to do that.

"there is no one who understands, no one who seeks God. All have turned away, they have together become worthless; there is no one who does good, not even one."(Rom 3:11~12)

"A stone was brought and placed over the mouth of the den, and the king sealed it with his own signet ring and with the rings of his nobles, so that Daniel's situation might not be changed".(Dan 6:17)

(5: 4) wept and wept because no one was found who was worthy to open the scroll or look inside.

(5: 5) Then one of the elders said to me, "Do not weep! See, the Lion of the tribe of Judah, the Root of David, has triumphed. He is able to open the scroll and its seven seals."

There were no one was worthy to open the scroll or to receive the book except Jesus christ only. Jesus came to the tribe of Judah and became the King Messiah.

"A record of the genealogy of Jesus Christ the son of David, the son of Abraham":(Math 1:1)

"You are a lion's cub, O Judah; you return from the prey, my son. Like a lion he crouches and lies down, like a lioness--who dares to rouse him?"(Gen 49:9)

"A shoot will come up from the stump of Jesse; from his roots a Branch will bear fruit".(Is 11:1)

"In that day the Root of Jesse will stand as a banner for the peoples; the nations will rally to him, and his place of rest will be glorious".(Is 11:10)

(5; 6) Then I saw a Lamb, looking as if it had been slain, standing in the center of the throne, encircled by the four living creatures and the elders. He had seven horns and seven eyes, which are the seven spirits of God sent out into all the earth.

"A Lamb" is Jesus Christ."Had been slain" means his death on the cross, "now living" that is he has been resurrected. Offering is Jesus Christ who has been sacrificed on the cross.

"He was oppressed and afflicted, yet he did not open his mouth; he was led like a lamb to the slaughter, and as a sheep before her shearers is silent, so he did not open his mouth".(Is 53:7)

Horn is power to save, seven horn is perfect power which denotes the omnipotent. Eye is spiritual, seven eye means being holy which applies that a Lamb, Jesus Christ is almighty and holy, full of the Holy Spirit to save us.

"my God is my rock, in whom I take refuge, my shield and the horn of my salvation. He is my stronghold, my refuge and my savior--from violent men you save me".(2 Sam 22:3)

"The LORD is my rock, my fortress and my deliverer; my God is my rock, in whom I take refuge. He is my shield and the horn of my salvation, my stronghold".(Ps 18:2)

"Here I will make a horn grow for David and set up a lamp for my anointed one".(Ps 132:17)

"He has raised up a horn of salvation for us in the house of his servant David (as he said through his holy prophets of long ago), salvation from our enemies and from the hand of all who hate us--".(Lk 1:69~71)

The LORD is in his holy temple; the LORD is on his heavenly throne. He observes the sons of men; his eyes examine them". (Ps 11:4)

"The eyes of the LORD are everywhere, keeping watch on the wicked and the good".(Prov 15:3)

(5: 7) He came and took the scroll from the right hand of him who sat on the throne.

Taking the scroll from God's hand means Jesus received all authority from God.

(5: 8) And when he had taken it, the four living creatures and the

twenty-four elders fell down before the Lamb. Each one had a harp and they were holding golden bowls full of incense, which are the prayers of the saints.

(5: 9) And they sang a new song: "You are worthy to take the scroll and to open its seals, because you were slain, and with your blood you purchased men for God from every tribe and language and people and nation.

Harp is an instrument to praise, golden bowls full of incense is prayer of the saints. This means praise and prayer are the same. We can perceive prayer as asking for something but in fact, it is praise offered to God. Taking example that if we pray for prosperity with our business, if our prayer is focused on prosperity so that we can be rich, it is for our greed but, if our prosperity is desired to live for God's glory which is God centered, that prayer is like incense, a fragrant prayer to God which is same as praising God.

"Praise the LORD with the harp; make music to him on the ten-stringed lyre. Sing to him a new song; play skillfully, and shout for joy".(Ps 33:2~3)

"make music to the LORD with the harp, with the harp and the sound of singing, with trumpets and the blast of the ram's horn--shout for joy before the LORD, the King".(Ps 98:5~6)

"Sing to the LORD with thanksgiving; make music to our God on the harp".(Ps 147:7)

"Aaron must burn fragrant incense on the altar every morning when he tends the lamps. He must burn incense again when he lights the lamps at twilight so incense will burn regularly before the LORD for the generations to come. Do not offer on this altar any other incense or any burnt offering or grain offering, and do not pour a drink offering on it".(Ex 30:7~9)

(5: 10) You have made them to be a kingdom and priests to serve our God, and they will reign on the earth."

Making us to be a kingdom and priests is an expression of the bestowing to us the best blessing there is. The kingdom is Christ rules community, priest is most precious calling God has given to mankind which is the best blessing.

Priest is an office that stands before God on behalf of his people, and goes before his people instead of God. That is on behalf of a sinner, he stands before God for atonement, and has the mission to blesses people on God's behalf.

"You have made them to be a kingdom and priests to serve our God, and they will reign on the earth. Instead of their shame my people will receive a double portion, and instead of disgrace they will rejoice in their inheritance; and so they will inherit a double portion in their land, and everlasting joy will be theirs". (Is 61:6~7)

"Bless all his skills, O LORD, and be pleased with the work of his hands. Smite the loins of those who rise up against him; strike his foes till they rise no more".(Deut 33:11)

"The priests, the sons of Levi, shall step forward, for the LORD your God has chosen them to minister and to pronounce blessings in the name of the LORD and to decide all cases of dispute and assault".(Deut 21:5)

"He must not make himself unclean for people related to him by marriage, and so defile himself".(Lev 21:4)

(5: 11) Then I looked and heard the voice of many angels, numbering thousands upon thousands, and ten thousand times ten thousand. They encircled the throne and the living creatures and the elders.

Encircled God, there were many angels of numbering thousands upon thousands, and ten thousand times ten thousand. Thousands upon thousands and ten thousand times ten thousand is symbolic number of an unlimited number.

"The chariots of God are tens of thousands and thousands of thousands; the Lord has come from Sinai into his sanctuary". (Ps 68:17)

"Our barns will be filled with every kind of provision. Our sheep will increase by thousands, by tens of thousands in our fields;"(Ps 144:13)

"A river of fire was flowing, coming out from before him. Thousands upon thousands attended him; ten thousand times ten thousand stood before him. The court was seated, and the books were opened".(Dan 7:10)

(5: 12) In a loud voice they sang: "Worthy is the Lamb, who was slain, to receive power and wealth and wisdom and strength and honor and glory and praise!"

(5: 13) Then I heard every creature in heaven and on earth and under the earth and on the sea, and all that is in them, singing: "To him who sits on the throne and to the Lamb be praise and honor and glory and power, for ever and ever!"

(5: 14) The four living creatures said, "Amen," and the elders fell down and worshiped.

"Worthy is the Lamb, who was slain, to receive power and wealth and wisdom and strength and honor and glory and praise!" has a very important meaning. This tells us that one must die on the cross to receive all the glory, and without cross, no glory available. A Lamb symbolizes sacrifice not just being Jesus, it is used to emphasize the Lord who became the sacrifice on the cross. If we are going to share the glory of God, we ought to carry the cross and live out sacrificial life of faith.

"Who, being in very nature God, did not consider equality with God something to be grasped, but made himself nothing, taking the very nature of a servant, being made in human likeness. And being found in appearance as a man, he humbled himself and became obedient to death--even death on a cross! Therefore God exalted him to the highest place and gave him the name that is above every name, that at the name of Jesus every knee should bow, in heaven and on earth and under the earth, and every tongue confess that Jesus Christ is Lord, to the glory of God the Father".(Phil 2:6~11)

Chapter 6 Opening of the seven seals

(6: 1) watched as the Lamb opened the first of the seven seals. Then I heard one of the four living creatures say in a voice like thunder, "Come!"

(6: 2) looked, and there before me was a white horse! Its rider held a bow, and he was given a crown, and he rode out as a conqueror bent on conquest.

The scroll in God's right hand has been sealed with seven seals, and Jesus the Lamb received the scroll and breaking the seal. Opening the seals denotes carrying out God's plan so to fulfill them.

This is God's supervision over the history. All the phenomenon that occurs when breaking the seal show the process of God's salvation history. When the first seal was opened, a white horse appears. Horse is used during war time which means fight. White symbolize purity and holiness and the person riding this horse held the bow and received crown, and rode out conqueror bent on conquest.

The person riding on white horse should be taken as Jesus Christ's work of gospel. The power of the gospel enables to win over to get the crown. Bow is like a sword of God's word that overrules the foe, bent on conquest is continue with victory, which even now at work by the Holy Spirit, to give us the faith to win over the evil to do the good.

"In your majesty ride forth victoriously in behalf of truth, humility and righteousness; let your right hand display awesome deeds. Let your sharp arrows pierce the hearts of the king's enemies; let the nations fall beneath your feet".(Ps 45:4~5)

The activity of the one riding the white horse, is work of the Holy Spirit, the gospel of Jesus Christ. This activity of the Holy Spirit is not limited within certain period, it has been there from the garden of Eden and will continue until Jesus second coming.

Next follows red horse, black horse which does not mean of disappearing of white horse. Activity of white horse or red horse coexists. That equals with the coexistence of work of the Holy Spirit and Satan.

(6; 3) When the Lamb opened the second seal, I heard the second living creature say, "Come!"

(6: 4) Then another horse came out, a fiery red one. Its rider was given power to take peace from the earth and to make men slay each other. To him was given a large sword.

Red color symbolizes blood meaning death. The activity of the red one is to take peace from the earth and let men slay each other. That is the work of Satan to corrupt and destroy us.

Nevertheless, the important thing is even the activity of red horse must get an approval of someone. This tells the limitation of the activity, having no absolute authority, Satans' work appears in the rest of the book of Revelation are all with limitations.

He had a large sword. A sword is a deadly weapon for murder. Satan acts to kill our spirit. But, must have the permission which is clearly stated in the book of Job.

"The LORD said to Satan, 'Very well, then, everything he has is in your hands, but on the man himself do not lay a finger.'

Then Satan went out from the presence of the LORD".(Job 1:12)

"No temptation has seized you except what is common to man. And God is faithful; he will not let you be tempted beyond what you can bear. But when you are tempted, he will also provide a way out so that you can stand up under it".(I Cor 10:13)

Satan attacked Job with God's permission but, his life to be spared. Regardless how fierce Satan attacks us, God never deserts us for destruction. It is a letter to the early church members saying that God did not leave them but, holds them up. The Lord holds the seven stars in his right hand and walks among seven golden lampstands.

(6: 5) When the Lamb opened the third seal, I heard the third living creature say, "Come!" I looked, and there before me was a black horse! Its rider was holding a pair of scales in his hand.

(6: 6) Then I heard what sounded like a voice among the four living creatures, saying, "A quart of wheat for a day's wages, and three quarts of barley for a day's wages, and do not damage the oil and the wine!"

Black color is generally used as a color of death. The scale denotes judgement and death.

"If you say, "But we knew nothing about this," does not he who weighs the heart perceive it? Does not he who guards your life know it? Will he not repay each person according to what he has done?".(Prov 24:12)

One denarius is one days wage for an adult man which should be enough to feed whole family but, as mentioned it is, a quart of wheat, and three quarts of barley.

This quantity is for just one person's portion which symbolize the famine. That is, by Satan's work, suffering like famine will come which is a judgement of retribution which is shown as a scale.

Oil is the Holy Spirit, wine is the saints. Even Satan afflicts with lots of woe and pain, saints filled with the Holy Spirit, will be protected during tribulation.

"One day the trees went out to anoint a king for themselves. They said to the olive tree, 'Be our king.'" "But the olive tree answered, 'Should I give up my oil, by which both gods and men are honored, to hold sway over the trees?"(Judg 9:8~9)

"I am the vine; you are the branches. If a man remains in me and I in him, he will bear much fruit; apart from me you can do nothing".(Jn 15:5)

(6: 7) When the Lamb opened the fourth seal, I heard the voice of the fourth living creature say, "Come!"

(6: 8) I looked, and there before me was a pale horse! Its rider was named Death, and Hades was following close behind him. They were given power over a fourth of the earth to kill by sword, famine and plague, and by the wild beasts of the earth.

Pale(greenish yellow)color associates a diseased complexion. The rider of the pale horse is named Death which is the work of Satan that afflicts with diseases.

Hades symbolizes a dark place full of sin, expressed as a den of Satan, therefore it tells the pain given by Satan.

Satan's work is expressed as the red, black, pale horse which can be taken as the activities of Satan, which is at work during a certain period of time, but is in continues work from the Garden of Eden until the Lord's second coming.

These horse can slain mankind by their activities but with limitations, they are not to harm the chose ones of God, which denotes that the Lord keeps those persecuted saints during

Roman's rule, which applies today, that the Lord surely protects and guides us as well.

(6: 9) When he opened the fifth seal, I saw under the altar the souls of those who had been slain because of the word of God and the testimony they had maintained.
(6: 10) They called out in a loud voice, "How long, Sovereign Lord, holy and true, until you judge the inhabitants of the earth and avenge our blood?"
(6: 11) Then each of them was given a white robe, and they were told to wait a little longer, until the number of their fellow servants and brothers who were to be killed as they had been was completed.

Those souls who have been killed are who suffered by the red, black, pale horse riders, for the sake of their faith of the cross. They have been slain because of the word of God and the testimony they had maintained.

These souls were under the alter which is a place where God meets the saints.

"Place the cover on top of the ark and put in the ark the Testimony, which I will give you. There, above the cover between the two cherubim that are over the ark of the Testimony, I will meet with you and give you all my commands for the Israelites".(Ex 25:21~22)

"How long, Sovereign Lord, holy and true, until you judge the inhabitants of the earth and avenge our blood?" is the prayer of the saints pleading to save them by defeating Satan. Those saints who suffered Roman's persecution, prayed for peace and freedom of the church from the suffering. We too pray to overcome all kinds of tribulations.

White robe was given is they partake God's throne, this white robe is purity. Life of a saint will be purified through the suffering, and training, by repentance of sin.

They were told to wait a little longer so that others will join the ranks of martyrdom. This does not mean God simply leaves them to suffer, he is doing so, that through the suffering, they will be purified, wearing white robe, become worthy to share the throne of God in heaven. This suffering is just for a little while, the glory is for eternity.

"I consider that our present sufferings are not worth comparing with the glory that will be revealed in us. (Rom 8:18)

Until the number was completed means not desert chosen ones until all are saved.

(6: 12) I watched as he opened the sixth seal. There was a great earthquake. The sun turned black like sackcloth made of goat hair, the whole moon turned blood red,

(6: 13) and the stars in the sky fell to earth, as late figs drop from a fig tree when shaken by a strong wind.

(6: 14) The sky receded like a scroll, rolling up, and every mountain and island was removed from its place.

(6: 15) Then the kings of the earth, the princes, the generals, the rich, the mighty, and every slave and every free man hid in caves and among the rocks of the mountains

(6: 16) They called to the mountains and the rocks, "Fall on us and hide us from the face of him who sits on the throne and from the wrath of the Lamb!

(6: 17) For the great day of their wrath has come, and who can stand?"

Until now, except the activity of one riding on the white horse, Satan's activity has been dominating but from now on, the work of the Holy Spirit acquire for one who sits on the throne and from the wrath of the Lamb! Comparing with Satanic activity which was limited, partial, the work of the Holy Spirit will be cosmically.

A great earthquake is power of God. The sun and the whole moon loses it's light and all the stars in the sky fell to earth, mountains and island are blown away by a strong wind. Even this kinds of natural disasters demonstrates the power of God.

In the midst of this kind of disasters, everybody, (the kings of the earth, the princes, the generals, the rich, etc) will hide and cry out in caves and among the rocks of the mountains, which does not mean there will come destruction of the natural world. It is saying that God will display with such a great power to defeat the Satanic force, in order to give salvation for the saints, which it will be as powerful as phenomenon that can demolish the whole natural world.

Here the great day is the day of judgement and salvation by Jesus who will undo the Satanic authority. This is not a specific day, it is continues work of salvation from the beginning of the world until returning of the Lord.

If we summarizing above 6 chapters, things happening when the Lord breaks the seal means all things are done by the power of the Lord. Since Satan is involved, all this will be much suffering for the saints, still it will be with limitations and partial as it was with Job's case, and the Satan will never win. Ultimately only Jesus Christ, the Lamb will save the saints with his infinite power.

This was the word of comfort and hope given to the early church saints under Roman's persecution and to us today, that even Satan can make us to fall by his temptations, he could not destroy us completely, instead by the help of the Holy Spirit, we will come to repent, stand firm with faith for salvation. This victory is the victory of Jesus Christ that is victory of the cross.

And the white horse and all other horses are not to be taken as to appear successively during a certain period, all are active in combination without ceasing, from the beginning until the end. This means that the Satanic activity will always be there, together with the work of the Holy Spirit, who is there to be with us, and to save us from the work of the Satan. That is, the Satanic work expressed as the white, red black, pale horses will be there from the beginning until the end simultaneously and the wrath of God and the Lamb will always be there to defeat and win over the Satan.

As dispensationalists interprets, it is not an incident happening during a certain generation, nor it is going to happen for seven years called seven years tribulation.

Chapter 7 Final victory

(7: 1) After this I saw four angels standing at the four corners of the earth, holding back the four winds of the earth to prevent any wind from blowing on the land or on the sea or on any tree.

"After this" denotes those incidents from the chapter 6, which are not passed incidents but, it is progressive incidents. The incidents that will follow "after this", is what comes in chapter 7, that is, how God is protecting and saving people chosen by God.

Four corners of the earth means all directions. Winds is wrath of the Judge, wood is saints, and four angels prevent any wind from blowing is the Holy Spirit's protection over the saints.

"But you blew with your breath, and the sea covered them. They sank like lead in the mighty waters".(Ex 15:10)

"Therefore this is what the LORD God Almighty says: "Because the people have spoken these words, I will make my words in your mouth a fire and these people the wood it consumes".(Jer 5:14)

"On the wicked he will rain fiery coals and burning sulfur; a scorching wind will be their lot".(Ps 11:6)

(7: 2) Then I saw another angel coming up from the east, having the seal of the living God. He called out in a loud voice to the four angels who had been given power to harm the land and the sea:

(7: 3) "Do not harm the land or the sea or the trees until we put a seal on the foreheads of the servants of our God."

Another angel coming up from the east where sun rises, is a place with a good image like heavens and the temple where the Holy Spirit works and those places with bad image is where Satan comes from. The place where the sun rises has the meaning of sanctuary or heaven where the sun rises to defeat the darkness. Or the place where sun rises is some times taken to be Korea, which is error, since it should not be taken geographical meaning, it could not be Korea as the place where sun rises can differ depends on where you see from.

Four angels who had been given power to harm the land and the sea are angels who prepares God's judgement. Land and the sea does not mean that of nature but, it means this world, i.e., human society.

Putting a seal on the foreheads of the servants of God is God's protection over the chosen people so that they will not drop out from the ranks of salvation. Putting a seal means determination by the regeneration of the Holy Spirit.

"set his seal of ownership on us, and put his Spirit in our hearts as a deposit, guaranteeing what is to come".(2Cor 1:22)

"And you also were included in Christ when you heard the word of truth, the gospel of your salvation. Having believed, you were marked in him with a seal, the promised Holy Spirit, who is a deposit guaranteeing our inheritance until the redemption of those who are God's possession--to the praise of his glory". (Eph 1:13~14)

"And do not grieve the Holy Spirit of God, with whom you were sealed for the day of redemption".(Eph 4:30)

"Do not harm the sea or the trees" means not to harm the saints. "until we put a seal on the foreheads" is love of God who endures for a long time so that the chosen people of God can be saved.

"Or do you show contempt for the riches of his kindness, tolerance and patience, not realizing that God's kindness leads you toward repentance?"(Rom 2:4)

(7: 4) Then I heard the number of those who were sealed: 144,000 from all the tribes of Israel.

(7: 5) From the tribe of Judah 12,000 were sealed, from the tribe of Reuben 12,000, from the tribe of Gad 12,000,

(7: 6) from the tribe of Asher 12,000, from the tribe of Naphtali 12,000, from the tribe of Manasseh 12,000,

(7: 7) from the tribe of Simeon 12,000, from the tribe of Levi 12,000, from the tribe of Issachar 12,000,

(7: 8) from the tribe of Zebulun 12,000, from the tribe of Joseph 12,000, from the tribe of Benjamin 12,000.

The number of those who are have been sealed are numbers of saved God's children. 12,000 from each 12 tribes of Israel is 144,000. This is not the natural number but, a number with meaning. 12 stands for chosen ones and 12 multiplies by 1,000 is 12,000. Number 1,000 means a many number, unlimited and beyond count. Therefore, this chosen Israelites are chosen 12 tribes, unlimited number which means saved saints.

The number of chosen ones are only known to the Lord and no one else knows beside, even the Bible does not tell us about it.

144,000 can be taken this way. That is the 12 tribes from the Old Testament and the 12 disciples from the New Testament, multiply by 1,000 will become 144,000. Multiplying means being many in number.

"For God so loved the world that he gave his one and only Son, that whoever believes in him shall not perish but have eternal life". (Jn 3:16)

(7: 9) After this I looked and there before me was a great multitude that no one could count, from every nation, tribe, people and language, standing before the throne and in front of the Lamb. They were wearing white robes and were holding palm branches in their hands.

(7: 10) And they cried out in a loud voice: "Salvation belongs to our God, who sits on the throne, and to the Lamb."

(7: 11) All the angels were standing around the throne and around the elders and the four living creatures. They fell down on their faces before the throne and worshiped God,

(7: 12) saying: "Amen! Praise and glory and wisdom and thanks and honor and power and strength be to our God for ever and ever. Amen!"

"After this" means, after putting on seals on the foreheads of 144,000, and saw a great multitude.

As has been explained before, they are chosen people from every nation, people and language. That is, the salvation is not limited to one certain nation but, is worldwide, and whoever believes will not perish but, will receive the eternal life.

Those 144,000 saints were wearing white robes, holding palm branches. This is as written in verse 14, these are those saints, who have been washed with the precious blood of Christ shed on the cross, and the palm tree is the token of victory. These saved people wearing white robe, holding palm branches, praising and thanking for the grace of salvation, before God and Jesus who is the lamb.

Likewise, 24 elders who sat around the throne and those living creatures bowed before God, praising, ascribing all power, strength, honor, thanks, wisdom and glory to God only.

(7: 13) Then one of the elders asked me, "These in white robes-- who are they, and where did they come from?"

(7: 14) I answered, "Sir, you know." And he said, "These are they who have come out of the great tribulation; they have washed their robes and made them white in the blood of the Lamb.

(7: 15) Therefore, "they are before the throne of God and serve him day and night in his temple; and he who sits on the throne will spread his tent over them.

(7: 16) Never again will they hunger; never again will they thirst. The sun will not beat upon them, nor any scorching heat

(7: 17) For the Lamb at the center of the throne will be their shepherd; he will lead them to springs of living water. And God will wipe away every tear from their eyes."

Saints wearing white robes coming out from great tribulation which is a cross bearing life. This does not mean they escape from a war but, it is a life with sacrificial faith, dedication and service. Cross carrying faith is faith of death. I must die but Christ lives in me, being faithful against the testing and temptation of Satan.

"I have been crucified with Christ and I no longer live, but Christ lives in me. The life I live in the body, I live by faith in the Son of God, who loved me and gave himself for me".(Gal 2:20)

"The blood of goats and bulls and the ashes of a heifer sprinkled on those who are ceremonially unclean sanctify them so that they are outwardly clean. How much more, then, will the blood of Christ, who through the eternal Spirit offered himself unblemished to God, cleanse our consciences from acts that lead to death, so that we may serve the living God!"(Heb 9:13~14)

"Therefore" denotes correlation between front and following sentences. The front means, being faithful in the midst of great tribulation which is cross bearing faith, to those God's grace will be given.

These will stand before God's throne. This is God will be with them to share God's glory. They will serve God day and night.

Life in heaven is life serving God day and night. So, God will spread out a tent for them. A tent is the protection against cold and wind, which is God's blessing, an image of heavenly life. This heaven will ultimately come true later but also, in present life, we can enjoy heavenly life by receiving God's love and grace.

In God's tent, no one will hunger, thirst, being harmed, sadness and pain will disappear and Jesus our lamb will guide us by the river of living water for eternal life in paradise.

Up to the chapter 7, the first part of the book of revelation ends. Summarizing the first part will be; this was a word of comfort and hope, toward the persecuted Roman churches, ensuring that despite the attacks of Satan as tribulation for the saints, Jesus Christ, the lamb will lead the saints for ultimate victory. It can be expressed as the war between the Satan and the Holy Spirit, which is in the beginning, the Satanic force is always limited and partial whereas the work of the Holy Spirit is overall and perfect to destroy the Satan and to bring the final victory.

Chapter 8 Seven trumpet disaster

(8: 1) When he opened the seventh seal, there was silence in heaven for about half an hour.

(8: 2) And I saw the seven angels who stand before God, and to them were given seven trumpets.

This is the scene where the second part of the Book of Revelation begins. Silence in heaven for about half an hour is like an intermission between the first curtain and the second curtain at a cinema. It is a phenomenon of a preparation period to begin a new event. Breaking the seventh seal assumed a new aspect. That is seven angels appears to blow the seven trumpets.

At the first part, the Lamb(Jesus) broke prior to a certain incident. But, at the second part it is the angels who blows trumpets before an incident. Incidents are not different but all are under God's sovereignty. Role of the angels is work of the Holy Sprit, that is the ministry of Jesus Christ and that of God's.

(8: 3) Another angel, who had a golden censer, came and stood at the altar. He was given much incense to offer, with the prayers of all the saints, on the golden altar before the throne.

(8: 4) The smoke of the incense, together with the prayers of the saints, went up before God from the angel's hand.

(8: 5) Then the angel took the censer, filled it with fire from the altar, and hurled it on the earth; and there came peals of thunder,

rumblings, flashes of lightning and an earthquake

Angel's golden censer is a vessel that contains prayer's of saints and much incense means fullness of prayer's of saints. When an angel offered much incense, with the prayers of all the saints before the throne, God filled it with fire from the alter, for angel to take and hurled it on the earth; and there came peals of thunder, rumblings, flashes of lightning and an earthquake.

This means when a saint's prayer reaches to God, He will give the Holy Sprit as a gift, who coms with the power.

"Suddenly a sound like the blowing of a violent wind came from heaven and filled the whole house where they were sitting. They saw what seemed to be tongues of fire that separated and came to rest on each of them". (Acts 2:2~3)

""So I say to you: Ask and it will be given to you; seek and you will find; knock and the door will be opened to you For everyone who asks receives; he who seeks finds; and to him who knocks, the door will be opened. "Which of you fathers, if your son asks for a fish, will give him a snake instead? Or if he asks for an egg, will give him a scorpion? If you then, though you are evil, know how to give good gifts to your children, how much more will your Father in heaven give the Holy Spirit to those who ask him!"(Lk 11:9~12)

Answer to prayer is giving the Holy Sprit. If one receives the Holy Spirit, one gets the power for the triumph of the gospel. Power of the Holy Spirit is power of God, of Jesus and of the cross.

"For the message of the cross is foolishness to those who are perishing, but to us who are being saved it is the power of God".(1Cor 1:18)

"He will keep you strong to the end, so that you will be blameless on the day of our Lord Jesus Christ".(Acts 1:8)

In the first part, before the breaking the seals, heavenly throne appeared to ensure that the power comes from the throne. This is like before an army goes out for a battle, the military headquarter is ensuring them of the rear troops are equipped with great military strength therefore nothing to worry.

Likewise in the second part, before the blowing of seven trumpet, the prayer's of saints that reaches heaven will accompany the unlimited power of the Holy Spirit to deal with whatever attacks from Satan.

(8: 6) Then the seven angels who had the seven trumpets prepared to sound them.

(8: 7) The first angel sounded his trumpet, and there came hail and fire mixed with blood, and it was hurled down upon the earth. A third of the earth was burned up, a third of the trees were burned up, and all the green grass was burned up.

Hail and fire mixed with blood is a phenomenon to destroy the natural world which has same meaning for the saints as Satan can take away everything from Job, his life was to spare i., e, limited, and partial. That is the Satan can make saints to suffer but, it can not take away the salvation, which is an absolute matter for chosen people.

"When Moses stretched out his staff toward the sky, the LORD sent thunder and hail, and lightning flashed down to the ground. So the LORD rained hail on the land of Egypt; hail fell and lightning flashed back and forth. It was the worst storm in all the land of Egypt since it had become a nation".(Ex 9:23~24)

By this natural disasters, one third of the earth and the woods were burned up.

That is the Satanic power destroys one third that is, not the whole but partially only, which is as appeared in the first part, the great tribulation will come but the Holy Sprit will get ultimate victory.

(8: 8) The second angel sounded his trumpet, and something like a huge mountain, all ablaze, was thrown into the sea. A third of the sea turned into blood,

(8: 9) a third of the living creatures in the sea died, and a third of the ships were destroyed.

When the first trumpet was blown, the tribulation hit the earth, now comes to sea. This time also one third is being destroyed. one third of the living creatures in the sea died, and one third of the ships were destroyed. One third is to be understood as explained previously.

(8: 10) The third angel sounded his trumpet, and a great star, blazing like a torch, fell from the sky on a third of the rivers and on the springs of water--

(8: 11) the name of the star is Wormwood. A third of the waters turned bitter, and many people died from the waters that had become bitter.

This time river is being destroyed. A star falls on one third of the rivers and on the springs of water killing many people. The name of the star is wormwood which denotes pain. Fallen star is like the anti-Christ which denotes the work of Satan.

When the first and the second trumpet sounds, one third of the earth, sea and living creatures are destroyed and for this time man will die. This is in connection with the living creature means mankind.

"Therefore, this is what the LORD Almighty, the God of Israel, says: "See, I will make this people eat bitter food and drink poisoned water. will scatter them among nations that neither they nor their fathers have known, and I will pursue them with the sword until I have destroyed them".(Jer 9:15~16)

(8: 12) The fourth angel sounded his trumpet, and a third of the sun was struck, a third of the moon, and a third of the stars, so that a third of them turned dark. A third of the day was without light, and also a third of the night.

This time, one third of the sun, moon, stars are struck to bring darkness. This is the image of great destruction of the earth, sea, river and in heaven. This is the work of the Satan, which has been experienced by the churches and the saints during that time. This persecution might appear immense outwardly but, it applies only one third, a partial and limited.

This kind of phenomenon does not mean to tell us the coming judgement but, it is used metaphorically the severity of the spiritual suffering we will face when Satan tempts and make us to fall.

God expressed his plan to judge Israelites by using the Assyrian as below;

"See, the day of the LORD is coming--a cruel day, with wrath and fierce anger--to make the land desolate and destroy the sinners within it. The stars of heaven and their constellations will not show their light. The rising sun will be darkened and the moon will not give its light".(Is 13:9~10)

(8: 13) As I watched, I heard an eagle that was flying in midair call out in a loud voice: "Woe! Woe! Woe to the inhabitants of the earth, because of the trumpet blasts about to be sounded by the other

three angels!"

Eagle denotes divinity which also symbolizes angel since it can fly powerful and high.

"'You yourselves have seen what I did to Egypt, and how I carried you on eagles' wings and brought you to myself".(Ex 19:4)

Chapter 9 The fifth and the sixth trumpet disaster

(9: 1) The fifth angel sounded his trumpet, and I saw a star that had fallen from the sky to the earth. The star was given the key to the shaft of the Abyss.

The fallen star from the sky is fallen angel, the Satan. Isaiah expresses Babylon as a star who was arrogant to torment the people of God. This star is the anti-christ, and the Satan like the Romans who persecuted the church.

"How you have fallen from heaven, O morning star, son of the dawn! You have been cast down to the earth, you who once laid low the nations! You said in your heart, "I will ascend to heaven; I will raise my throne above the stars of God; I will sit enthroned on the mount of assembly, on the utmost heights of the sacred mountain".(Is 14:12~13)

Abyss is a dark, fearful and deep dungeon. This is a dwelling place of Satan which is not a certain place but it is a semantic matter. Receiving the key to the shaft of the Abyss is he is the king of devils who is in control of all authority of the Satan. Being the commander of Satan means the powerfulness of Satanic force, not that there is an actual commander of Satan.

Jesus asked him, "What is your name?" "Legion," he replied, because many demons had gone into him. And they begged him repeatedly not to order them to go into the Abyss".(Lk 8:30~31)

"For if God did not spare angels when they sinned, but sent

them to hell, putting them into gloomy dungeons to be held for judgment;".(1Pet 2:4)

(9: 2) When he opened the Abyss, smoke rose from it like the smoke from a gigantic furnace. The sun and sky were darkened by the smoke from the Abyss.

(9: 3) And out of the smoke locusts came down upon the earth and were given power like that of scorpions of the earth

When the fallen star, the Satan open the Abyss, smoke rose from it like the smoke from a gigantic furnace. Smoke is the appearance of judgement.

"The earth trembled and quaked, and the foundations of the mountains shook; they trembled because he was angry. Smoke rose from his nostrils; consuming fire came from his mouth, burning coals blazed out of it".(Ps 18:7~8)

Being darkened by the smoke is a phenomenon of the truth being obscured and distorted.

And out of the smoke locusts came up and were given power like that of scorpions of the earth. Scorpion with poison is a bug, found a lot in a desert. Once a scorpion stung, the deadly poison will spread into a whole body which will bring enormous pain upto death.

"My father laid on you a heavy yoke; I will make it even heavier. My father scourged you with whips; I will scourge you with scorpions".(2Chr 10: 11)

(9: 4) They were told not to harm the grass of the earth or any plant or tree, but only those people who did not have the seal of God on their foreheads.

Locust is the Satan with power like that of a scorpion to

inflict pain to mankind. This locust does not harm the grass of the earth of any plant of tree, but only those people who did not have the seal of God on their foreheads. In this context, the grass, plant of tree is a symmetry of mankind. Those who did not have the seal on their foreheads are those who are not regenerated by the Holy Spirit, non-believers, fallen and corrupted ones.

Those 144,000 in chapter 7 are those with the seal on their foreheads, saints who are re-born for salvation. Therefore, the pain of the Satan comes upon the hearts of those who are not regenerated by the Holy Sprit, since Satan is not able to intrude into those who are filled with the Holy Spirit.

(9: 5) They were not given power to kill them, but only to torture them for five months. And the agony they suffered was like that of the sting of a scorpion when it strikes a man.

A locust can a man to suffer but could not kill, and they are to inflict for five months. Number five has the meaning of half of ten, ten means small, short and weak. Therefore, since five is the half of ten with meaning of weak, it applies to be much shorter. This means the pain inflicted by the Satan is only for a momentarily compared with the eternal glory given by God.

"consider that our present sufferings are not worth comparing with the glory that will be revealed in us".(Rom. 8:18)

(9: 6) During those days men will seek death, but will not find it; they will long to die, but death will elude them.

"During those days" does not mean any specific day but it is those days of commit sin, being corrupted and painful day.

Seek to die but could not die means severe pain. Here the pain does not mean physically but, spiritually.

(9: 7) The locusts looked like horses prepared for battle. On their heads they wore something like crowns of gold, and their faces resembled human faces.

The looking of locusts denotes the characteristics of Satan as horses all prepared for battle means fast and strong striking power.

Crown of gold symbolizes victory and glory but it is not made with genuine gold but, something like gold. This is to tell that the work of Satan appears to be victorious and glorious but, it is not true victory and glory.

Faces resembled human faces is to explain the wisdom of Satan. The face is not a genuine face but, it resembles only as the wisdom of Satan is not the true wisdom.

"Who is wise and understanding among you? Let him show it by his good life, by deeds done in the humility that comes from wisdom. But if you harbor bitter envy and selfish ambition in your hearts, do not boast about it or deny the truth. Such "wisdom" does not come down from heaven but is earthly, unspiritual, of the devil. For where you have envy and selfish ambition, there you find disorder and every evil practice".(Jas 3:13~16)

(9: 8) Their hair was like women's hair, and their teeth were like lions' teeth.

Women's hair symbolizes beauty as Satan's outwardly appearances looks beautiful. When Eve was tempted by the Satan and looked at the fruit of the tree of good and evil, it was good for food and pleasing to the eye, and also desirable for gaining wisdom.

"How beautiful you are, my darling! Oh, how beautiful! Your eyes behind your veil are doves. Your hair is like a flock of goats descending from Mount Gilead".(Song 4:1)

Lions' teeth is cruelty to tear to pieces. This denotes the cruelty of Satan.

"A nation has invaded my land, powerful and without number; it has the teeth of a lion, the fangs of a lioness".(Joel 1:6)

(9: 9) They had breastplates like breastplates of iron, and the sound of their wings was like the thundering of many horses and chariots rushing into battle.

Breastplate of iron denotes the destructive power, wings for its quickness to fly, sound of their wings was like thundering of many horses and chariots rushing into battle. This tells noisy, oppressive, threatening forces of Satan.

(9: 10) They had tails and stings like scorpions, and in their tails they had power to torment people for five months.

Scorpion is poisonous, once it stings, man will suffer greatly and die. Satan has the characteristic that can give such pain.

So the LORD will cut off from Israel both head and tail, both palm branch and reed in a single day; the elders and prominent men are the head, the prophets who teach lies are the tail. (Is 9:14~15)

(9: 11) They had as king over them the angel of the Abyss, whose name in Hebrew is Abaddon, and in Greek, Apollyon

King is a commander having subordinates which means the forces of Satan is like a great army. King is the angel of the Abyss, whose name is Hebrew is Abaddon, and in Greek, Apollyon which means a destroyer. The essence of Satan is to do destroy. It tempts to sin to destroy a heart, family, church, country and a whole mankind.

(9: 12) The first woe is past; two other woes are yet to come.

The first woe is the activity of the locust and the second woe is as following;

(9: 13) The sixth angel sounded his trumpet, and I heard a voice coming from the horns of the golden altar that is before God.
(9: 14) It said to the sixth angel who had the trumpet, "Release the four angels who are bound at the great river Euphrates."
(9: 15) And the four angels who had been kept ready for this very hour and day and month and year were released to kill a third of mankind.

The river Euphrates as the center great tribulation like a war is recorded. There are some saying that incident to be the third world war, but as mentioned in the introduction, the third world war is not predicted in the Revelation.

The Euphrates is a name of an area to reflect the regional characteristics. That is, war will break out at the Euphrates means that a place like Euphrates will experience great tribulation.

Euphrates is located in Mesopotamia region, having abundant water supply and rich soil for much harvest ensuring material affluences. Where there is richness, naturally the culture will develop and sin will prevail. Especially in ancient culture, the idol worshipping and paganism was at the central elements.

Spiritually sin is a greater tribulation than that of the third world war. Four angels who appears here are those who were kept and similar to the Satan. This Satan is predestined to kill one third of mankind on a specific year, month, day and time.

That year, month, day, time is unknown to us and that time is within God's absolute sovereignty.

One third is- as mentioned a few times- partial, or limited. The work of Satan is active where there are secular, greed, arrogance and lust. It is a power to kill one third, which means, regardless how strong the Satan is, he could never challenge God's salvation work.

The essence of this is; it is a word of comport and hope addressed to those persecuted Roman churches and it's saints, ensuring them that even Romans can be as strong as Satan, God will protect, guide and save the saints.

(9: 16) The number of the mounted troops was two hundred million. I heard their number.

The mounted troops are forces to fight, which is satanic, two hundred million is unlimited number of many, two hundred million is multiplying ten thousand by ten thousand, which is enormous number of mounted troops of satanic forces.

There are many who says that a great number, more than two hundred million soldiers will be on battle which can only be the world war three but, it actually means the suffering given by the Satan. Numbers in Revelation is semantic not natural.

(9: 17) The horses and riders I saw in my vision looked like this: Their breastplates were fiery red, dark blue, and yellow as sulfur. The heads of the horses resembled the heads of lions, and out of their mouths came fire, smoke and sulfur

(9: 18) A third of mankind was killed by the three plagues of fire, smoke and sulfur that came out of their mouths.

Two hundred million mounted solider were having breastplates in fiery red, dark blue and yellow as sulfur color. Breastplates are iron punch to destroy the enemies, the color of the breastplates are in fiery red, dark blue and yellow as sulfur, is to be taken as a phenomenon of burning and destruction by the war.

The heads of the horses resembled the heads of lions denotes the outrageousness of satanic power is to be like a lion. This destructive force can appear very powerful but, it can only destroy one third.

(9: 19) The power of the horses was in their mouths and in their tails; for their tails were like snakes, having heads with which they inflict injury.

Their tails were like snake's means the snake which is a symbol of the Satan, having heads with which they inflict injury tells the Satanic temptation and testing which is full of hypocrisy, abomination.

"So the LORD will cut off from Israel both head and tail, both palm branch and reed in a single day; the elders and prominent men are the head, the prophets who teach lies are the tail".(Is 9:14~15)

(9: 20) The rest of mankind that were not killed by these plagues still did not repent of the work of their hands; they did not stop worshiping demons, and idols of gold, silver, bronze, stone and wood--idols that cannot see or hear or walk.

(9: 21) Nor did they repent of their murders, their magic arts, their sexual immorality or their thefts.

Even going through plagues, there were some who were stubborn and did not repent. Chosen ones will repent under tribulation and come before God, but those who are ruled by the Satan will become more stubborn.

Chapter 10 A little scroll eaten by John

(10: 1) Then I saw another mighty angel coming down from heaven. He was robed in a cloud, with a rainbow above his head; his face was like the sun, and his legs were like fiery pillars.

When Jesus returns, he will be robed in a cloud, and the rainbow is the image of God, face like the sun reminds us the appearance of the Son of man in chapter 1, verse 16, legs like fiery pillars is same as feet of the Son of man which were like bronze glowing in a furnace. A mighty angel is an angel with power, coming down from heaven is appearance of the Holy Spirit coming down from above.

(10: 2) He was holding a little scroll, which lay open in his hand. He planted his right foot on the sea and his left foot on the land,

A scroll lay open in his hand is same scroll as the Lamb received from God, planting his right and left food on the sea and land is that the world history is all controlled by sovereign God.

(10: 3) and he gave a loud shout like the roar of a lion. When he shouted, the voices of the seven thunders spoke.

A loud shout like the roar of a lion tells the majestic authority. That is the mighty angel is God's power, work of the Holy Spirit and work of salvation. The authority is like the roar of a lion and the seven thunders.

(10: 4)And when the seven thunders spoke, I was about to write;

but I heard a voice from heaven say, "Seal up what the seven thunders have said and do not write it down."

When John was about to write what the seven thunders spoke, he was not to write them down but to be sealed up, God's powerful gospel was to write down but to be eaten which means it should come into one's body to be united and becoming the life style itself.

(10: 5) Then the angel I had seen standing on the sea and on the land raised his right hand to heaven.

(10: 6) And he swore by him who lives for ever and ever, who created the heavens and all that is in them, the earth and all that is in it, and the sea and all that is in it, and said, "There will be no more delay!

The mighty angel raising it's right hand swearing to God for no more delay. Raised right hand is used to swear and to make an oath for no delay but for quick fulfillment. God's will is never delayed but, surely will come true.

(10: 7) But in the days when the seventh angel is about to sound his trumpet, the mystery of God will be accomplished, just as he announced to his servants the prophets."

When the seventh trumpet sounded, God's mystery will be fulfilled like the gospel. That is God's mystery is as written in the Bible, God is going to save God's children by the cross of Jesus Christ.

Summarizing the whole Bible is salvation by faith in Jesus Christ.

"For God so loved the world that he gave his one and only Son, that whoever believes in him shall not perish but have eternal life".(Jn 3:16)

When the seventh trumpet sounded does not mean a certain year, month, day and hour but, the final result of our salvation is pointed to Jesus Christ.

(10: 8) Then the voice that I had heard from heaven spoke to me once more: "Go, take the scroll that lies open in the hand of the angel who is standing on the sea and on the land."

(10: 9) So I went to the angel and asked him to give me the little scroll. He said to me, "Take it and eat it. It will turn your stomach sour, but in your mouth it will be as sweet as honey."

Hearing the voice to take the scroll from the hands of the angel and eat which will be as sweet as honey in the mouth but, sour in the stomach. The scroll is God's word, when it is heard, it is gracious, joyful word but, once it should be practiced in daily life, it will demand sacrifice and suffering just like the scroll will turn sour in the stomach.

(10: 10) I took the little scroll from the angel's hand and ate it. It tasted as sweet as honey in my mouth, but when I had eaten it, my stomach turned sour.

(10: 11) Then I was told, "You must prophesy again about many peoples, nations, languages and kings."

When we have eaten the scroll, the God's word, we have the responsibility to go out to the world and share the gospel.

Chapter 11 Activity of two witnesses

(11: 1) I was given a reed like a measuring rod and was told, "Go and measure the temple of God and the altar, and count the worshipers there.

(11: 2) But exclude the outer court; do not measure it, because it has been given to the Gentiles. They will trample on the holy city for 42 months.

A reed like a measuring rod is the standard of measurement. In ancient days, reeds are used to make a measuring rod, and a rod is a tool of judgement. When Moses performed plagues in Egypt, he used a rod. Mose's rod is prototype of the cross. A rod is made from a broken branch of from a tree which is useless otherwise. But, as with this rod, most powerful Pharaoh's force has been defeated, the trivial, shameful cross destroyed the power of Satan by the resurrection and to victory. "For the message of the cross is foolishness to those who are perishing, but to us who are being saved it is the power of God".(ICor. 1: 18)

This means that the category of the salvation is in the cross. With this measuring rod, he is to measure the temple of God and the altar, and count the worshipers there. The temple is the body of the Lord, and the worshipers there are saints in the Lord who are reborn by the Holy Spirit.

But, the outer court is to be left out which is given to the gentiles who are going to trampled over the holy city for 42 months. Even coming to the temple, they do not go inside to worship, which are the gentiles, non-believers and those given over to Satan.

42 month, 1,260days, 3 and a half years, for a time, times and half a time, three and a half days, all these are semantic numbers, not reaching the perfect number 7, not complete, weak, partial, temporal, one quarter of, or having complex meaning.

(11: 3) And I will give power to my two witnesses, and they will prophesy for 1,260 days, clothed in sackcloth."

(11: 4) These are the two olive trees and the two lampstands that stand before the Lord of the earth.

Two witnesses are two olive trees or two lampstands. Olive tree stands for Jesus, two olive tree points to the coming Jesus from the Old Testament and Jesus who came in the New Testament, which is two lampstands meaning the church from the Old testament time and the New testament time.

Two witnesses are given power to prophesy for 1,260 days, clothed in sackcloth. Sackcloth means repentance, repentance the sanctification, authority is the expression of power which applies when one is holy, the Holy Spirit overflows, and the power will follow. Only with over flowing power, one can prophesy to witness the gospel.

"But you will receive power when the Holy Spirit comes on you; and you will be my witnesses in Jerusalem, and in all Judea and Samaria, and to the ends of the earth"(Acts 1:8)

I want to discuss about the sackcloth in detail. Sackcloth is a scarp of a cloth made with hemp, by cutting, boiling on fire, peel off the sheath, cut into pieces to net into a cloth.

The process of making the cloth is done by sacrifice. Especially to express holiness, skin off is often used. Likewise, the circumcision is a ritual to skin off sin before God by cutting off the fore skin. Sin offering is also done through the process of skin off the offered animal. This symbolizes sacrifice unto death, undoing with sin so to be holy. Sackcloth is being made through the process of skin off, cut them into pieces.

By the death of Jesus on the cross, our sins are redeemed, receiving the righteousness for salvation. In Old Testament, the garment of the high priest is made in linen to show the holy and sanctified office being held. Also when one is to repent, they sit on ash wearing sackcloth and pray. Sackcloth is used as shroud for dead and mourning with meaning of " I am a sinner" a mark of humbleness, repentance, and holiness that comes automatically when one repents.

Two witnesses prophesying for 1,600 days is not in literal sense but it is the two witness's prophesying activity to deal with the activity of gentiles trampling the temple court for 42months. This shows as the Satan works, Holy Spirit's activity will not cease but, will continue.

(11: 5) If anyone tries to harm them, fire comes from their mouths and devours their enemies. This is how anyone who wants to harm them must die.

The activities of two witnesses is work of the gospel, work of the Holy Spirit to prove that whenever the Satan works, the Holy Spirit will also be there to defeat so that the church will always remain undiminished. The early church under Roman's persecution is like two witnesses under Satan's attack which means to give comfort and hope that surely God's church will have victory.

(11: 6) These men have power to shut up the sky so that it will not rain during the time they are prophesying; and they have power to turn the waters into blood and to strike the earth with every kind of plague as often as they want.

The power to shut up the sky so that it will not rain and to turn the waters into blood is only possible with special power of God which denotes that the power is unlimited.

"Elijah was a man just like us. He prayed earnestly that it would not rain, and it did not rain on the land for three and a half years".(Jas 5:17~18)

"Moses and Aaron did just as the LORD had commanded. He raised his staff in the presence of Pharaoh and his officials and struck the water of the Nile, and all the water was changed into blood. The fish in the Nile died, and the river smelled so bad that the Egyptians could not drink its water. Blood was everywhere in Egypt".(Ex 7:20~21)

(11: 7) Now when they have finished their testimony, the beast that comes up from the Abyss will attack them, and overpower and kill them.

The beast comes up from the Abyss to attack and kill two witnesses which is the work of the Holy Spirit and the gospel. This beast from the Abyss is the forces of Satan and this Satanic force will appear to win over the power of the Holy Spirit.

(11: 8) Their bodies will lie in the street of the great city, which is figuratively called Sodom and Egypt, where also their Lord was

crucified.

Bodies of two witnesses lie in the street of Sodom and Egypt does not mean literally but it is the image of Sodom and Egypt bears to which is the pronoun of sin and idol worship. This means where there are works of the Satan and sin bountifully, the cross incident of Jesus Christ comes along.

(11: 9) For three and a half days men from every people, tribe, language and nation will gaze on their bodies and refuse them burial.

(11: 10) The inhabitants of the earth will gloat over them and will celebrate by sending each other gifts, because these two prophets had tormented those who live on the earth.

People, tribe, language and nation is the whole world and refusal to burry their body is a severe way of revenge, revenge to crops even after death. It is same as a traitor's tomb is being searched and taken to torn into pieces by the extremists. Three and a half days is half number of the perfect number of seven with meaning of un-perfect and momentarily. This Satanic force can be very extreme but it is there only for momentarily and weak. It shows that those belonging to Satan gloat over the death of two witnesses and celebrates by sending gifts to each other.

(11: 11) But after the three and a half days a breath of life from God entered them, and they stood on their feet, and terror struck those who saw them.

After the three and a half days, a breath of life from God enters them and they come to life again striking those who see them with terror. This will be like resurrection of Jesus after three days from his death, the work of the Holy Spirit may appear to be weak and defeated for a time being, it will never last long to the victory and completion of wonderful work.

(11: 12) Then they heard a loud voice from heaven saying to them, "Come up here." And they went up to heaven in a cloud, while their enemies looked on.

Hearing a loud voice from heaven symbolizes God's power and authority, and going up to heaven in a cloud is glorious victory. Enemies looking them means the certainty of the victory and has the same meaning with returning of Jesus in a cloud, those who pierced him will also see him then.

(11: 13) At that very hour there was a severe earthquake and a tenth of the city collapsed. Seven thousand people were killed in the earthquake, and the survivors were terrified and gave glory to the God of heaven.

It writes, when going up in a cloud, that is, in time of victory, a tenth of the city will be collapsed and seven thousand people will be killed. Until now numbers of those perishing by the works of Satan was one third but, here the enemies being destroyed by the victory of the Holy Spirit was less than one tenth.

Mathematically one third is a much bigger number to that of one tenth. But, in the book of Revelation, numbers are to be taken in meaning not as a natural number. Less than one third means being a partial but one tenth means the total even it is with a small portion. Therefore offering tithe symbolizes offering my everything in gratitude number of thankfulness and totality.

And, seven thousand being killed is; seven is a perfect number, thousand symbolizes unlimited number. This is the work of the Holy Spirit that can not be compared with the Satanic force and the tribulation will last only for a short time while the victory for eternity. Those who witnesses this phenomenon can only glorify God.

(11: 14) The second woe has passed; the third woe is coming soon
The second woe is as explained, after two witnesses being killed by beast from the Abyss and going up to heaven in a cloud after three and a half days which applies to the whole humanity, country, organization and each individuals as a spiritual incidents. It is not necessarily indicating a great war like third world nuclear war but, the work of the Satan itself is woe.

Now the third woe is to come repeating three times. Three times repetition is to emphasize the importance, sternness, and bombastic.

(11: 15) The seventh angel sounded his trumpet, and there were loud voices in heaven, which said: "The kingdom of the world has become the kingdom of our Lord and of his Christ, and he will reign for ever and ever."
When the last trumpet is blown, the last incident will occur which denotes the salvation work of Jesus Christ will reach it's peak. It is the resurrected Lord reign over us as the king of kings. This will ultimately consume when the Lord returns and at the same time it is a blessing given to those who live yesterday, today and always in faith.

(11: 16) And the twenty-four elders, who were seated on their thrones before God, fell on their faces and worshiped God,
(11: 17) saying: "We give thanks to you, Lord God Almighty, the

One who is and who was, because you have taken your great power and have begun to reign.

It is a scene of praising and worship the Lord's victory for our salvation.

(11: 18) The nations were angry; and your wrath has come. The time has come for judging the dead, and for rewarding your servants the prophets and your saints and those who reverence your name, both small and great--and for destroying those who destroy the earth."

When the Lord takes the great power of victory, the enemies will rage as they are going to be judged. Those prophets, saints who revere the name of the Lord will be rewarded and saved but the enemies will be condemned.

(11: 19) Then God's temple in heaven was opened, and within his temple was seen the ark of his covenant. And there came flashes of lightning, rumblings, peals of thunder, an earthquake and a great hailstorm.

When God is going to judge, God's temple in heaven was opened, and within his temple was seen the ark of his covenant, and from there came flashes of lightning, rumblings, peals of thunder, earthquake and a great hailstorm. The temple is body of the Lord, where God's presence is and where the power comes from. That means the authority to save and to condemn is with God and Jesus only.

"Make an atonement cover of pure gold--two and a half cubits long and a cubit and a half wide. And make two cherubim out of hammered gold at the ends of the cover. Make one cherub on one end and the second cherub on the other; make the cherubim of one piece with the cover, at the two ends. The cherubim are to have their wings spread upward, overshadowing the cover with them. The cherubim are to face each other, looking toward the cover. Place the cover on top of the ark and put in the ark the Testimony, which I will give you. There, above the cover between the two cherubim that are over the ark of the Testimony, I will meet with you and give you all my commands for the Israelites".(Ex. 25:17~22)

Chapter 12 Fight of the woman with the dragon

(12: 1) A great and wondrous sign appeared in heaven: a woman clothed with the sun, with the moon under her feet and a crown of twelve stars on her head.

One woman appeared in heaven clothed with glory of sun, moon and stars. Sun, moon, and stars emit light with appearance of glory and deity which is the work of the Holy Spirit.

(12: 2) She was pregnant and cried out in pain as she was about to give birth.

There are divergent interpretation about who woman is. But, in this chapter all these interpretation appears. In verse 17, it points to the rest of her offspring- those who obey God's commandments and hold to the testimony of Jesus. Woman is the church and the work of the Holy Spirit.

Church is expressed as woman as the bride to Jesus Christ. She was pregnant and cried out in pain as she was about to give birth which is like the rebirth of saints experiencing labor pains in the process of rebirth die to flesh and live to spirit so to become like a child.

(12: 3) Then another sign appeared in heaven: an enormous red dragon with seven heads and ten horns and seven crowns on his heads.

To oppose the woman, a red dragon appeared in heaven,

which is needless to say the work of Satan. The appearance of the Satan denotes the attributes of the Satan. The red dragon has seven heads and ten horns. Head symbolizes wisdom so the perfect wisdom, which is crafty wisdom, causing us to fall.

Jesus said the disciples should be wise as serpent when he sent them out to share gospel. Expressing Satan as dragon, is to express the craftiness characteristic of Satan like that of serpent's.

(12: 4) His tail swept a third of the stars out of the sky and flung them to the earth. The dragon stood in front of the woman who was about to give birth, so that he might devour her child the moment it was born.

This dragon's tail sweeps a third of the stars and flung them to the earth. Using the tail describes the activity of the faults prophets and the anti-Christ. Stars are the servants of God and a third is a partial. So, the work of the Satan is causing servants of God to fall for destruction but, the power is weak and limited.

It does not mean one third of servants will fall but, as if we take a person for example, he might fall not to perish but will repent in the end and will stand again. Although David committed murder and adultery, he repents before God and being restored bo become a new person as David son of Jesse a man after my own heart.

(12: 5) She gave birth to a son, a male child, who will rule all the nations with an iron scepter. And her child was snatched up to God and to his throne.

A son born of woman is saints who are re-born by the Holy

Spirit. Saints will have the authority to judge the world together with the Lord. Therefore, saints who are re-born by the Holy Spirit will be guided before God and the throne for protection and nurture so, saints are held up and kept by God.

"So do not fear, for I am with you; do not be dismayed, for I am your God. I will strengthen you and help you; I will uphold you with my righteous right hand. All who rage against you will surely be ashamed and disgraced; those who oppose you will be as nothing and perish. Though you search for your enemies, you will not find them. Those who wage war against you will be as nothing at all. For I am the LORD, your God, who takes hold of your right hand and says to you, Do not fear; I will help you".(Is 41:10~13)

(12: 6) The woman fled into the desert to a place prepared for her by God, where she might be taken care of for 1,260 days.

There is a place prepared by God to be taken care of for 1,260 days and women will flee to that place. Previously in verse 5, the child being taken before God's throne and here women to the wilderness does not mean taken to two different places. Before God and throne and to a wilderness prepared by God all means same places.

Woman lead to the wilderness to be nurtured and protection. It shows that even in the midst of suffering of cross, God always accompanies with his power of resurrection.

(12: 7) And there was war in heaven. Michael and his angels fought against the dragon, and the dragon and his angels fought back.

(12: 8) But he was not strong enough, and they lost their place in

heaven.

Michael is the Archangel, the work of the Holy Sprit. The dragon and his angels are work of the Satan. War in heaven is a spiritual war which Satan lost to be thrown out.

(12: 9) The great dragon was hurled down--that ancient serpent called the devil, or Satan, who leads the whole world astray. He was hurled to the earth, and his angels with him.

This dragon was the serpent who seduced Eve to commit sin in the garden of Eden is the Devil, Satan who tempts us to sin even today. His angels denotes the mightiness of his force.

(12: 10) Then I heard a loud voice in heaven say: "Now have come the salvation and the power and the kingdom of our God, and the authority of his Christ. For the accuser of our brothers, who accuses them before our God day and night, has been hurled down.

A loud voice in heaven is same as deceleration of victory that the Satan being thrown out and completion of salvation being achieved. The Satan, the accuser of our brothers-as shown in the book of Job-is there to accuses us.

(12: 11) They overcame him by the blood of the Lamb and by the word of their testimony; they did not love their lives so much as to shrink from death.

The Michael angel won over the battle fought against the dragon. This victory expressed as many bothers won. Here the brothers overcame by the blood of the Lamb and by the word of their testimony. Therefore, Michael and his angels are saints and the work of the Holy Spirit. Overcoming by the blood of the Lamb tells the contribution of the cross of Jesus Christ, their testimony is the testimony of the gospel, living according to the word of God.

(12: 12) Therefore rejoice, you heavens and you who dwell in them! But woe to the earth and the sea, because the devil has gone down to you! He is filled with fury, because he knows that his time is short."

Heavens and those who dwell in them to rejoice means to find joy in holy and spiritual life. But, there will be woe on the earth and the sea. Here the earth and the sea is the world and sinful life. The devil filled with fury gone down to the earth is saying that the work of Satan is more active in sinful, worldly life.

"The acts of the sinful nature are obvious: sexual immorality, impurity and debauchery; idolatry and witchcraft; hatred, discord, jealousy, fits of rage, selfish ambition, dissensions, factions and envy; drunkenness, orgies, and the like. I warn you, as I did before, that those who live like this will not inherit the kingdom of God".(Gal 5:19~21)

(12: 13) When the dragon saw that he had been hurled to the earth, he pursued the woman who had given birth to the male child.

(12: 14) The woman was given the two wings of a great eagle, so that she might fly to the place prepared for her in the desert, where she would be taken care of for a time, times and half a time, out of the serpent's reach.

The dragon pursued the woman. That is Satan persecuting the church. But, the woman fly to the wilderness with the two wings of a great eagle. This is God's power with divine authority watch over and protects the church. Wilderness means if armed with the faith of the cross, one can be protected from all Satanic forces.

Faith of the cross is meak, humble, sacrificial, dedicating with brotherly love, forgives, serves with tolerance.

A time, times and half a time is three and a half a time which is the half number of seven. There are many who understands it as before three and a half years and after three and a half years pointing to a specific years. Taken this way will mean that the work of Satan will dominate the half of the seven and work of the Holy Sprit the other half of the seven. This is as seven being the perfect number means the total period from the creation until the returning of Jesus. Half number of seven does not mean half time of seven but, it is half of the seven that is; within the full period, both work of Satan and the Holy Spirit active at the same time.

(12: 15) Then from his mouth the serpent spewed water like a river, to overtake the woman and sweep her away with the torrent.

Then the serpent spewed water like a river to overtake the woman and sweep her away with the torrent is expression of mobilizing all kinds of wonders and miracles to persecute the church.

"For false Christs and false prophets will appear and perform great signs and miracles to deceive even the elect--if that were possible".(Mt 24:24)

"For such men are false apostles, deceitful workmen, masquerading as apostles of Christ. And no wonder, for Satan himself masquerades as an angel of light. It is not surprising, then, if his servants masquerade as servants of righteousness. Their end will be what their actions deserve".(2 Cor. 11:13~15)

(12:16) But the earth helped the woman by opening its mouth and swallowing the river that the dragon had spewed out of his mouth.

(12: 17) Then the dragon was enraged at the woman and went off to make war against the rest of her offspring--those who obey God's commandments and hold to the testimony of Jesus.

Satan's work seems powerful but, it is momentarily and weak. In the end could not over come the work of the Holy Spirit. This Satan attacks the rest of woman's offspring-the saints.

Chapter 13 Activities of two beasts

(13: 1) And the dragon stood on the shore of the sea. And I saw a beast coming out of the sea. He had ten horns and seven heads, with ten crowns on his horns, and on each head a blasphemous name.

Work of Satan continues. This time, Satan stands with more powerful appearance. A beast coming out from sea which is a bigger place compared with the Hades from previous time.

The appearance of Satan denotes the attributes of Satan. Ten is a number with meaning of being weak, and seven is a number of being perfect. He had horns and seven heads, with ten crowns on his horns, and on each head a blasphemous name. Ten horns tells that the power of Satan being weak, seven heads is: even Satan's wisdom seems crafty and winning, in the end he will lose. Those blasphemous names means the attributes of the faults prophet.

(13: 2) The beast I saw resembled a leopard, but had feet like those of a bear and a mouth like that of a lion. The dragon gave the beast his power and his throne and great authority.

The appearance of Satan resembles a leopard which gives image of being cruel, gnaw off the object, bear feet attributes to the powerful claw and tearing off. Now the dragon gives the beast his power with great authority. Just like during a fight, a professional wrestler is turning to the other wrestler when he is exhausted, by touching his hands.

(13: 3) One of the heads of the beast seemed to have had a fatal wound, but the fatal wound had been healed. The whole world was astonished and followed the beast.

(13: 4) Men worshiped the dragon because he had given authority to the beast, and they also worshiped the beast and asked, "Who is like the beast? Who can make war against him?"

One of the heads of the beast seemed to have had a fatal wound, but had been healed is being interpreted as to point a specific country or a king. But, surely it is expressing the scene of Satan being defeated. This Satan defeated by the work of the Holy Spirit, still not giving up but rise again.

Of course the book of Revelation is addressed to the persecuted saints by Romans, in order to give comfort and hope with prediction of Christ Jesus's victory. Taking this beast as Rome or each part being this or that king or connecting to some province is pushing too far. The characteristic of the beast is being cruel and unrighteous. This is same characteristic of Satan and contemporary of Roman authority.

The whole world being astonished and following the beast is same as people continues in uprighteousness not able to depart from it. It is said that "Who is like the beast? Who can make war against him?". This is the biggest flattery expressing the hardness of those people's heart.

(13: 5) The beast was given a mouth to utter proud words and blasphemies and to exercise his authority for forty-two months.

Satan had a mouth to utter proud words and blasphemies which is same as utterance of the faults prophets. This may appear to be a big word with authority but, in the end destined to perish. This beast received his authority to work for forty-two month which is three and a half year, half number of seven.

"Not everyone who says to me, 'Lord, Lord,' will enter the kingdom of heaven, but only he who does the will of my Father who is in heaven. Many will say to me on that day, 'Lord, Lord, did we not prophesy in your name, and in your name drive out demons and perform many miracles? Then I will tell them plainly, 'I never knew you. Away from me, you evildoers!".(Mt. 7:21~23)

(13: 6) He opened his mouth to blaspheme God, and to slander his name and his dwelling place and those who live in heaven.

This tells the work of Satan. It is to blaspheme God and slander saints.

"You will not surely die," the serpent said to the woman. For God knows that when you eat of it your eyes will be opened, and you will be like God, knowing good and evil". (Gen. 3:4~5)

(13: 7) He was given power to make war against the saints and to conquer them. And he was given authority over every tribe, people, language and nation.

(13: 8) All inhabitants of the earth will worship the beast--all whose names have not been written in the book of life belonging to the Lamb that was slain from the creation of the world.

The beast make war against saints and conquers them and was given authority over every tribe, people, language and nation which is the power of Satan to seduce whole world to fall and commit sin. Those whose names are not written in the book of life belonging to the Lamb will worship the beast which means those who are not elects, will fall to the temptation of Satan by committing evil and entering the way of destruction.

(13: 9) He who has an ear, let him hear.
(13: 10) If anyone is to go into captivity, into captivity he will go. If anyone is to be killed with the sword, with the sword he will be killed. This calls for patient endurance and faithfulness on the part of the saints.

He who has an ear, let him hear means that this must be understood spiritually. Those taking captives and killing with sword are same as those who hate, envy, jealous against a brother.

But patient endurance and faithfulness of saints lies at the fact they do not fall to this kind of Satanic temptation and seduction.

(13: 11) Then I saw another beast, coming out of the earth. He had two horns like a lamb, but he spoke like a dragon.

This time, another best coming out of the earth having the appearance like a lamb. This tells that having looking of Jesus with two horns speaking like a dragon. This lamb disguises himself to be Jesus which is the prototype of anti-christ. But, the Lamb has seven horns and seven eyes. This lamb spoke like the dragon which is Satan.

(13: 12) He exercised all the authority of the first beast on his behalf, and made the earth and its inhabitants worship the first beast, whose fatal wound had been healed.

This lamb will exercise all the authority of the first beast before the Lord. That is an anti-christ disguised to be the Lamb will perform many miracles and wonders.

"Watch out for false prophets. They come to you in sheep's clothing, but inwardly they are ferocious wolves. By their fruit you will recognize them. Do people pick grapes from thornbushes, or figs from thistles? Likewise every good tree bears good fruit, but a bad tree bears bad fruit. A good tree cannot bear bad fruit, and a bad tree cannot bear good fruit. Every tree that does not bear good fruit is cut down and thrown into the fire. Thus, by their fruit you will recognize them".(Mt. 7:15~20)

(13: 13) And he performed great and miraculous signs, even causing fire to come down from heaven to earth in full view of men.

(13: 14) Because of the signs he was given power to do on behalf of the first beast, he deceived the inhabitants of the earth. He ordered them to set up an image in honor of the beast who was wounded by the sword and yet lived.

The lamb performed great and miraculous signs, even causing fire to come down from heaven to earth. This tells that even Satan performs great miracle and wonders.

"For such men are false apostles, deceitful workmen, masquerading as apostles of Christ. And no wonder, for Satan himself masquerades as an angel of light. It is not surprising, then, if his servants masquerade as servants of righteousness. Their end will be what their actions deserve".(2 Cor. 11;13~15)

"For false Christs and false prophets will appear and perform great signs and miracles to deceive even the elect--if that were possible".(Mt. 4:24)

(13: 15) He was given power to give breath to the image of the first

beast, so that it could speak and cause all who refused to worship the image to be killed.

Satan gives breath to the image of the beast so that it could speak and cause all who refused to worship the image to be killed. This is persecution to those who keep away from idol worship in order to be faithful which was the persecution of the early church believers who refused to worship Roman emperors and suffering experienced even today by those who refuses to do uprighteousness in order to live by the faith.

(13: 16) He also forced everyone, small and great, rich and poor, free and slave, to receive a mark on his right hand or on his forehead,

Here Satan causes everyone to receive a mark on his right hand or on his forehead. In ancient time, slaves were distinguished by a mark on right hand or on forehead. These are the ones full of characteristics of Satan and sinful hearts.

(13: 17) so that no one could buy or sell unless he had the mark, which is the name of the beast or the number of his name.

(13: 18) This calls for wisdom. If anyone has insight, let him calculate the number of the beast, for it is man's number. His number is 666.

The meaning that only those with the mark could buy or sell is, just as through buying and selling activity, one could enjoy satisfying life, since the mark stands for Satanic characteristic, greed, arrogance and self-sufficiency, number of his name has same meaning that-as name expresses one's status, characteristics- it tells the characteristic of Satan.

This mark means the sinful condition of one's heart and it is not a mark that can be distinguished by the naked eye. This number is expressed as number of the men. Here the number of the men tells about unspiritual sinful appearance compared with holy God.

Now I want to deal with 666 which is full of curiosity and dispute. There are some who believe this number stands for the number of credit card or bar code marked on merchandises still others believe to be number belonging to computer.

As a modern economic means, credit card will convert into an electronic devise which will be inserted into skin of forehead and right hand so that even it is not visible by the naked eye, it will carry one's identification number to work as credit card without which one could not do any shopping, nor buy airticket, train ticket etc. Therefore, there are many who assert that one should never take this mark and if one does, one will end up in hell. This is absolute distortion of the Bible.

It is said that if one refuses to receive this mark, one is going to face lots of suffering and one should determine even for martyrdom in order not to receive the mark.

Then, in order to help understanding, we will look into the 144,000 who's forehead has been sealed on their forehead. As already been explained in chapter 7, these are one's who are re-born and sealed by the Holy Spirit.

Not necessary to emphasize that it is not the physical mark. Therefore, number 666 marked on the forehead does not mean in physical sense but, it expresses about the characteristic of the beast.

"Do not give dogs what is sacred; do not throw your pearls to pigs. If you do, they may trample them under their feet, and then turn and tear you to pieces".(Mt 7:6)

Number 6 stands for un-perfect number not reaching number 7, the text itself explains that it is number of beast, Satan, and men.

Only those with this mark can buy and sell means, sinful hearts enjoys worldly pleasure and enjoyment.

Therefore, never to receive this mark does not mean one should go without credit cards but, one should not have the characteristic of the beast and born again to be a new person by the Holy Spirit.

Chapter 14 The angel gathers grapes and crops by sickle

(14: 1) Then I looked, and there before me was the Lamb, standing on Mount Zion, and with him 144,000 who had his name and his Father's name written on their foreheads.

Up to now the scene was about the beasts coming up from the hades, sea and ground, winning with the authority, now the scene shifts to the climax of the Lamb's final victory. The Lamb, standing on Mount Zion, and with him 144,000 who had his name and his Father's name written on their foreheads. These are the saints who has image of Christ by receiving seal of the Holy Spirit.

(14: 2) And I heard a sound from heaven like the roar of rushing waters and like a loud peal of thunder. The sound I heard was like that of harpists playing their harps.

A sound from heaven is like the roar of rushing waters and like a laud peal of thunder which denotes the authority and dignity and the sound of harp is the beautiful sound of praising God.

(14: 3) And they sang a new song before the throne and before the four living creatures and the elders. No one could learn the song except the 144,000 who had been redeemed from the earth.

A song saints sang was a new song which is not a new song in literal sense. It is song sang with new joy and gratitude, which expresses appearance of saints joyfully praising the Lord with thankfulness. There are no others worthy of singing that song except those 144,000 saints.

(14: 4) These are those who did not defile themselves with women, for they kept themselves pure. They follow the Lamb wherever he goes. They were purchased from among men and offered as firstfruits to God and the Lamb.

These saints are those who did not defile themselves with women, for they kept themselves pure, should not be taken literally that these are unmarried men but, it means they are saints spiritually pure.

In Bible, corrupted and sinful generation is often expressed as obscene and rebellious. Saints are those who always follow the Lamb wherever he goes. They are obedient saints, being first fruit who are most precious and honorable before God.

They all belong to God and the Lamb. Previously there were those who belong to beasts, who received 666 mark, but, these are the ones who has been sealed on their forehead by the Holy Spirit.

(14: 5) No lie was found in their mouths; they are blameless.

Saints should be faultless and no lies to be found. Of course, there are not one righteous ones found. But, since they are washed by the blood of the Lamb, cleansed, without faults and lies, became perfect ones.

"I have written you in my letter not to associate with sexually immoral people--not at all meaning the people of this world who are immoral, or the greedy and swindlers, or idolaters. In that case you would have to leave this world".(I Cor. 5: 9~10)

(14: 6) Then I saw another angel flying in midair, and he had the eternal gospel to proclaim to those who live on the earth--to every nation, tribe, language and people

(14: 7) He said in a loud voice, "Fear God and give him glory, because the hour of his judgment has come. Worship him who made the heavens, the earth, the sea and the springs of water."

Another angel flying in midair, proclaiming the gospel saying "Fear God and give him glory" This means the gospel is being proclaimed by the Holy Spirit throughout the world. And the essence of that gospel is to glorify God. Since the hour of his judgment has come, we are to worship God who made every creatures.

Here the hour of his judgment does not point to a specific time. Previously there were Satanic work, and now comes God's time to beat the Satanic work and to give glorious victory to his saints. This time can appear anytime before, now and in the future.

To prepare for God's judgement is to worship God which is to have faith in God with reverence.

(14: 8) A second angel followed and said, "Fallen! Fallen is Babylon the Great, which made all the nations drink the maddening wine of her adulteries."

Before, there were three eagles flying shouting "woe, woe, woe followed by three tribulations. But, here three angels flying proclaiming the gospel which is the scene of judgement to destroy the Satanic force.

Second angel's proclaiming about the falling of the great city Babylon, which made all the nations drink the maddening wine of her adulteries. That is the Babylon is not a specific nation. It stands for fallen people or Satanic force.

"O LORD, the king rejoices in your strength. How great is his joy in the victories you give! You have granted him the desire of his heart and have not withheld the request of his lips. Selah You welcomed him with rich blessings and placed a crown of pure gold on his head".(Ps. 21:1~3)

This word means God is going to destroy the arrogant nation Babylon.

(14: 9) A third angel followed them and said in a loud voice: "If anyone worships the beast and his image and receives his mark on the forehead or on the hand,

The Third angel said in a loud voice "If anyone worships the beast and his image and receives his mark on the forehead or on the hand, he will drink of the wine of God's fury" That is because worshipping the beast is being unite with the Satan, having the characteristic of beast. Those who receives the mark will have same characteristics.

(14: 10) he, too, will drink of the wine of God's fury, which has been poured full strength into the cup of his wrath. He will be tormented with burning sulfur in the presence of the holy angels and of the Lamb.

God's fury has been compared with wine-without any impurities-describes God's judgement being very fearful and strong. In the presence of the holy angels and of the Lamb is because of the reason that the counter attack towards Satan is done by the angels and the Lamb. Fire and the sulfur describes burning suffering that is not endurable.

(14: 11) And the smoke of their torment rises for ever and ever. There is no rest day or night for those who worship the beast and his image, or for anyone who receives the mark of his name."

The smoke of their torment rises for ever and ever means God's judgement lasts forever and definitely. This suffering will be given to the non-believers and there will be no rest day or night.

(14: 12) This calls for patient endurance on the part of the saints who obey God's commandments and remain faithful to Jesus.

But, even in the midst of suffering, saints will be protected so that they can partake the glory, because they kept the faith with endurance. They had to endure not to receive the mark and in order not to receive the mark they faced lots of suffering. Not receiving the mark means they kept holy heart despite all kinds of temptation and testing from Satan.

(14: 13) Then I heard a voice from heaven say, "Write: Blessed are the dead who die in the Lord from now on." "Yes," says the Spirit, "they will rest from their labor, for their deeds will follow them."

A loud voice commands to write which means definite and certain. Meaning that those who are die in the Lord are blessed is certainty of their salvation.

This is what the Holy Spirit says and agrees to be certain. Those dead in the Lord are those who lived by faith, those 144,000 who refused to receive the mark on their forehead. They received persecution and experienced suffering but, their labor will end to receive true rest with peace and joy.

"For none of us lives to himself alone and none of us dies to himself alone. If we live, we live to the Lord; and if we die, we die to the Lord. So, whether we live or die, we belong to the Lord".(Rom. 14:7~8)

(14: 14) I looked, and there before me was a white cloud, and seated on the cloud was one "like a son of man" with a crown of gold on his head and a sharp sickle in his hand.

One like a son of man seated on the white cloud gives image of Jesus who returns which denotes victory of the gospel and work of the Holy Spirit.

(14: 15) Then another angel came out of the temple and called in a loud voice to him who was sitting on the cloud, "Take your sickle and reap, because the time to reap has come, for the harvest of the earth is ripe."

Another angel came out of the temple and called in a loud voice to him who was sitting on the cloud which has the meaning that those persecuted church will soon win over and all authority for judgement and salvation comes from the church.

They were ordered to take the sickle and reap crops which is the saints who are meak, humble and fruit-bearing. The fruit of the Holy Sprit.

"But the fruit of the Spirit is love, joy, peace, patience, kindness, goodness, faithfulness, gentleness and self-control. Against such things there is no law".(Gal. 5:22~23)

(14: 16) So he who was seated on the cloud swung his sickle over the earth, and the earth was harvested.

The son of man swung his sickle and the earth was harvested. This is the salvation of the saints and blessed entering into heaven. This phenomenon occurs when the Lord returns which happens at all time, even today. That happens when we refuse Satan's temptation and seduction and be faithful to our faith.

(14: 17) Another angel came out of the temple in heaven, and he too had a sharp sickle.

Another angel came out of the temple. This angel is going to judge unbelievers. He also comes out of the temple which means that all judgement comes from church that is, from the Lord.

(14: 18) Still another angel, who had charge of the fire, came from the altar and called in a loud voice to him who had the sharp sickle, "Take your sharp sickle and gather the clusters of grapes from the earth's vine, because its grapes are ripe."

Previously, there were harvest of ripen crops which is salvation of saints. For this time, is to gather the clusters of grapes which is the unbelievers being expressed as clusters of grapes in order to give the picture of blood when it is being crushed, red juice being pressed out symbolizes destruction.

(14: 19) The angel swung his sickle on the earth, gathered its grapes and threw them into the great winepress of God's wrath.

The angel gathers grapes and throws them into the great wine press to trample them which denotes the destruction and hell's punishment.

(14: 20) They were trampled in the winepress outside the city, and blood flowed out of the press, rising as high as the horses' bridles for a distance of 1,600 stadia.

Vine clusters being crushed and juice flows out expressed as blood of death which spreads to a distance of 1,600 stadia.

This is to express the whole earth is flooded of blood, so that even the carriage is not able to move about. It gives picture of river and flood of blood to show the severity of the judgement and perfect victory of God and the Lamb.

Ultimately, this victory will be completed when Jesus returns but, we are already experiencing it now and tomorrow. Not only that, this victory was already with the persecuted church by the Romans.

God is displaying such power and authority to the early church saints, giving them letter of comfort and hope in the midst of their suffering caused by the persecution, so that they could endure and be faithful.

Finally, christianity became national religion of Rome during the reign of the great Constantine emperor, achieving freedom of religion. This is great victory of the Holy Spirit, gospel and the Lamb.

In chapter 14, part two is closing with perfect judgement and salvation. That is, the saints being harvested into the barn as ripe crops and unbelievers thrown into the press of wrath as cluster being crushed into hell's judgement and the part three begins with chapter 15.

Chapter 15 Angles with seven plagues

(15:1) I saw in heaven another great and marvelous sign: seven angels with the seven last plagues--last, because with them God's wrath is completed.

I saw in heaven another great and marvelous sign: seven angels with the seven last plagues--last, because with them God's wrath is completed.

This marvelous sign in heaven is seven angles appears with the seven plagues. This is the last plagues and beginning of history of salvation. It is a plague for the Satan but, it is a blessing and salvation for the saints.

(15: 2) And I saw what looked like a sea of glass mixed with fire and, standing beside the sea, those who had been victorious over the beast and his image and over the number of his name. They held harps given them by God

A sea of glass mixed with fire denotes God's power of the judgement. By washing with the water, cleanses sin, burning with fire, sanctifies the saints, extinct sin, condemns work of Satan. Those who overcame the beast and the number of his name, stands beside the sea and praising God by singing and playing harps.

(15: 3) and sang the song of Moses the servant of God and the song of the Lamb: "Great and marvelous are your deeds, Lord God

Almighty. Just and true are your ways, King of the ages.

(15: 4) Who will not fear you, O Lord, and bring glory to your name? For you alone are holy. All nations will come and worship before you, for your righteous acts have been revealed."

Songs sang with the harps was song of Moses and the song of the Lamb.

"Then Moses and the Israelites sang this song to the LORD: "I will sing to the LORD, for he is highly exalted. The horse and its rider he has hurled into the sea. The LORD is my strength and my song; he has become my salvation. He is my God, and I will praise him, my father's God, and I will exalt him. The LORD is a warrior; the LORD is his name. Pharaoh's chariots and his army he has hurled into the sea. The best of Pharaoh's officers are drowned in the Red Sea. The deep waters have covered them; they sank to the depths like a stone. "Your right hand, O LORD, was majestic in power. Your right hand, O LORD, shattered the enemy. In the greatness of your majesty you threw down those who opposed you. You unleashed your burning anger; it consumed them like stubble. By the blast of your nostrils the waters piled up. The surging waters stood firm like a wall; the deep waters congealed in the heart of the sea. The enemy boasted, 'I will pursue, I will overtake them. I will divide the spoils; I will gorge myself on them. I will draw my sword and my hand will destroy them. But you blew with your breath, and the sea covered them. They sank like lead in the mighty waters. "Who among the gods is like you, O LORD? Who is like you-- majestic in holiness, awesome in glory, working wonders? You stretched out your right hand and the earth swallowed them. In your unfailing love you will lead the people you have redeemed. In your strength you will guide them to your holy dwelling. The nations will hear and tremble; anguish will grip the people of Philistia. The chiefs of Edom will be terrified, the leaders of Moab will be seized with trembling, the people of Canaan will melt away; terror and dread will fall upon them. By the power of your arm they will be as still as a stone--until your people pass by, O LORD, until the people you bought pass by. You will bring them in and plant them on the mountain of your inheritance--the place, O LORD, you made for your dwelling, the sanctuary, O Lord, your hands established. The LORD will reign for ever and ever".(Ex. 15:1~18)

(15: 5) After this I looked and in heaven the temple, that is, the tabernacle of the Testimony, was opened.

(15: 6) Out of the temple came the seven angels with the seven plagues. They were dressed in clean, shining linen and wore golden sashes around their chests.

After the praises of the saints, the tabernacle of the Testimony was opened which is the temple where the ark of the testimony is, where God's judgement and salvation come forth from the power of the church and the Lamb.

Those seven angels coming out of the temple had seven plagues and were dressed in clean, shining linen and wore golden sashes around their chests.

This appearance is same as the Son of man in chapter 1 which denotes the work of the gospel.

(15: 7) Then one of the four living creatures gave to the seven angels seven golden bowls filled with the wrath of God, who lives for ever and ever.

(15: 8) And the temple was filled with smoke from the glory of

God and from his power, and no one could enter the temple until the seven plagues of the seven angels were completed.

Four living creatures worships and serves God by the throne, are same as angels and work of the Holy Spirit.

This creature is giving seven golden bowls filled with God's wrath. At the same time, the temple was filled with smoke from God's power, and no one could enter the temple.

Here God's judgement power is expressed as smoke, and no one could enter the temple means no one could hinder God's judgement.

In part one, God's throne appeared accompanying lightening thunder and voice, in part two, prayers of saints ascends into heaven and the fire of the Holy Spirit being pour down to the earth, also showing thunder, lightning, earth quake and voices. And in part three the authority is being displayed by the angels coming out of the temple and the temple is filled with smoke even before judgement begins so that no one could enter the temple.

This is like a skirmish subduing the enemy, word of comfort and hope for the saints.

Chapter 16 Seven bowls of plague

(16: 1) Then I heard a loud voice from the temple saying to the seven angels, "Go, pour out the seven bowls of God's wrath on the earth."

(16: 2) The first angel went and poured out his bowl on the land, and ugly and painful sores broke out on the people who had the mark of the beast and worshiped his image.

When the first plague came, on those idol worshippers -who received mark of the beast- ugly and painful sores broke out. These are same ones who received 666 mark on their foreheads and right hand, having beast characteristics.

Therefore the plague is not something that afflicts everyone. It will not come over those who are faithful. Even those faithful ones do suffer but never to the extend of being disaster. It is like laboring for blessing.

"So they took soot from a furnace and stood before Pharaoh. Moses tossed it into the air, and festering boils broke out on men and animals".(Ex. 9:10)

Those plagues came upon Egypt were calamity for Egyptians but was blessing of independence for Israelites.

(16: 3) The second angel poured out his bowl on the sea, and it turned into blood like that of a dead man, and every living thing in the sea died.

(16: 4) The third angel poured out his bowl on the rivers and springs of water, and they became blood.

(16: 5) Then I heard the angel in charge of the waters say: "You are just in these judgments, you who are and who were, the Holy One, because you have so judged;

(16: 6) for they have shed the blood of your saints and prophets, and you have given them blood to drink as they deserve."

(16: 7) And I heard the altar respond: "Yes, Lord God Almighty, true and just are your judgments."

When the second bowl being poured out, the sea turned into blood killing every living thing in the sea. Blood symbolizes death.

When Moses stoke Nile river with his stuff, every water in the land turned into blood. Does not mean that such incident will occur again in the future. It was the past incident revealing God's judgement which is applicable even today to those who are guilty.

That is same with the incident of opening of the Red sea, which should not be taken in literal term but, it meant to be understood, as the Israelites were saved by the Red Sea, we who sinned were destined for destruction, will be saved by Jesus Christ who is our way the truth and the life.

Even angels announce that God's judgement being true and just. God can never be unrighteous. He is the true God.

If we misunderstand the term saying a tooth for a tooth, an eye for an eye, it might appear to be unmerciful, we must understand God's judgement-for the evil satanic works- to be same.

Condemning those beasts which is the Satan, which is righteous acts of God, is only fair since they caused shedding blood of saints and prophets.

(16: 8) The fourth angel poured out his bowl on the sun, and the sun was given power to scorch people with fire

(16: 9) They were seared by the intense heat and they cursed the name of God, who had control over these plagues, but they refused to repent and glorify him.

When the fourth angel poured out his bowl, the sun was given power to scorch people with fire which does not mean coming natural disasters in the future, it means that God's judgement is so painful as being scorched by fire, which continues to condemn the wicked ones same yesterday, today and tomorrow.

Evil ones does not repent even in the midst of great tribulation but, continues to grumble against God and doing evil works.

"In hell, where he was in torment, he looked up and saw Abraham far away, with Lazarus by his side. So he called to him, 'Father Abraham, have pity on me and send Lazarus to dip the tip of his finger in water and cool my tongue, because I am in agony in this fire. "But Abraham replied, 'Son, remember that in your lifetime you received your good things, while Lazarus received bad things, but now he is comforted here and you are in agony. And besides all this, between us and you a great chasm has been fixed, so that those who want to go from here to you cannot, nor can anyone cross over from there to us'". (Lk. 16:23~26)

(16: 10) The fifth angel poured out his bowl on the throne of the beast, and his kingdom was plunged into darkness. Men gnawed their tongues in agony

(16: 11) and cursed the God of heaven because of their pains and their sores, but they refused to repent of what they had done.

When the fifth angel poured out his bowl on the throne of

the beast, darkness came, and people gnawed their tongues in agony, still do not repent, continues to blaspheme God. This reveals their hearts being hard and stubborn, only deserving for condemnation.

(16: 12) The sixth angel poured out his bowl on the great river Euphrates, and its water was dried up to prepare the way for the kings from the East.

When the sixth angel poured out his bowl, the river Euphrates was dried up to prepare the way for the kings from the East.

These are those king who will provoke great war, meaning the great tribulation. There are some who take this part as the coming the Third World War. But, bible never tells about a time-limited truth.

Tim-limited in a sense, inform a specific time for the end time which the Bible never describes.

About the River Euphrates-as mentioned in chapter 9 when the sixth angel blow his trumpet- a similar phenomenon occurs.

As noted before, the book of Revelation is composed of three parts, each part share same meaning and aspects, leitmotif, expends gradually.

So, this describes same incident appeared in chapter 9.

(16: 13) Then I saw three evil spirits that looked like frogs; they came out of the mouth of the dragon, out of the mouth of the beast and out of the mouth of the false prophet.

(16: 14) They are spirits of demons performing miraculous signs, and they go out to the kings of the whole world, to gather them for the battle on the great day of God Almighty.

As the Liver Euphrates dried up, kings came for the east and these are described as three evil spirits that came out from those that looked like frogs dragon, false prophets.

Frog is a symbol of gentile god, being divinize and worshipped. When Moses performed frog plague in Egypt, it was meant to nullify the gentile god.

Dragon, beast and the faults prophets are expressed in equal term, telling that the dragon, beast describes the faults prophet. These are demon's spirit.

There are various opinions about demon which should be taken in simple term. When Jesus was in the wilderness praying, being tested by the Satan, he was lead into the wilderness to be tested by demon, who Jesus rebuked by saying "Away from me Satan"

Therefore, demon and the Satan are same. When Jesus healed demon possessed man being deaf, the pharisees accused him casting out demon by Beelzebub, the prince of demons.

Then Jesus replied saying "Every kingdom divided against itself will be ruined, and every city or household divided against itself will not stand. If Satan drives out Satan, he is divided against himself. How then can his kingdom stand? And if I drive out demons by Beelzebub, by whom do your people drive them out?"

Here demon is expressed as Satan. Therefore, the Lord treated Satan, devil, demon, evil spirit to be all same.

So, in this exposition, in order to avoid confusion, only term Satan is being used. The Satan gathers kings of the whole world, for the battle to fight against God. Kings of the whole world means evil satanic force.

"For our struggle is not against flesh and blood, but against the rulers, against the authorities, against the powers of this dark world and against the spiritual forces of evil in the heavenly realms".(Eph. 6:12)

(16: 15) "Behold, I come like a thief! Blessed is he who stays awake and keeps his clothes with him, so that he may not go naked and be shamefully exposed

This sentence seems abrupt without any connectivity with before and after sentences. But, coming of the Lord like a thief is; he is going to defeat evil forces, he is going to judge, therefore, we are to be alert, expecting the coming of the Lord, by wearing garment of righteousness, in order to live holy life as the blessed ones.

Garment covers faults which is sin and transgression being covered with repentance and being sanctified. God's holiness is described by the train of his robe being long. The holiness and purity of Jesus is also expressed as dressed with the robe reaching down to his feet

"Two men will be in the field; one will be taken and the other left. Two women will be grinding with a hand mill; one will be taken and the other left. "Therefore keep watch, because you do not know on what day your Lord will come. But understand this: If the owner of the house had known at what time of night the thief was coming, he would have kept watch and would not have let his house be broken into. So you also must be ready, because the Son of Man will come at an hour when you do not expect him".(Mt 245:40~44)

(16: 16) Then they gathered the kings together to the place that in Hebrew is called Armageddon.

Three spirit which is the spirit of dragon, beast, faults prophet gathered the kings together to Armageddon which describes preparation for war. Armageddon is a large flat land in Israel, located in the cross road between the Asian continent and the African continent.

It is surrounded with valleys. So, if both great country goes to a war, they will naturally meet here. Therefore, Armageddon has inevitable topographical condition for war. But, it is a misinterpretation of the Bible saying that the great modern war will occur here in Armageddon.

Armageddon was a trade route for those merchant princes from great countries during that time and during a war, ferocious battlefield. The meaning of this area is affluence of material and battle.

That is; material affluence symbolizes sin full of greediness and where sin overflows, tribulation and judgement will surely be also. This verse is like the saying- "after desire has conceived, it gives birth to sin; and sin, when it is full-grown, gives birth to death."- where sin dominates, destruction will follow.

(16: 17) The seventh angel poured out his bowl into the air, and out of the temple came a loud voice from the throne, saying, "It is done!"

(16: 18) Then there came flashes of lightning, rumblings, peals of thunder and a severe earthquake. No earthquake like it has ever occurred since man has been on earth, so tremendous was the quake.

The seventh bowl to be the last one, when it is poured out, it reaches the climax.

Out of the temple came a loud voice, flashes of lightning, rumblings, peals of thunder and a severe earthquake which is a enormous incident that reaches it's height never seen before.

These-as mentioned a few times previously-denotes God's

unlimited power and authority for salvation. It definitely does not mean to be taken as eschatology of the natural world, by predicting natural disasters to come at a certain time. Saying repeatedly, regardless how big the tribulation is, it is a blessing of salvation and for the believers and non-believers, the judgement.

(16: 19) The great city split into three parts, and the cities of the nations collapsed. God remembered Babylon the Great and gave her the cup filled with the wine of the fury of his wrath.

(16: 20) Every island fled away and the mountains could not be found.

The great city Babylon split into three parts dose not mean a specific city being collapsed.

Babylon being an idol worship country, it is used as a symbol of a nation full of proudness and evil. It is a history of salvation, as God's judgement destroys a great city, he will destroy sinfulness like that of Babylon, so to save the saints.

This incident is not limited to a certain country or an association, it includes all work of salvation to receive Christ, by Holy Spirit's work of removing all kinds of proudness, evil and lust within my individual self also.

(16: 21) From the sky huge hailstones of about a hundred pounds each fell upon men. And they cursed God on account of the plague of hail, because the plague was so terrible.

From the sky huge hailstones of about a hundred pounds each fell upon men destroying them which is not caused by changes of climate, it is used to describe the forceful work of the Holy Spirit to destroy satanic evil forces. Even in the midst of such tribulation, there are men who do not repent and blaspheme God.

Chapter 17 Activities of the great prostitute and the beast

(17: 1) One of the seven angels who had the seven bowls came and said to me, "Come, I will show you the punishment of the great prostitute, who sits on many waters.

It is told that the great prostitute who sits on many waters is going to be judged. We wonder who this prostitute is.

But, the book of Revelation is always flows with consistency. It is the battle between God's activity and Satan's which appears to be the Satan wins for a time being but, the ultimately the Holy Spirit will have the final victory.

This prostitute is the Satan and it's appearance is Satan's attributes. Previously a lamb appears as the symmetry of the lamb and a prostitute as symmetry of the woman who gave birth to a boy. This is same as a wolf disguising himself by wearing lamb skin.

(17: 2) With her the kings of the earth committed adultery and the inhabitants of the earth were intoxicated with the wine of her adulteries."

Kings of the earth and those who dwells in it were intoxicated with the wine of her adulteries which denotes Satanic work.

(17: 3) Then the angel carried me away in the Spirit into a desert. There I saw a woman sitting on a scarlet beast that was covered

with blasphemous names and had seven heads and ten horns.

A desert is a reserved place for nurturing the woman. In that desert a prostitute sitting on a scarlet beast with appearance such as; the read color symbolizes blood, meaning murdering, which denotes the power of the Satan to kill many people, body covered with full of blasphemous names and seven heads and ten horns.

As explained many times previously, I repeat again. Blasphemous names symbolizes faults prophets, seven heads means the crafty wisdom of the Satan and ten horns expresses the weak power of the Satan which appears to be strong but, ending up to be defeated.

(17: 4) The woman was dressed in purple and scarlet, and was glittering with gold, precious stones and pearls. She held a golden cup in her hand, filled with abominable things and the filth of her adulteries.

The woman was dressed with the appearance that denotes the attributes of the Satan. Dressed in purple, scarlet, glittering with various precious stones which is hypocrisy, holding a golden cup, filled with abominable things is since a cup is to hold water to drink, it reveals the life style of the prostitute full of evil and filth.

(17: 5) This title was written on her forehead: MYSTERY BABYLON THE GREAT THE MOTHER OF PROSTITUTES AND OF THE ABOMINATIONS OF THE EARTH.

The written tile on the forehead denotes the status and characteristics of the person which is a mystery. This mystery is Babylon, the great mother of the abominations of prostitutes of the earth.

Babylon symbolizes arrogance, idolatry, and sin. Mother is a pregnant woman which is the source of the evil. That means the prostitute means the worst evil satanic force.

(17: 6) I saw that the woman was drunk with the blood of the saints, the blood of those who bore testimony to Jesus. When I saw her, I was greatly astonished.

The woman got drunk with the blood of the saints, which shows the height of the satanic force to persecute the saints. Seeing the woman was a great astonishment tells her action were mysterious. Often many mysterious things happens with the satanic force.

"For false Christs and false prophets will appear and perform great signs and miracles to deceive even the elect--if that were possible".(Mt. 24:24)

"For such men are false apostles, deceitful workmen, masquerading as apostles of Christ. And no wonder, for Satan himself masquerades as an angel of light. It is not surprising, then, if his servants masquerade as servants of righteousness. Their end will be what their actions deserve".(2Cor. 11:13~15)

(17: 7) Then the angel said to me: "Why are you astonished? I will explain to you the mystery of the woman and of the beast she rides, which has the seven heads and ten horns.

Revealing the mystery is to expose his attributes. This mystery dose not mean a certain country nor a specific person.

(17: 8) The beast, which you saw, once was, now is not, and will come up out of the Abyss and go to his destruction. The inhabitants

of the earth whose names have not been written in the book of life from the creation of the world will be astonished when they see the beast, because he once was, now is not, and yet will come.

The beast John saw, once was, now is not and will come up out of the Abyss and go to his destruction and this beast is the Satan.

Once was, now is not, tells about the victory of the Satan for a while but, will end up to total destruction. But, still the work of the Satan will continue until final defeat. Seeing this beast those whose names are not written in the book of life will be astonished. Being astonished is feeling of mystery, non-believers would prefer the Satanic forces which is the evil forces taken to be mysterious.

(17: 9) "This calls for a mind with wisdom. The seven heads are seven hills on which the woman sits.

(17: 10) They are also seven kings. Five have fallen, one is, the other has not yet come; but when he does come, he must remain for a little while.

If one take this verses to be too mysterious, will end up misinterpreting it. The book of revelation is always plain. Taking the evil beast to be the Satan is certain. Even the appearance is gaudy and strange, it reveals the attribute of the Satan, never meant to point to a specific person nor a country.

Of course a person who acts for the Satan is like the beast but, does not mean this beast is that person. For example, an apple is red, round and sweet. But, not all red, round, sweet colored fruit is apple. During the early church persecution, it is no doubt that the Roman government was the Satanic force that has in common with the prostitute and the beast.

But, interpreting the Roman to be the prostitute, and it's head points the emperor gives completely different meaning. Head is the wisdom, symbolizes kingship and leader. Therefore, seven heads are seven hills on which the woman sits and for the seven kings, the verse itself interprets.

Hill gives image to be unshakable that is the power, and king denotes authority to be the head. Five have fallen, one is, the other has not yet come; but when he does come, he must remain for a little while. This means the Satanic force has been weakened like those five fallen kings, even he remains, it will be just for s short while.

(17: 11) The beast who once was, and now is not, is an eighth king. He belongs to the seven and is going to his destruction.

The beast who once was, and now is not describes work of weakened satanic force. He belongs to the seven heads and is going to his destruction.

(17: 12) "The ten horns you saw are ten kings who have not yet received a kingdom, but who for one hour will receive authority as kings along with the beast.

Previously a few times, we handled the interpretation about this verse that number ten stands for weakness, horn for power, kings who have not yet received a king, means for kings having no authority. Therefore, ten horns describes about the satanic power that seems like that of a king but, in reality he is without any authority-like a king without a county to rule-he acts like a king together with the beast only for a time being.

(17: 13) They have one purpose and will give their power and authority to the beast.

(17: 14) They will make war against the Lamb, but the Lamb will overcome them because he is Lord of lords and King of kings--and with him will be his called, chosen and faithful followers."

Ten kings gather power to make war against the Lamb, but the Lamb will overcome them and with him, all those who are called and faithful follower will win together.

(17: 15) Then the angel said to me, "The waters you saw, where the prostitute sits, are peoples, multitudes, nations and languages.

The waters where the prostitute sits, said to be the peoples, multitudes, nations and languages, which means the boundary where the Satan works includes the whole world and every nations.

(17; 16) The beast and the ten horns you saw will hate the prostitute. They will bring her to ruin and leave her naked; they will eat her flesh and burn her with fire

The beast and the ten horns are same satanic works which describes satanic attributes of fighting within themselves so to bring destruction.

(17: 17) For God has put it into their hearts to accomplish his purpose by agreeing to give the beast their power to rule, until God's words are fulfilled.

(17: 18) The woman you saw is the great city that rules over the kings of the earth."

Everything works by God's plan and according to God's words. The woman is said to be the great city that rules over the kings of the earth, this great city denotes the Babylon, which is the evil force, arrogant, evil, idolatry, going against God

Chapter 18 falling of the great city Babylon

(18: 1) After this I saw another angel coming down from heaven. He had great authority, and the earth was illuminated by his splendor.

Word "after this" give connection with previous incidents which was that the Satan who is the prostitute, together with the beast killing each other, to which the angel from heaven came down with great authority to respond to.

(18: 2) With a mighty voice he shouted: "Fallen! Fallen is Babylon the Great! She has become a home for demons and a haunt for every evil spirit, a haunt for every unclean and detestable bird.

The angel shouted with a mighty voice "Fallen! Fallen is Babylon the Great!" The great Babylon is the prostitute, evil Satan which falls before God. Babylon is a home for every evil spirits gathers, every unclean and detestable bird gathers which means same as a den of the Satan.

(18: 3) For all the nations have drunk the maddening wine of her adulteries. The kings of the earth committed adultery with her, and the merchants of the earth grew rich from her excessive luxuries."

The maddening wine of her adulteries is blood caused by God's judgement meaning that by God's judgement, all unrighteous authority will collapse to destruction.

(18: 4) Then I heard another voice from heaven say: "Come out of her, my people, so that you will not share in her sins, so that you will not receive any of her plagues;

(18: 5) for her sins are piled up to heaven, and God has remembered her crimes.

To God's chosen people, God's gospel will be proclaimed for repentance to be saved from destruction. This means the woe for the prostitute will not come upon them. Sins of the prostitute is so enormous that they piled up to heaven and God remembers all her crime.

(18: 6) Give back to her as she has given; pay her back double for what she has done. Mix her a double portion from her own cup.

(18: 7) Give her as much torture and grief as the glory and luxury she gave herself. In her heart she boasts, 'I sit as queen; I am not a widow, and I will never mourn.'

God who retribute according to their deeds will pay back all satanic work in double portion. Since the prostitute indulged herself in this world with glory and luxury, her grief and torture will be as much.

(18: 8) Therefore in one day her plagues will overtake her: death, mourning and famine. She will be consumed by fire, for mighty is the Lord God who judges her.

Plagues coming in one day means, her plagues will overtake her in a brief moment. This plagues is death, mourning, famine and consuming by fire. This suffering is given to those who sinned which is the spiritual judgement.

(18: 9) "When the kings of the earth who committed adultery with her and shared her luxury see the smoke of her burning, they will weep and mourn over her.

(18: 10) Terrified at her torment, they will stand far off and cry: "'Woe! Woe, O great city, O Babylon, city of power! In one hour your doom has come!'

This shows how awesome judgement is for sin. The kings of the earth who committed adultery with the prostitute and shared her luxury are those sinners who are terrified to see the destruction of the Satan.

(18: 11) The merchants of the earth will weep and mourn over her because no one buys their cargoes any more--

(18: 12) cargoes of gold, silver, precious stones and pearls; fine linen, purple, silk and scarlet cloth; every sort of citron wood, and articles of every kind made of ivory, costly wood, bronze, iron and marble;

(18: 13) cargoes of cinnamon and spice, of incense, myrrh and frankincense, of wine and olive oil, of fine flour and wheat; cattle and sheep; horses and carriages; and bodies and souls of men.

The merchants of the earth will weep and mourn over her because no one buys their cargoes any more--. Here the cargoes are precious jewels that the prostitute used to adorn herself which are used for indulgence and pleasure, spiritually they destroy the spirit of man. In short, the whole earth is mourning and sorrowful.

(18: 14) They will say, 'The fruit you longed for is gone from you. All your riches and splendor have vanished, never to be recovered.'

(18: 15) The merchants who sold these things and gained their wealth from her will stand far off, terrified at her torment. They will weep and mourn

(18: 16) and cry out: "'Woe! Woe, O great city, dressed in fine linen, purple and scarlet, and glittering with gold, precious stones and pearls!

(18: 17) In one hour such great wealth has been brought to ruin!' "Every sea captain, and all who travel by ship, the sailors, and all who earn their living from the sea, will stand far off.

(18: 18) When they see the smoke of her burning, they will exclaim, 'Was there ever a city like this great city?

(18: 19) They will throw dust on their heads, and with weeping and mourning cry out: "'Woe! Woe, O great city, where all who had ships on the sea became rich through her wealth! In one hour she has been brought to ruin!

Seeing the destruction of the great city Babylon, the whole earth is terrified and surprised. This dose not mean a certain city will fall, it explains how God's Holy Spirit will work out in our lives to undo our sinful nature which is like that of the Satan, in order to change us into a new person.

(18: 20) Rejoice over her, O heaven! Rejoice, saints and apostles and prophets! God has judged her for the way she treated you.'"

Over the destruction of the Babylon, the heaven, saints, apostles and prophets rejoice which is the joy that comes when sin is being removed by repentance and become a new person.

(18:21) Then a mighty angel picked up a boulder the size of a large millstone and threw it into the sea, and said: "With such violence the great city of Babylon will be thrown down, never to be found again.

As a millstone is very heavy. when it is thrown into the sea, it will never pups up of the sea, so will be the fall of the Satan will be total destruction.

"But if anyone causes one of these little ones who believe in me to sin, it would be better for him to have a large millstone hung around his neck and to be drowned in the depths of the sea".(Mt. 18: 6)

(18: 22) The music of harpists and musicians, flute players and trumpeters, will never be heard in you again. No workman of any trade will ever be found in you again. The sound of a millstone will never be heard in you again.

(18: 23) The light of a lamp will never shine in you again. The voice of bridegroom and bride will never be heard in you again. Your merchants were the world's great men. By your magic spell all the nations were led astray.

(18:24) In her was found the blood of prophets and of the saints, and of all who have been killed on the earth."

Satan's work will be totally destroyed, never to rise again. Satan's work is life of indulgence like the music of harpists and musicians, flute players and trumpeters. No workman of any trade will ever be found again means they could never again make idols, hearing no millstone means normal life will be destroyed. The light of a lamp will never shine again and the voice of bridegroom and bride will never be heard again means joy of life will disappear.

Likewise, the reason for destruction of the Babylon is the blood of prophets and of the saints, and of all who have been killed on the earth was found in her city which tells about the Satan's persecution of the church and it's saints.

As mentioned before, this does not mean the destruction of a certain city nor a country but, evil force will surely be judged by God not something that will happen in the future. It tells about the truth that God's judgement to sin and salvation for the righteousness is at work as it was in the past, now and in the future. This is common truth to an individual, a team, a country, a nation and to the whole human race.

Chapter 19 The wedding of the Lamb and the judgement of the beast

(19: 1) After this I heard what sounded like the roar of a great multitude in heaven shouting: "Hallelujah! Salvation and glory and power belong to our God,

After this means, after God destroyed the evil force of the Great city Babylon which is, after sins demolished and made righteous.

(19: 2) for true and just are his judgments. He has condemned the great prostitute who corrupted the earth by her adulteries. He has avenged on her the blood of his servants."

(19: 3) And again they shouted: "Hallelujah! The smoke from her goes up for ever and ever."

(19; 4) The twenty-four elders and the four living creatures fell down and worshiped God, who was seated on the throne. And they cried: "Amen, Hallelujah!"

(19: 5) Then a voice came from the throne, saying: "Praise our God, all you his servants, you who fear him, both small and great!"

(19: 6) Then I heard what sounded like a great multitude, like the roar of rushing waters and like loud peals of thunder, shouting: "Hallelujah! For our Lord God Almighty reigns.

These verse are not necessary to interpret in detail since it proclaims that God's judgement and salvation is just, right and merciful, so that it is right for everyone to praise, worship and glorify Him.

(19: 7) Let us rejoice and be glad and give him glory! For the wedding of the Lamb has come, and his bride has made herself ready.

(19; 8) Fine linen, bright and clean, was given her to wear." (Fine linen stands for the righteous acts of the saints.)

Now the wedding of the Lamb has come, and his bride has made herself ready wearing fine linen cloth which stands for the righteous acts of the saints. Marriage is two becoming one. Sharing life, death, sorrow and death, unite in spirit, mind and body. When a saint cleanses from sin, doing righteous acts, he or she will get the qualification to become a bride of Jesus which is unity with the Lord in glory.

(19; 9) Then the angel said to me, "Write: 'Blessed are those who are invited to the wedding supper of the Lamb!'" And he added, "These are the true words of God."

(19; 10) At this I fell at his feet to worship him. But he said to me, "Do not do it! I am a fellow servant with you and with your brothers who hold to the testimony of Jesus. Worship God! For the testimony of Jesus is the spirit of prophecy."

The angel said that: 'Blessed are those who are invited to the wedding supper of the Lamb!'" This is appearance of a new born person who crucified the sinful desires on the cross and to be a person belonging to the Lord.

As said these are true word of God which is the truth, can never change but it is a certain word with God's guarantee.

When John was going to worship the angel, he was told to worship God only since he was a fellow servant with your brothers who hold to the testimony of Jesus.

This means, saints are regarded as a same being like angels, to partake the glory and to magnify God. Only God is worthy to be worshiped.

(19; 11) I saw heaven standing open and there before me was a white horse, whose rider is called Faithful and True. With justice he judges and makes war.

The heaven standing open and a white horse, whose rider is called Faithful and True. With justice he judges and makes war, which is the appearance of Jesus Christ and work of the Holy Spirit.

(19: 12) His eyes are like blazing fire, and on his head are many crowns. He has a name written on him that no one knows but he himself.

Eyes like blazing fire is same appearance of the Son of God from chapter 1, and having many crowns on his head denotes victorious Jesus, and his name written on him that no one knows but he himself expresses Jesus's absolute authority.

(19: 13) He is dressed in a robe dipped in blood, and his name is the Word of God.

Dressed in a robe dipped in blood expresses the precious blood of the cross, his name is the Word of God means his word became flesh and came amongst us is Jesus Christ.

(19: 14) The armies of heaven were following him, riding on white horses and dressed in fine linen, white and clean.

The armies of heaven were following him are saints numbering 144,000 who have not been defiled by the woman, coming out of tribulation, acting righteous.

(19: 15) Out of his mouth comes a sharp sword with which to strike down the nations. "He will rule them with an iron scepter." He treads the winepress of the fury of the wrath of God Almighty.

A sharp sword coming out of his mouth appears also as the Son of man in chapter 1, which denotes power of Word. God's Word will judge the whole world and blot out evil.

"For the word of God is living and active. Sharper than any double-edged sword, it penetrates even to dividing soul and spirit, joints and marrow; it judges the thoughts and attitudes of the heart. Nothing in all creation is hidden from God's sight Everything is uncovered and laid bare before the eyes of him to whom we must give account".(Heb. 4:12~13)

(19: 16) On his robe and on his thigh he has this name written: KING OF KINGS AND LORD OF LORDS.

Robe displays one's status, and a thigh one's authority. The name written on this robe and thigh is; KING OF KINGS AND LORD OF LORDS which means that Jesus is our King of Kings and Lord of Lords.

(19: 17) And I saw an angel standing in the sun, who cried in a loud voice to all the birds flying in midair, "Come, gather together for the great supper of God,

(19: 18) so that you may eat the flesh of kings, generals, and mighty men, of horses and their riders, and the flesh of all people, free and slave, small and great."

(19: 19) Then I saw the beast and the kings of the earth and their armies gathered together to make war against the rider on the horse and his army.

(19: 20) But the beast was captured, and with him the false

prophet who had performed the miraculous signs on his behalf. With these signs he had deluded those who had received the mark of the beast and worshiped his image. The two of them were thrown alive into the fiery lake of burning sulfur.

(19: 21) The rest of them were killed with the sword that came out of the mouth of the rider on the horse, and all the birds gorged themselves on their flesh.

An angel standing in the sun, who cried in a loud voice to all the birds flying in midair, "Come, gather together for the great supper of God, so that you may eat the flesh of kings, generals, and mighty men, of horses and their riders, and the flesh of all people, free and slave, small and great."

The great supper of God is the time when God blot out sin and evil to complete the victory of righteousness, and in this supper meat is from those dead ones, which does not mean in literal sense, but it reminds dead bodies in war time.

The beast and their armies gathered together to make war against the rider on the white horse and his army. These are those by performing miracle, had deluded those who had received the mark of the beast and worshiped his image which is the work of the Satan.

They were captured, and thrown alive into the fiery lake of burning sulfur, and the rest of them were killed with the sword that came out of the mouth of the rider on the horse, and all the birds gorged themselves on their flesh. This is victory of the Holy Spirit who defeated the work of the Satan which is victory of God and the banquet of the kingdom of heaven. The birds that appears here could not specify but, it is a part of victory scene.

Chapter 20 The great judgement and the thousand year kingdom

(20: 1) And I saw an angel coming down out of heaven, having the key to the Abyss and holding in his hand a great chain.

(20: 2) He seized the dragon, that ancient serpent, who is the devil, or Satan, and bound him for a thousand years.

(20; 3) He threw him into the Abyss, and locked and sealed it over him, to keep him from deceiving the nations anymore until the thousand years were ended. After that, he must be set free for a short time.

An angel coming down out of heaven, having the key to the Abyss and holding in his hand a great chain, seized the dragon. The key means the authority and the chain, the power to seize.

The Satan's power is weak force that can not help surrendering before God. that ancient serpent, who is the devil, or Satan, as mentioned before, this is the devil who tempted Adam and Eve in the garden of Eden, who will continue to tempt and seduce until returning of the Lord

The angel threw him into the Abyss, and locked and sealed it over him to keep him from any activity until the thousand years were ended means without angel's permission, he could not do any work.

The term is a thousand years, not in literal sense but, it means an unlimited long period of time. Depends on which situation we are in, we can express one year as a thousand years or one minutes a thousand years.

After that, he must be set free for a short time is the Satan's power is very weak compared with the Holy Spirit, as he could not do any activity for a thousand years and just for a short time he can be active.

(20: 4) I saw thrones on which were seated those who had been given authority to judge. And I saw the souls of those who had been beheaded because of their testimony for Jesus and because of the word of God. They had not worshiped the beast or his image and had not received his mark on their foreheads or their hands. They came to life and reigned with Christ a thousand years.

(20: 5) (The rest of the dead did not come to life until the thousand years were ended.) This is the first resurrection.

Those who were seated on the thrones were 24 elders and saints who had been given authority to judge.

And those who had been beheaded because of their testimony for Jesus and because of the word of God. They had not worshiped the beast or his image and had not received his mark of 666 on their foreheads or their hands. They came to life and reigned with Christ a thousand years.

In short, those faithful saints will enjoy the glory with the Lord. In this verse the thousand year kingdom appears.

As mentioned before, a thousand year means a long, eternal and unlimited. Therefore, a saints reign as a king in the thousand years kingdom means not only for a thousand years but for eternity they will enjoy the glory.

The rest of the dead are those unbelievers and they did not come to life until the thousand years were ended. Not coming to life does not mean those who have gone to hell remain dead but, the hell is a place for eternal suffering. If one could die in hell, it will no longer be the hell.

(20: 6) Blessed and holy are those who have part in the first resurrection. The second death has no power over them, but they will be priests of God and of Christ and will reign with him for a thousand years.

Those who have part in the first resurrection are said to be blessed. The first resurrection is life not entering into the hell but saved to rule as kings during thousand years kingdom.

First means precious, valuable, and beautiful. The second death has no power over them means they will not have hell's punishment but they will be priests of God and of Christ and will reign with him for a thousand years. Being the priest is the biggest blessing which I explained before.

(20: 7) When the thousand years are over, Satan will be released from his prison
(20: 8) and will go out to deceive the nations in the four corners of the earth--Gog and Magog--to gather them for battle. In number they are like the sand on the seashore.

It is mentioned before that an angel will seize the dragon threw him into the Abyss, and locked and sealed it over him. After a thousand years, the dragon will be released for a short while to deceive the nations to go for battle. And the people's number is like the sand on the seashore.

After thousand years, he will be released from the prison which should be understood correctly. A thousand year not in the time limited sense, but should be taken metaphorical sense, unlimited, eternal. Being released after a thousand year pass means while unlimited work of the Holy Spirit goes on, the Satan's power works rather weak and complicated. The role Satan plays is to deceive and cause them to fight which is at work within everybody.

(20; 9) They marched across the breadth of the earth and surrounded the camp of God's people, the city he loves. But fire came down from heaven and devoured them.

(20; 10) And the devil, who deceived them, was thrown into the lake of burning sulfur, where the beast and the false prophet had been thrown. They will be tormented day and night for ever and ever.

The Satan marched across the breadth of the earth and surrounded God's people, but fire came down from heaven and devoured them. This means the Satan try to seduce the saints to fall but, the work of the God's Holy Spirit will enable them to repent to be reborn, keep away form sin to become holy. And the devil, will be thrown into the lake of burning sulfur, where the beast and the false prophet had been thrown. They will be tormented day and night for ever and ever.

(20: 11) Then I saw a great white throne and him who was seated on it. Earth and sky fled from his presence, and there was no place for them.

The great white throne is the throne of God. The fact that nobody can stand before his presence expresses God's authority and dignity.

(20: 12) And I saw the dead, great and small, standing before the throne, and books were opened. Another book was opened, which is the book of life. The dead were judged according to what they

had done as recorded in the books.

Every dead ones stand before the throne, and the books of life was opened showing all the deeds of the dead in great details which they will be judged according to the records.

Written in the book denotes that the recording were definitely clear and God is going to revenge according to what they have done.

(20: 13) The sea gave up the dead that were in it, and death and Hades gave up the dead that were in them, and each person was judged according to what he had done.

(20: 14) Then death and Hades were thrown into the lake of fire. The lake of fire is the second death.

(20: 15) If anyone's name was not found written in the book of life, he was thrown into the lake of fire.

The sea gave up the dead that were in it means no one could hide away from God's face even those from the width and depth like the sea.

Each person will be judged according to their deeds and could not be saved by other's faith.

Those who are condemned were thrown into the lake of fire where they will suffer eternally. These are those who are not written on the book of life. Those who are washed by the precious blood of Christ, forgiven, reborn by the Holy Spirit, unlimited number of chosen people of God which is 144,000-who's forehead have been sealed- people's names are all written in the book of life

Chapter 21 A New heaven and a new earth

(21: 1) Then I saw a new heaven and a new earth, for the first heaven and the first earth had passed away, and there was no longer any sea.

This is time when God renews everything. When Jesus returns we are certain that this world will be made new and spiritually, when we repent and overcoming the work of Satan, God will make our life as a new heaven and a new earth.

(21; 2) I saw the Holy City, the new Jerusalem, coming down out of heaven from God, prepared as a bride beautifully dressed for her husband.

The Holy City, the new Jerusalem, coming down out of heaven from God, so beautiful that it looks like all prepared as a bride beautifully dressed for her husband.

(21: 3) And I heard a loud voice from the throne saying, "Now the dwelling of God is with men, and he will live with them. They will be his people, and God himself will be with them and be their God.

(21: 4) He will wipe every tear from their eyes. There will be no more death or mourning or crying or pain, for the old order of things has passed away."

A loud voice from the throne tells us about God's authority and absolute power. The dwelling of God is with men, and he will live with them. They will be his people, and God himself will be with them and be their God and he will wipe every tear from their eyes. There will be no more death or mourning or crying or pain, All the tribulation passes by and there are only eternal glory to be with God.

(21: 5) He who was seated on the throne said, "I am making everything new!" Then he said, "Write this down, for these words are trustworthy and true."
(21: 6) He said to me: "It is done. I am the Alpha and the Omega, the Beginning and the End. To him who is thirsty I will give to drink without cost from the spring of the water of life.
(21: 7) He who overcomes will inherit all this, and I will be his God and he will be my son.

God says that he will make everything new and asked to write his word down, for these words are trustworthy and true. God is the creator. Only God can make everything new.

This is clear and certain. Asking to write down ensures the certainty. God who is the Alpha and the Omega will complete all things and will give to drink without cost the spring of the water of life to those who are thirsty.

The relationship between the father and the son are bound up each other with love. This will be the inheritance for the saints. Those who believe God as the father already lives life of heaven.

(21: 8) But the cowardly, the unbelieving, the vile, the murderers, the sexually immoral, those who practice magic arts, the idolaters and all liars--their place will be in the fiery lake of burning sulfur. This is the second death."

The cowardly are those unbelieving. They will be in the fiery lake of burning sulfur. This is said to be the second death. The first death will come to everybody but the second death will be the eternal condemnation to the hell.

"Do you not know that the wicked will not inherit the kingdom of God? Do not be deceived: Neither the sexually immoral nor idolaters nor adulterers nor male prostitutes nor homosexual offenders nor thieves nor the greedy nor drunkards nor slanderers nor swindlers will inherit the kingdom of God".(ICor 6:9~10)

(21: 9) One of the seven angels who had the seven bowls full of the seven last plagues came and said to me, "Come, I will show you the bride, the wife of the Lamb."

(21: 10) And he carried me away in the Spirit to a mountain great and high, and showed me the Holy City, Jerusalem, coming down out of heaven from God.

The wife of the Lamb are saints expressed to be a new Jerusalem. The beauty of this Jerusalem reaches it's ultimate stage which is the beauty of the saint's faith in glory.

(21: 11) It shone with the glory of God, and its brilliance was like that of a very precious jewel, like a jasper, clear as crystal.

The appearance of the new Jerusalem is shone with the glory of God, dressed in brilliance like that of a very precious jewel, clear and pure like a jasper and crystal. The meaning of this jewel denotes the holiness which saints obtained by washing with the precious blood of Jesus's Cross.

(21: 12) It had a great, high wall with twelve gates, and with twelve angels at the gates. On the gates were written the names of the twelve tribes of Israel.

A great and high wall tells that no intruder can invade into the saints under God's protection and loving care. Twelve angels guarding at the twelve gates means the serving of the angels and the names written on the gates are names of the twelves tribes of Israel which is name of the saints, that is our name. Names on the gates tells who the owner of the house is, that is the saints' and ourselves' who is the holy dwelling of God.

"Don't you know that you yourselves are God's temple and that God's Spirit lives in you? If anyone destroys God's temple, God will destroy him; for God's temple is sacred, and you are that temple".(ICor. 3:16~17)

Number 12 is number of saints. In Old Testament, Israel was twelve tribes and in New Testament, disciples' number was twelve.

(21: 13) There were three gates on the east, three on the north, three on the south and three on the west.

(21: 14) The wall of the city had twelve foundations, and on them were the names of the twelve apostles of the Lamb.

In the New Jerusalem city, there gates in east, west, south and north and there were twelve foundations with names of the twelve apostles on.

Foundations is like head stone, they support buildings. This is the symbol of faith, having names of the apostle is, the faith like that of those twelve apostles'. Twelve apostles followed the Lord, obeyed, brought Lord's word to the end of the earth and all of them had been martyred.

(21: 15) The angel who talked with me had a measuring rod of gold to measure the city, its gates and its walls.

(21: 16) The city was laid out like a square, as long as it was wide.

He measured the city with the rod and found it to be 12,000 stadia in length, and as wide and high as it is long.

When measuring the city, angel used rod of gold. Gold is the attribute of Jesus Christ, Rod is a measuring criterion which means the characteristic of Jesus.

The New Jerusalem was laid out like a square, as long as it was wide. This denotes the uprightness which tells about the perfect faith of the saints. He measured the city and found it to be 12,000 stadia which is the length unit. Meaning of the 12,000 is 12 multiplied by 1.000. Here twelve means saints, thousand means huge crowd of saints.

(21: 17) He measured its wall and it was 144 cubits thick, by man's measurement, which the angel was using.

(21: 18) The wall was made of jasper, and the city of pure gold, as pure as glass.

Measuring the wall was 144 cubits which is also number of saints. Previously, the number of the saints were 144,000 which has same meaning. The wall was made of jasper and this stone used to express God's appearance in chapter 4, which is the holiness.

Saints must be holy. And this city was in pure gold, meaning pure as glass, and the pure gold is attribute of Jesus Christ, pure glass is clean and holiness. All this tells about the beauty of saints that resembles the likeness of God and Jesus Christ.

(21: 19) The foundations of the city walls were decorated with every kind of precious stone. The first foundation was jasper, the second sapphire, the third chalcedony, the fourth emerald,

(21: 20) the fifth sardonyx, the sixth carnelian, the seventh

chrysolite, the eighth beryl, the ninth topaz, the tenth chrysoprase, the eleventh jacinth, and the twelfth amethyst.

(21: 21) **The twelve gates were twelve pearls, each gate made of a single pearl. The great street of the city was of pure gold, like transparent glass.**

The foundation and the gates of the city were all made in most beautiful precious stones. This is the beauty of a bride all adorn for her bridegroom which is used to express the beauty of faithful saints to Jesus who is our bridegroom.

(21: 22) **I did not see a temple in the city, because the Lord God Almighty and the Lamb are its temple.**

There were no temple in the city because God and Jesus are it's temple. This is same as God and Jesus dwells in Holy Spirit within the heart of saint.

Therefore, even we live in this sinful world, if we live in faith, we accomplish heaven here and now which means, we already rule as kings in the thousand year kingdom together with the Lamb. The city does not need the sun or the moon to shine on it, for the glory of God and Jesus gives it light.

(21:23) **The city does not need the sun or the moon to shine on it, for the glory of God gives it light, and the Lamb is its lamp.**

(21; 24) **The nations will walk by its light, and the kings of the earth will bring their splendor into it.**

(21: 25) **On no day will its gates ever be shut, for there will be no night there.**

(21: 26) **The glory and honor of the nations will be brought into it.**

(21: 27) **Nothing impure will ever enter it, nor will anyone who does what is shameful or deceitful, but only those whose names**

are written in the Lamb's book of life.

All the saints in the world will come into this glory, city gates will never be closed, there will be no nights. only joy, thankfulness, praise is there, no impure, shameful of deceitful will enter into it, only those whose names are written in the Lamb's book of life, those 144,000 will enter into it.

"Foreigners will rebuild your walls, and their kings will serve you. Though in anger I struck you, in favor I will show you compassion. Your gates will always stand open, they will never be shut, day or night, so that men may bring you the wealth of the nations--their kings led in triumphal procession. For the nation or kingdom that will not serve you will perish; it will be utterly ruined".(Is 60: 10~12)

Chapter 22, The eternal victory

(22: 1) Then the angel showed me the river of the water of life, as clear as crystal, flowing from the throne of God and of the Lamb (22: 2) down the middle of the great street of the city. On each side of the river stood the tree of life, bearing twelve crops of fruit, yielding its fruit every month. And the leaves of the tree are for the healing of the nations.

from the throne, the river of the water of life, as clear as crystal, flowing down the middle of the great street of the city. On each side of the river stood the tree of life, bearing twelve crops of fruit, yielding its fruit every month. And the leaves of the tree are for the healing of the nations. This river is the Holy Spirit which saints receives by believing Jesus. The work of the Holy Spirit will bring new life, prosperity and blessing.

"On the last and greatest day of the Feast, Jesus stood and said in a loud voice, "If anyone is thirsty, let him come to me and drink. Whoever believes in me, as the Scripture has said, streams of living water will flow from within him. By this he meant the Spirit, whom those who believed in him were later to receive. Up to that time the Spirit had not been given, since Jesus had not yet been glorified".(Jn 7:37~39)

From the middle of the Eden, four river was watering the garden, and from there all kinds of fruit trees grow out of the ground and there were also various precious stones (Gen ch. 2) This means the over flowing of the Holy Spirit to become like heaven as Eden.

"Swarms of living creatures will live wherever the river flows. There will be large numbers of fish, because this water flows there and makes the salt water fresh; so where the river flows everything will live. Fishermen will stand along the shore; from En Gedi to En Eglaim there will be places for spreading nets. The fish will be of many kinds--like the fish of the Great Sea. But the swamps and marshes will not become fresh; they will be left for salt. Fruit trees of all kinds will grow on both banks of the river. Their leaves will not wither, nor will their fruit fail. Every month they will bear, because the water from the sanctuary flows to them. Their fruit will serve for food and their leaves for healing".(Ez 47: 9~12)

(22: 3) No longer will there be any curse. The throne of God and of the Lamb will be in the city, and his servants will serve him.

(22: 4) They will see his face, and his name will be on their foreheads.

No longer will there be any curse means even have been cast out of the Eden, caused by disobedience, by Jesus Christ, sins are forgiven and saved. And from now on the curse does not have any effect for eternity which is life in heaven. This is life serving God and Jesus, they will see his face and his name will be on their foreheads. Seeing his face means they will be reconciled, in peace with each other. Having his name written on their foreheads is the appearance of those 144,000 who's foreheads been sealed.

(22: 5) There will be no more night. They will not need the light of a lamp or the light of the sun, for the Lord God will give them light.

And they will reign for ever and ever.

There will be no more night, as there will be no more fall, debauchery and crime, only glorious matters will come around because, God's truth accompanies to lead to the glory of enjoying kingship.

(22: 6) The angel said to me, "These words are trustworthy and true. The Lord, the God of the spirits of the prophets, sent his angel to show his servants the things that must soon take place."

These words are trustworthy and true. God's word is the truth, even matter of dot or one tittle is to be added nor subtracted. All this prophesy will soon take place and, God sent his angles to bring these messages. Soon taking place in a sense that is going on already now.

Regardless of hardship we live in, by walking closely with the Lord, which is life in the Holy Spirit, one could live heavenly life, enjoying the glorious kingship.

(22: 7) Behold, I am coming soon! Blessed is he who keeps the words of the prophecy in this book."

The Lord will soon return and he comes now. We are not waiting for the Lord's returning only, we are to receive Jesus who comes now. These are the blessed ones.

(22: 8) I, John, am the one who heard and saw these things. And when I had heard and seen them, I fell down to worship at the feet of the angel who had been showing them to me.
(22: 9) But he said to me, "Do not do it! I am a fellow servant with you and with your brothers the prophets and of all who keep the words of this book. Worship God!"

Only God and Jesus can receive worship, only to him we ought to worship. We have to love for God's glory only and glorify him.

"If we live, we live to the Lord; and if we die, we die to the Lord. So, whether we live or die, we belong to the Lord".(Rom 14: 8)

(22: 10) Then he told me, "Do not seal up the words of the prophecy of this book, because the time is near.

He was told not to seal up because, he is to witness and also the time is near. The first word our Lord spoke during his public life was "Repent, for the kingdom of God is at hand"

(22: 11) Let him who does wrong continue to do wrong; let him who is vile continue to be vile; let him who does right continue to do right; and let him who is holy continue to be holy."

As the Lord judgement is so close, there are no room for change any action.

(22: 12) "Behold, I am coming soon! My reward is with me, and I will give to everyone according to what he has done.

The Lord will come soon and will reward according to what each one has done. Each of us are given talents. One, two and five talents which we must get doubled and offer to the Lord which will return to me as glory.

(22: 13) I am the Alpha and the Omega, the First and the Last, the Beginning and the End.

Being the Alpha and the Omega denotes, being the first and the Last, who will be responsible for protecting everything, and who will judge and complete the salvation.

(22: 14) Blessed are those who wash their robes, that they may have the right to the tree of life and may go through the gates into the city.

Blessed are those who wash their robes are those who's sins are being cleansed by repentance, and the robe tells about the characteristic of the saints. That means those who believe Jesus, repent from sin are those who receives the authority entering into the heaven.

(22: 15) Outside are the dogs, those who practice magic arts, the sexually immoral, the murderers, the idolaters and everyone who loves and practices falsehood.

Unbelievers will be outside of the heaven. Dogs are those with beast like characteristics having sinful attributes.

"Do not give dogs what is sacred; do not throw your pearls to pigs. If you do, they may trample them under their feet, and then turn and tear you to pieces".(Math 7: 6)

(22: 16) "I, Jesus, have sent my angel to give you this testimony for the churches. I am the Root and the Offspring of David, and the bright Morning Star."

Jesus is our Savior who came to this earth in human form as the offspring of David, died on the cross

(22: 17) The Spirit and the bride say, "Come!" And let him who hears say, "Come!" Whoever is thirsty, let him come; and whoever wishes, let him take the free gift of the water of life.

The Spirit and the bride saying is; the Holy Spirit is the Spirit of the Lord, who is the head of the church, and the bride is the saints, and the church. Even now the Lord witnesses the gospel of salvation through the church and the saints. so that whoever comes should drink the water of life freely for salvation.

"Come, all you who are thirsty, come to the waters; and you who have no money, come, buy and eat! Come, buy wine and milk without money and without cost".(Is 55:1)

(22: 18) I warn everyone who hears the words of the prophecy of this book: If anyone adds anything to them, God will add to him the plagues described in this book.

(22: 19) And if anyone takes words away from this book of prophecy, God will take away from him his share in the tree of life and in the holy city, which are described in this book.

This book of prophecy is same as 66 books of the Bible, which is God's word, no one can change, add, remove anything from it. If anyone does that, he will be disobedient to the word. Changing the word means being disobedient to the word.

(22: 20) He who testifies to these things says, "Yes, I am coming soon." Amen. Come, Lord Jesus.

(22: 21) The grace of the Lord Jesus be with God's people. Amen.

The last word has very important meaning. The core teaching of the Christianity is that the Lord will soon return, so we are to be alert, and ready to receive the Lord. Soon coming does not mean any time in the future, but he is on the way already. If the Lord returns now, what will do?

But, there are some who acts irrational manner, by misinterpreting this kind of word, believe the Lord will return on a certain year, month, day, hour, which is time-limited faith, ending up selling off everything, only leaving food up to that point of time.

We can imagine that it will be good to meet the Lord while we lead relief efforts, in order to aid others we have to earn money, to earn money, we have to work hard so, we ought to do our best at the working places. Those who live in this manner, will be regarded as meeting the Lord while leading relief efforts.

There is a famous saying " Though the earth will end tomorrow, I will plant an apple tree today" This should be christian's life phase.

We ought to live our lives anticipating Lord's return. Often we hear saying "we are too ashamed to go to heaven now, we need a bit more time to prepare ourself" But, we must always be ready to stand before God, having no fear for death.

Now, I want to summarize the book of Revelation. As mentioned in the introduction, historically, the book of Revelation is addressed to the members of those persecuted churches by the Romans as word of comfort, hope and assurances. At the same time, it is the living word given to us also, to accompany us until the Lord's return.

The core of this word is that, although the work of Satan seems dominating for the time being, everything is under God's sovereign control, who will certainly complete the salvation by the victory of Christ, leading to the eternal glory.

The beast, number, incident, and a figure is not pointing a specific person, country and incident. They show us the fact that a certain person, country, incident could play a role of such a sort, and even we ourselves could become such a beast when the Satan prompts us to sin by dwelling within us.

The book of Revelation has three divisions, division 2 is expansion of division 1, and division 3 is expansion of 2 written in stronger and realistic method. It is like an orator is increasing voice tone in division 1, and 2 and in division 3 he is at his highest pitch as using all the strength he could shout.

All the date appears in the book of Revelation is not to be understood as a certain time. Therefore, one should not try to calculate the time frame when the Lord will return, or any incident to be taken as trumpet woe which becomes time limited interpretation.

All the incidents recorded in the book of revelation happens through out all generations, therefore it is complex matter. For example, when the man riding the white horse is active, man riding the red horse is also at work. It is not that after the activity of the white horse man finishes, the activity of the red horse man begin. It just mean that work of the Satan comes along with work of the Holy Spirit.

Every incident written in the book of Revelation happen in all time in present tense. But, ultimately, everything will be completed when the Jesus returns. As it is written, the Lord will return in the manner that, every physical eyes will see while he comes riding on the clouds, he will make the new heavens and the new earth, he will lead us to the eternal heaven.

But, even now, the work of salvation and judgement is going on. Therefore, the Lord comes at all times, and our lives should always be receiving the coming Lord. The heaven is not a place to go only after death but, we should live a life that have entered in to the heaven already now, which then will be connected to the actual heaven when it comes.

The book of Revelation is not a peculiar book. It is word that witnesses that Jesus Christ is our Lord, who defeated the satanic force, who saved us from our sins by carrying the cross. The main theme of the book of Revelation is "the victory of Jesus Christ".

May the grace of the Lord will be with you all~!

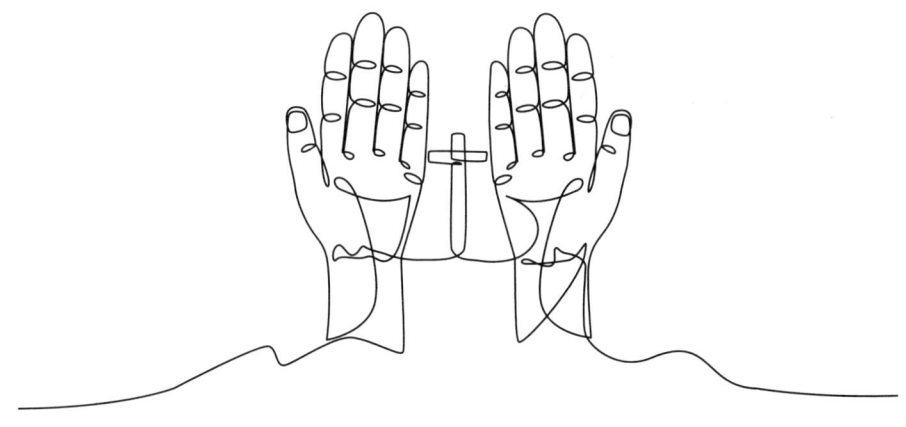

- 지은이

    김윤식 Immanuel Peter Kim (평생선교사)

- 약력

    오수둔덕교회, 전주완산교회에서 성장
    월남전참전 국가유공자 / 교통부해운국 근무 / 한국전력 근무
    우일교회(서울동노회)설립 담임 / 선교중앙교회(안양노회)설립 담임
    목회은퇴 후 평생선교사로 활동 중. 저서 36권

    PRESBYTERIAN THEOLOGICAL SEMINARY: M.Div.(목회학석사)
    CAMBRIDGE WORLD UNIVERSITY: M.C.E./Ph.D.(기독교육학석사, 신학박사)
    The HEBREW UNIVERSITY OF JERUSALEM: Training(연수)
    CULTURAL CENTER for FOREIGNERS in KOREA: Chairman(원장)
    CHILDREN MISSION THEOLOGICAL SEMINARY: Dean(학장)
    HOLY PEOPLE UNIVERSITY: Vice President(부총장)
    CASTLE UNIVERSITY: President(총장) / COLLEGE of EDUCATION in INDIA: Dean(학장)
    UNIVERSITY of SOUTHERN CALIFORNIA CHRISTIANITY: Overseas Dean(해외학장)
    WORLD MISSION CENTER: Chairman(회장)
    WORLD CHILDREN CULTURAL CENTER: Chairman(회장)
    OVERSEAS URBAN DEVELOPMENT MISSION PROJECT: Director(담당)

월드미션센터 World Mission Center

회　　장　김윤식 목사
주　　소　경기도 화성시 마도면 마도북로 181번길 17
　　　　　17, Madobuk-ro 181beon-gil, Mado-myeon, Hwaseong-si, Gyeonggi-do, Korea
후원계좌　(ACCOUNT) 우리은행 (WOO-RI) **1005-601-125042** 월드미션센터
전　　화　010-3347-3202
전자우편　www.wccc.ac / kim412@hanmail.net

요한계시록 강해
THE REVELATION COMMENTARY

초판인쇄　2025년 7월 25일
초판발행　2025년 7월 25일
지 은 이　김윤식 KIM YOUN-SIK
디 자 인　강수경
펴 낸 곳　도서출판 우렛소리
전　　화　010-3380-3204
전자우편　klassikgt@gmail.com
I S B N　979-11-993564-1-2(93230)

도서출판 우렛소리는 '하늘의 음성'이라는 뜻을 담아, 세상에 깊은 울림을 전하는 책을 만듭니다.